经典诠释与气学传统

夏静 著

中国社会科学出版社

图书在版编目 (CIP) 数据

经典诠释与气学传统／夏静著. — 北京：中国社会科学出版社，2023. 8
ISBN 978 – 7 – 5227 – 2336 – 5

Ⅰ. ①经… Ⅱ. ①夏… Ⅲ. ①哲学—研究—中国 Ⅳ. ①B2

中国国家版本馆 CIP 数据核字（2023）第 139823 号

出 版 人 赵剑英
责任编辑 杨 康
责任校对 季 静
责任印制 戴 宽

出 版 中国社会科学出版社
社 址 北京鼓楼西大街甲 158 号
邮 编 100720
网 址 http://www.csspw.cn
发 行 部 010 – 84083685
门 市 部 010 – 84029450
经 销 新华书店及其他书店

印刷装订 三河市华骏印务包装有限公司
版 次 2023 年 8 月第 1 版
印 次 2023 年 8 月第 1 次印刷

开 本 710×1000 1/16
印 张 15.75
字 数 213 千字
定 价 79.00 元

目　录

气学阐释的"一体三相"（代序）　…………………　1

如何说气及其蕴含的一般知识状况　………………　1

文气研究的反思与展望　……………………………　11

"体不可说"及其对策　………………………………　27

体用的思想谱系与方法意义　………………………　39

庄子的"听之以气"　…………………………………　54

孟子气论在文学批评史上的意义　…………………　59

文气诠释中的"隧道效应"问题

　　——以孟子、曹丕、刘勰为例　……………　68

《文心雕龙》与气学思辨传统　……………………　79

精气与文气　…………………………………………　95

声气与文气　…………………………………………　107

"神气"论　……………………………………………　123

经典阐释中的"辞气"问题　…………………………　138

"一气贯注"的审美体验 ······················ 151

情深而文明,气盛而化神

　　——养气对为文的影响 ················· 155

传统的养气思想 ···························· 159

"养"的意义脉络与诠释维度 ················ 164

"随物赋形"与气化为文 ···················· 176

经典阐释中的文章气象问题 ················· 191

中国古代文学批评的意会传统 ··············· 206

对待立义与中国文论话语形态的建构 ········· 225

气学阐释的"一体三相"（代序）

　　在古代思想家的一般认知理路中，对于气的存在，大体是这样描绘的：天地人宇宙的存在，是一种气的存在与流行。气是一种基质（譬如汉代称为元气），这是"本体之气"，乃可知之气。元气在流行运转过程中，在天地境界中，逐渐与各种自然现象化合，诸如水、云、风、雾，凝聚成诸多物质具象，这是"具象之气"，乃可感之气。在生命境界中，此气逐渐与各种精神现象相融合，经由一系列生命意志的转化，由内而外的敞开朗现，派生出若干心灵活动与情感趣味来，这是"精神之气"，乃可悟之气。在这个大化流行、生生不息的循环过程中，如何充实"精神之气"，以迈向更高的超越境界，是儒、道、释思想家共同关注的问题，他们谈论的层面虽然不同，解决之道也不尽相同，但殊途同归，主旨并无不同。

　　简言之，气具有三种品相，既能与万物融合而为经验之具象，又能贯通天地之道而为超越之虚相，或拓广到人类精神生活领域，或凝聚成人间万象，无所不在，无所不包。气之一体三相，涉及现代意义上的知识论、认识论、本体论乃至审美论、价值论等层面的问题，虽然在古代思想家的文化视野中，并不存在这样明晰的层级区别。譬如编订于清康熙年间的官修辞典《佩文韵府》，搜罗先秦到明代文献中有关气的说法，统共七百四十多条，涉及具象之气、本体之气、精神之气多个方面，内容十分庞杂，但并无明确的类分意识。

　　关于"具象之气"，这是一种无形有象、可观可感的物理之气，与物质世界的联系最为密切，是气学话语的早期形态。外在于人，常见的如水气、云气、雨气、谷气、丘气、泽气、烟气、雾气、露气、朝气、夜气、暮气、暑气、秋气、湿气以及各种饮食之气，其本质在于气具有阴阳五行的属性；内在于人，并通过主体践形而外显的生理或精神气质，常见的如血气、胆气、肝气、侠气、王气、霸气、邪气、勇气、豪气、志气、怒气、灵气、隽气、秀气、奇气、匠气、俗气、老气、天子气、馆阁气、神仙气、书卷气、江湖气、梗概之气、阳刚之气、阴柔之气、浩然之气、超拔之气、奇崛之气、等等。对于此一类问题的认识，经历了极为漫长的历史发展阶段，其中《左传》的"六气"，孔孟的血气、"浩然之气"，老庄的"冲气""纯气"，管子学派与易学的精气等，较之而后气学思想的衍生泛化，均具有原初的意义。

关于"本体之气"，这是一种无形无象的形上之气，虽不可感、不可观，但可以认识，可以理解。在古代思想家的理论视野中，气论本质上并不是一种关于气的知识，而是一种对宇宙人生的终极解决方案，是对万物本质与变化发展的一种理论解答。考之观念史上"本体之气"的发展，经历了衍生泛化、反复提纯的过程。譬如冲气、一气、精气、真气、道气、正气、理气、梵气、卦气、天地气、混沌气，此一类形上之气所具有的兼容性与概括力，是形成早期气学话语形态的关键所在，尤其是道气、元气、理气三个范畴，基本上代表了"本体之气"发展的一般特征。

在中国早期典籍中，气的思想，既有伦理层面的意义，也有形上层面的意蕴，但是，总体而言，此时期的气论还不是"本体之气"。考察上古整体的思想体系，气学模式作为解释天地人世界的根本范式尚未确立，虽然古人已经单独使用"气"字，并且带有万物法则与规律的意味，但其基本意义仍然限定在云、雨、雾、血等具体对象中。气还不是一个具有普遍性意义的范畴，并不具有绝对的超越品格，较之早期思想史语境中的天、命、性、道而言，后者已经被定格为决定一切事物存在的终极存在，因此更具本体意味。从形上学的角度看，在早期的思想文化语境中，气并不具有本体意义上的优先性，气的形上化历程是从晚周诸子那里开始的。

关于"精神之气"，这是与人的精神生活联系得最为密切的，也是直接与文学艺术实践活动紧密相关的超越之气。"精神之气"的存在，源自人的精神存在与审美追求，它既是"具象之气"气化于人后所派生的心灵活动与生命境界，也是古人之于"本体之气"的玄想与冥思。在天地人大化流行、生生不息的循环往复中，如何充实并培育"精神之气"，并迈向更高的超越境界，成为古代思想家孜孜以求的共同目标，虽然关注的层面不一、解决的方法不同。但在古人的一般认知逻辑中，气化的过程是永恒的，人的存在只是宇宙气化过程中的一个存在链条而已，各种自然之气的内化，培育了人的先天质素，如知、情、理、志等，再通过后天的养气养性与修为导引，转化为才、胆、识、意、神、风、骨、味、趣、力、势、韵等心理状态或精神品相，外显在各种人文活动与审美创造中，从而呈现出层次各异、气象万千的"精神之气"。如果说生理、心理之气乃生命根源的话，那么，"精神之气"便是生命本体的呈现，日本学者铃木虎雄将气定义为"精神的活力"①，大抵也是相同的意思。

总体而言，在气学思想谱系中，统摄"具象之气""本体之气""精神之气"三种品相，这构成了气学认知的一般层级。"具象之气"是气学思想的早期形态，以物理和生理层面可观、可感的现象为主，古人关于"六气"、血气的认识，大都属于此一层级。"本体之气"与形上意义、超越品格相关联，虽不可感、不可观，但可知、可理解。古人有关道气、元气、理气的阐释，就旨在从本根、本源、本体层面确立气学思想的形上高度与理论深度。"精神之气"与心灵活动、生命境界密切相关，在古人谈论创作、运思、鉴赏诸问题时，常常涉及。作为"精神之气"的典范，孟学"浩然之气"的提出，

---

① ［日］铃木虎雄：《中国诗论史》，许总译，广西人民出版社1989年版，第38页。

确立了包括信仰、信念、想象、情感、美感、灵感、思想在内的应然和实然的精神审美范式，成为历代诗文评中道德理想的标杆。

本论文集的主旨在于探讨气学的本体化、精神化以及在文学艺术领域的衍生诸问题。通过这一系列论文的研究，可以发现，在古人的知识话语中，凡论及人之生命精神本质、人与自然宇宙、人与社会人生关系等问题时，就不可避免地谈到气，儒、释、道均不例外。在古代的思想史论域中，气能诠释物质生命与精神意识之缘起，是宇宙之本源，是穷尽天、地、人的终极性根据，凡古代宇宙论、阴阳论、人性论、道德论、善恶论、性欲论、情性论等，均可还原到气，其间包含着中华文化固有的信仰体系、思维方式、行为模式、价值追求、社会理想，以及人生体验、精神境界、生死态度等多重意蕴。有鉴于此，我们今天研究的兴趣，就是要探究历代气学研究者，如何经由解释气而完成"自我理解"的，以及气之精神脉络是如何在阐释者手中与其原生意义体用辉映的。

夏　静
2022 年 11 月

如何说气及其蕴含的一般知识状况

从体的层面看，如何说气的问题，不可避免地涉及气是否可知、可说的问题，在现代知识语境中，又不免牵涉认识论、知识论与本体论的问题，也涉及对新旧形而上学的认识与定位问题。历史地看，对于终极性本源的探索，是人类形而上追求中一个永恒的话题，但是，作为一个问题意识的出现，如何说气无疑是一个现代学术视野中的问题，是在与西方的思想和学术背景的对照下才产生的。从用的层面看，如何说气的问题，就是一个说不可说的问题。作为人类思想认识活动中的一种普遍性体验，中西哲人都意识到，对于终极的真实无法作出陈述或者判断，由此形成"体不可说"的见解以及不同的解决之道。本文认为，作为意会性知识的代表，气不可说、但可知，可意会地知，可以通过天地人合一的情境整体性地烘托与把握。

一

如何说气，首先涉及近代以来中西认识论、知识论的一般状况。西方传统的形而上学，自柏拉图开端，经由基督教哲学的发展完善，并在近代由笛卡尔的主客二分论定型。这种观点以理性至上为原则，坚持人的主体性原则，以主客体的对立存在为理论前提。以由现象而本质、由具体而抽象、由个别而普遍的逻辑思维为工具，以追求普遍性、本质性、同一性为学术研究的最高目的，认为通过概念而判断而推理可以说尽形而上学。

中国近代哲学认识论的确立，是与百余年的西学援引事业密切相关的。对此，我们不妨从开创者严复先生谈起。中国近代意义上的认识论，始于严氏对英国经验哲学的引进，他在翻译《穆勒名学》（原名为《逻辑学体系：演绎和归纳》）一书时，明确区分了主体与客体的关系："万物固皆意境，惟其意境，而后吾与物可以知接，而一切之智慧学术生焉。故方论及于万物，而明者谓其所论，皆一心之觉知也。"对此，他释云："盖我虽意主，而物为意因，不即因而言果，则其意必不诚。"① 主即主体，物即客体，意即认识，因果即逻辑。他承认认识能力的限度，所谓"可知者止于感觉"，强调经验是认识的源泉，这就将本体与现象区分开来，也就是将人的认识能力与认识对象区分开来。

正是在这样的思想主导下，严氏提出了一个颠覆传统气学思维的问题："元气二字，到底是何物事？"② 在翻译英国逻辑学家耶方斯的《名学浅说》时，严氏进一步分析："即如中国老儒先生之言气字。问人之何以病？曰邪气内侵。问国家之何以衰？曰元气不复。于贤人之生，则曰间气。见吾足忽肿，则曰湿气。他若厉气、淫气、正气、余气、鬼神者二气之良能，几于随物可加。今试问先生所云气者，究竟是何名物，可举似乎？吾知彼必茫然不知所对也。然则凡先生所一无所知者，皆谓之气而已。指物说理如是，与梦呓又何以异乎！"③ 严氏这种刨根问底式的追问，旨在赋予古人眼中不证自明、无所不包的气概念一个共同的、确定的具有科学意义的逻辑定义，这与中国传统学术思维纯然不同，带有明显的西方传统形而上学认识论的痕迹。无独有偶，陈独秀先生在《新青年》创刊号（1915 年 9 月）《敬告青年》中说："（中国文化）其想象之最神奇

---

① 严复译：《穆勒名学》，《严复集》第 4 册，中华书局 1986 年版，第 1027—1053 页。
② 严复：《严复集》第 4 册，第 1206 页。
③ ［英］耶方斯：《名学浅说》，严复译，商务印书馆 1981 年版，第 18 页。

者，莫如'气'之一说，其说且通于力士羽流之术。试遍索宇宙间，诚不知此'气'之果为何物也。凡此无常识之思维，无理由之信仰，欲根治之，厥维科学。"① 可见，在那个时代学者的眼里，气的问题无疑是理解传统学术的一个重要抓手。

同样是"以西释中"，不同于严氏的解构，也有建构的。冯友兰先生的研究就是一个例子。在"新理学"的体系建构中，作为一个本体性的范畴，气具有突出的理论价值与意义。在他看来，中国哲学中的气是一个意义非常有分歧的名词："凡不可看见，不可捉摸的东西，或势力，旧日多称之为气。近来空气或电气之所以称为气者，其故也由于此。用现在的话说，所谓天地之气，大概可以说是宇宙间的根本的本质或势力。"② 他将气分为两层意思，有相对意义，有绝对意义。就相对意义说，气是一种事物，是某种有机质的原质，譬如人的血肉筋骨，是其所以能存在者；就绝对意义说，气是一切事物所以能够存在者，而其本身，只是亦可能的存在，也即"真元之气"③。冯氏所谓"真元之气"，虽然借自伊川，但并不指一种实际的物，而是有似于何晏《无名论》谓"夫惟无名，故可得遍以天下之名名之"（《列子·仲尼》篇注引），也即其本身不依照任何理，其本身无任何名，故可为任何物，有任何名。

冯先生认为，绝对意义的气完全是一逻辑的观念，"其所指既不是理，亦不是一种实际的事物"④，气并不是某种具体的存在或事件，而是事物之所以为此物在逻辑上的可能性，所以他说："我们不能说气是什么。其所以如此，有两点可说。就第一点说，气是什么，即须说：存在的事物是此种什么所构成者。如此说，即是对于实际，有所肯定。此种什么，即在形式之内的。就第二点说，我们若说气是什么。则所谓气，亦即是一能存在的事物，不是一切事物所有以

① 陈独秀：《独秀文存》第 1 卷，上海亚东图书馆 1922 年版，第 10 页。
② 冯友兰：《新原道》，《三松堂全集》卷 5，河南人民出版社 1986 年版，第 92 页。
③ 冯友兰：《新原道》，《三松堂全集》卷 5，第 151 页。
④ 冯友兰：《新理学》，《三松堂全集》卷 4，第 49 页。

能存在者。气并不是什么。所以气是无名，亦称为无极。"①

不同于宋明理学理本、气本、心本的路径，"新理学"要解决的一个根本问题，就是如何借助逻辑的形而上学观念达致哲学的最高境界，即万物浑然一体的"天地境界"。冯先生运用类逻辑、重言式、名言分析、命题逻辑诸方法，来推衍"理""气""道""大全"的含义及其相互关系，以期建立一个"纯形式的"形而上学体系，从而找到宇宙大全的终极根源。冯氏关于形而上本体的解释，与宋明理学的解释纯然不同了，而似于柏拉图、亚里士多德以及黑格尔的哲学，如理之观念似于"有"之观念，气之观念似于"无"之观念，道体之观念似于"变"之观念，大全之观念似于"绝对"之观念。② 在冯氏看来，形而上学的目的不在给予人积极的知识，但可使人对实际、对宇宙人生有一种了解，对于有此种了解的人即有一种意义，此意义即构成人的一种境界，这一境界就是"同天"的境界，是人的最高精神境界。

二

西方认识论的状况，自 20 世纪以来，发生了很大的变化。以量子学和相对论为代表的现代科学，最早从思维框架上突破了哲学传统中的二元论边界，来自科学家阵营的"知识理论"，对于哲学领域认识论的革命，产生了重大的影响。在现当代西方哲学中，对于传统知识论和认识论的看法正在发展变化，其中具有启发意义的是物理化学家、哲学家波兰尼所建构的一套新的科学认知理论。物理化学家的身份，使波氏切身感到科学本身的危机，尤其是作为方法论基础的还原主义和客观主义所导致的以简约取代复杂，从根本上将人的因素、人的情感排除在科学认知以外，造成事实与价值、知识

---

① 冯友兰：《新原道》，《三松堂全集》卷 5，第 151—152 页。
② 参见冯友兰《新原道》，《三松堂全集》卷 5，第 155 页。

与人的分裂，从而丧失了系统的整体性和主体性，使科学成为反人的理论。有鉴于此，波氏倡导科学与人性的重新结合，主张迈向个人知识的认识论。他将知识区分为"显知识"（explicit knowledge）和"意会知识"（tacit knowledge）。前者是可以言传的知识，通过书面语言、图表或数学公式来表达；后者既不是可言明的感性经验，也不是非理性的冲动，而是存在于人的认识实践之中，他认为："意会知识比显知识更为根本：我们能知道的比我们能说的更多；而如果不通过对我们可能不能言说的事物有所意识，那么，我们将对其不可言说。"① 在他看来，"意会知识"逻辑地先于"显知识"，其确定性超出"显知识"，对"意会知识"的掌握是导致语言或其他形式的"显知识"的前提，因而也是一切知识的主要源泉。

中国学者看波氏的学说，颇有亲近之感，这是因为其特质与中国传统学术的知识表达范式颇为近似，波氏用科学的语言把国人只可意会、不可言传的精神底蕴说出来，这对于在当代多元语境中重新认识自己的传统，是有建设意义的。如果换成我们古人的说法，所谓"显知识"大体相当于"言"，"意会知识"大体相当于"意"，也就是说，本体只能通过意会的方式，也即思维模式、符号体系来显示，而非语言的形式。譬如古人论气，少有直接定义者，多采用迂回曲折、类比联想、举一反三的方式。

譬如元代刘将孙论清气，他是这样描述的："天地间清气为六月风，为腊前雪，于植物为梅，于人为仙，于千载为文章，于文章为诗……清以气，气岂可揠而学，揽而蓄哉？目之于视，口之于言，耳之于听，类不知其所以然而然，有得于情性者，亦如是而已。夫言亦孰非浮辞哉？惟发之真者不泯，惟遇之神者必传，惟悠然得于人心者必传而不朽。彼求之物而不求之意，炼于辞而不炼于气，何

---

① ［英］迈克尔·波兰尼：《个人知识——迈向后批判哲学》，许泽民译，贵州人民出版社 2000 年版，第 129 页。

如其远也。"① 被四库馆臣誉为"浩瀚演迤，自成一家"的刘将孙，是元代文气说的倡导者，其论行云流水，用诗一般的语言描述了清气的存在方式及其与情、性、神、意、言、辞之间的关系，在他看来，清气之于诗，犹如人中之仙、花中之梅，不可缺少，其特点在于"不知其所以然而然""得于情性"，所以"发之真""遇之神""得于心"，带有一种孤高脱俗、缥缈无际的情愫，这是典型的中国式意会表达方式。

作为中国古代意会知识的核心要素，气在上古思想史变迁的真相，我们目前还很难定论。气是古代思想史中的一个关键术语，就其原始字形来看，最初源自水蒸气一类，蒸发为云雨，液化为水，固化为冰，形态多样，与呼吸、云霓、地气有着密切的联系，与云、雨、水、冰等概念有着相同的源头。就目前的甲骨文、金文资料来看，虽然有"气"字出现，但有学者认为，这是作为以"乞"为意符的一类文字的假借字，并不能直接发现气概念的原型。战国时期的"氣"字才是"气"的本字。但这并不意味着"气"的思想战国才出现，"气"源于原始生命意识和上古身体观念，人们很早就有对"气"作为"呼吸的东西"的意识，故而学者们常常紧扣甲骨文中"风""云""地"的资料，来推测"气"的原型。但是，显明的问题在于，"气"字在甲骨文、铭文以及《尚书》《诗经》中的含义，与春秋以后的文献在文化特性及哲学意蕴上有着很大的断层，目前所见的文献资料还不足以梳理出意义完整的线索来。② 就战国以后的典籍来看，作为自然现象的大气和身体意识的气息以及本体意义的元气思想，已经共同出现在此一时期的各种文献中，所谓气的宇宙观和形而上学思想已经完成，气业已成为中国早期哲学中形质与本体、具体与抽象兼备的原初范畴了。气有着多重样态与激发意象的

---

① （元）刘将孙：《彭宏济诗序》，《养吾斋集》卷11，景印文渊阁《四库全书》本。
② 相关论述，参见日本学者小野泽精一、福永光司、山井涌等编著的《气的思想——中国自然观和人的观念的发展》（李庆译，上海人民出版社1990年版），第26、3页。

力量，为宇宙普遍原则的概念化提供了原型。古代思想家论气，能够从中抽绎出某些原则，这样的原则既适用于自然的变化也适用于人类的行为方式，因而将其比附为指导人类社会行为的准则，也就顺理成章了。

对于气所固有的意会特质，汉学家的观点或许可以从他者的立场给我们以启示。葛瑞汉先生认为，气在中国古代思想中的地位相当于西方宇宙论中的"物"的范畴，但"气首先是呼吸，动静不拘，有空间扩展而又不是实体，尽管结霜时变得视而可见。气被想象为固体，运动的速度越慢，越不利于体内循环与增强活力，如'精'，身体中一种刺激生命的液体。就其最大限度的纯洁度而言，我们能够把它思之为西方的纯能（pure energy）"[1]。艾兰先生认为，就人而言，气是呼吸与精神活力；就物质世界而言，气是雨水与溪流之间转化的雾霭；就抽象层面而言，气是道的组成部分。"有意义的是，'气'的概念超乎西方人的理解——但对中国人则不然——它作为系于人体的物质与超越之间的临界点，作为更广大宇宙的物质创造物，在物质世界'气'是雾霭，在非物质宇宙'气'是精神。"[2] 他们普遍认为，"气"是中国早期概念中最难理解的本体概念之一，它兼有万象之本质与客体之成分，含义纷繁，定义模糊，无法用西方语言中的一个词来囊括气的特征和意义，所以除音译外，还有五花八门的译法，如"以太""物力""生命力""物质""物质能量""组合力"，等等。在他们看来，"气"不是单一的范畴而是融合了许多概念的含义。

三

作为一种独具民族特质的知识形态，中国传统的人文知识并非

---

① 转引自［美］艾兰《水之道与德之端》，张海晏译，上海人民出版社2002年版，第95—96页。

② ［美］艾兰：《水之道与德之端》，张海晏译，第145页。

现代意义上的科学知识或可编码化的技术知识，其宗旨是价值与意义，而非普遍真理，所擅长的知识表达方式与其意会默识的特性是相辅相成的，它崇尚传统的历史叙事、价值教化，追求的知识效应往往是学术化的知识积累与智慧流布，而非形式化的理性推理与逻辑论理式的知识推新。这包含了对传统文化生命精神的体悟，对其深层价值的心领神会，是一种能够体验感知却无法用理性知识予以分析，无法用语言文字表述的意会默识，而这种知识结构的价值核心，就深植在以气（道）为中心的传统形上学体系中。

从体上看，气的范畴具有现代意义上一般本体论所讨论的问题性，可以为传统形上学中的一多、体用、心物等问题提供一个观念性的解答。通过揭示隐含于气论哲学中的方法原则与思维特质，我们便能够揭示出中国传统学术术语、范畴与思维模式之间的有机联系与相互关联，其间所关涉的问题意识与思考方式，也就成为传统学术的基本视域。中国思想史中的一些最基本的原初范畴，比如道、心、天、性等，均与气有着密切的关联，均可以用气学话语加以解释阐发。

关于上述问题，王夫之有一个精辟的结论。他是这样说的："言心、言性、言天、言理，俱必在气上说。若无气处，则俱无也。"①此一论断，是船山在比较程子以理为本和张子以气为本后得出的结论。在他看来，程子以理统心、性、天，是为了破除释家之异端，不及张子以气言天、言道更为精思而深究。船山先生确为中国传统学问的集大成者，在如此短短一句话里，就囊括了古典形上学的五大范畴（还有道，船山秉承张子思想，认为道、理均为气化过程的产物，故离气就无所谓道、理）。所谓"必在气上说"，即归于气，就是以"气"为根本大法或根本准则，这不仅显示出船山理论预设中的根本法则是气一元论，而且也反映了中国哲学寻求范畴终极统一的理想。

---

① （清）王夫之：《读四书大全说》卷10，中华书局1975年版，第719页。

在中国古典形上学理解的情境中，天、理、性、心均为展示气（道）的不同存在形式，它们中的每一个均可用于阐释气（道）存在的体用问题，古代的思想体系都围绕此一中心或涉及其中某些观念，而其他观念均可视为此一观念之分殊或属性，儒、道、释均无例外。作为终极统一理想范畴的气，不但具备了一般范畴所具有的认知事物真实之意，也成为一切其他多元范畴系统之根本，进而将其他范畴看作其应有或在不同层次上（或不同历史时期）的具体变化，譬如心、性是修养层面的衍生，天、理则是宇宙层面的衍生。先秦时期关注天、性，宋以后的中心范畴是心、理，凡此种种，均可以用气这一终极范畴加以诠释。因此，我们不能将气单单视为一个纯粹的认知范畴，而应该视为古代知识系统中范畴群之根本所在。

从知识的构成特性看，作为意会性知识的代表，气是整体关联性的，其"有无相生"的时间序列、"阴阳偶合"的空间序列，使其意义的生成乃是一分为二或合二为一，即时空一体的统合整体。气无形可感，处于形神、虚实、有无之间，如同《庄子·知北游》谓"不形之形，形之不形"，《德充符》谓"虚而往，实而归"，具有形而神、神而形，虚而实、实而虚的特质，是心身、物我之间贯通自如的一种普遍联系。从形上学的角度看，气是不可说的，其本质不可界定。换言之，能够在对象和特性上代表且不对气的理解产生偏颇和错误的概念，是不存在的。正是在这个意义上，我们或可以进一步认为，思想与语言能以间接的方式指涉或意指不可道不可言之本体，对于不可道不可言之本体，我们不可能形成知识意义上的完整概念或定义，但是，我们仍然能够从宇宙的整体性与思想的最高层面上，理解或感受其特性。

对于整体性的把握是哲学的最高任务，而气学正是通过实现这一任务而呈现出自身的价值与意义。在以天地、理气、心性为核心的中国古代宇宙伦理话语系统中，气是一个公共性的关联要素，也是一个具有形上意义的终极范畴。理解气，是理解中国古代"三才"

知识系统以及中和、体用等思维模式的关键所在。《淮南子·本经训》：“天地之合和，阴阳之陶化万物，皆乘一气者也。”王夫之认为：“天人之蕴，一气而已。”① 在无内无外、无量无边、无始无终、无高无下、无古无今的境地中，只有浑然一气流动充盈，此即古人视野中的天人合一之境。在古人的气学话语中，天人合一就是体用合一，也即道器合一、心物合一、知行合一、物我合一。气为天人合一的基础，因而对其本身的诠释，也须置放于天地人合一的整体思想文化情境中，才能较为准确地理解和把握。正如冯友兰先生所说：“理及气的观念，可使人游心于‘物之初’。道体及大全的观念，可使人游心于‘有之全’。这些观念，可使人知天、事天、乐天，以至于同天。这些观念，可以使人的境界不同于自然，功利，及道德诸境界。”② 他认为这种境界的获得，必须经由形上学的习得。正是针对“正的方法”以逻辑纯思截断了天人之间的界限，冯氏提出通过“负的方法”，即借助形上学观念，超越理智与语言的界限，直接面对表现出来的形上学对象，进而返归“大全”，达到天人合一的“天地境界”。

历史地看，20 世纪以来围绕气学所展开的唯物唯心之辨，与古代思想史上的有无之辨、形神之辨、体用之争一样，都是在不同的历史时空中，在古今、中西传统碰撞下方法论的抉择。有鉴于此，我们认为，在当代知识结构和学术话语中，为什么谈气以及在什么层面谈气，是远比什么是气之确定含义更加重要的问题。因此，厘清围绕在气学知识话语及其背后的中西思维路数，是我们今天说气的必要的思想前提。

---

① （清）王夫之：《读四书大全说》卷 10，第 660 页。
② 冯友兰：《新原道》，《三松堂全集》卷 5，第 159 页。

文气研究的反思与展望

一

为什么中国文学思想史、观念史上文气的诠释史值得深究呢？让我们从王夫之对齐梁文学的评价说起。

船山先生是传统气学思想的总结者，他针对理学内部理本、心本过分张扬之弊，极为坚定地将传统人文信仰奠定在以气为宇宙本体的思想基础上，完善了自北宋前期以来发展的气本论。在《古诗评选》中，船山评云："文笔两途，至齐而衰，非腴泽之病也。欲去腴泽以为病，是涸天之雨，童地之山，髡人之发，存虎之鞹焉耳矣。文因质立，质资文宣，衰王之由，何关于此？齐梁之病，正苦体踞束而气不昌尔。文者气之用，气不昌则更无文。顾昌气者，非引之荒大，出之壄戾也。行于荣卫之中，不见其条理，而自不相失，苟顺以动，何患乎窒？故有文采焜煌而经纬适，文情惊踔而纲维调，若气有或至或不至，小顿求工而失其初度，则削肉留筋，筋之绝理者早已为戾矣。齐梁之失，唯此为甚。"① 这一段评语，讨论的中心问题是"齐梁之失"，是船山对齐竟陵王萧子良五言古体《登山望雷居士精舍同沈右卫过刘先生墓下作诗》的评价。我们知道，船山将诗人分为"小家"与"大家"，所谓"小家"是"意不逮辞，气

---

① （清）王夫之：《古诗评选》卷 5，《船山全书》第 14 册，岳麓书社 1996 年版，第 762 页。

不充体，于事理情志，全无干涉"，所谓"大家"乃是"唯意所适，而神气随御以行"（《姜斋诗话》卷2），故而船山论诗，尤其强调的是气（意）的贯注。正因为船山对于文气的重视，所以能够直指齐梁文学的陋处，所谓"文者气之用，气不昌则更无文"的断语，可谓言简意赅，一语言中。

众所周知，对于齐梁文学的评价，是古代文学史上的一个老话题，历代思想家均有评价，尤其是所谓轻绮浮艳的特质，一向是受到讨伐的。对此，生逢其时的刘勰（字彦和，464？—522？），已有颇多不满，如对宋初"讹而新"（《文心雕龙·通变》）的评价，对近代辞人"率好诡巧"（《定势》）的贬斥，俱是站在正统的儒家人伦道德立场，业已定下了价值判断的基本调子。有所不同的是，在彦和的思想中，虽然已经充分意识到气之盛衰左右着一个时代的文风，如评价建安文学"梗概而多气"（《时序》）、"慷慨以任气"（《明诗》），评价晋代诗人"力柔于建安"（《明诗》），但大体秉承了汉魏以来的宇宙元气理念与人物品评意识，尚无形而上层面思考的痕迹。船山论齐梁诗，以气定得失，符合其"以生气为主"（《古诗评选》卷5，萧子范《夜听雁》评语）的一贯理路。值得注意的还在于，船山释文气，以体用立意，别开一路，勾连起文质、文气、文情、文采、文笔等众多范畴，体现了高度的理论驾驭能力，因而具有强大的方法论内蕴和理性说服力，基本上代表了古典时代形而上思辨的最高水平。

彦和与船山的解释不仅触及文学史解释的方法论问题，还关涉到一个文学解释的终极意义问题，也就是知识还原或历史再现与价值意义建构之间的张力问题。历史如烟，文学史上的人物及其思想一旦消逝，后代的理论家身处不同的历史语境，对于文学史的重建，将不可避免地带入个人的解释，因此，在以历史传统、文化现象、知识系统为对象的诠释学传统中，身临其境的言内之意呈现与抉发意蕴的言后之意发掘，以及囿于时空阻隔、古今异音而形成的种种曲解、臆断，促成了经典诠释中的两难处境。对此，当代法国哲学家保罗·里克尔认为："所有诠释学的目的，都是要征服存在于经典所属的过去文化时代与诠释者本身之间的疏远和距离。藉由克服这距离，使自己与经典的时代合一，注释者才能够使其意义为自己所有：他使陌生成为熟悉，也就是说，他使它属于自己。这正是他透过理解他者而得到他所追求之自我理解的成长。因此，每一诠释学，无论外显地或隐含地，都是经由理解他者而有的自我理解。"① 顺着里克尔的意思，我们可以看到，彦和与船山围绕文气的探讨，不仅要克服时空的差距，与传统气学意脉相承，与经典合一，还要开出自我理解的新意。为人文世界提供一个终极的、整体的解释，是古典时代思想家的宿命，因而，围绕文气的研讨，并不纯然是为文学提供存在的本原。在根本上看，是重构传统价值信念的一种理论尝试。彦和与船山所处时代，是传统的经典解释系统遭遇异质文化冲击、儒家经义的合法性受到质疑的时代，因而，他们对于文气体用义的发挥，难免带有卫道护教的性质。我们今天研究的兴趣，正是要探究历代文气研究者，如何经由解释文气而完成"自我理解"的，以及文气之精神脉络是如何在阐释者手中与其原生意义相辉映的。

二

在对中国文学思想史、观念史上文气研究的未来展望之前，我们有必要对 20 世纪（尤其是近年来）学术界关于文气研究的成果加以回顾，并在研究史脉络中对其中的见解略作阐明。为了集中讨论的焦点，本书不打算全面列举文气研究的相关论著，而是以几代学者的代表作为例，依序加以回顾。

审视一个多世纪以来中国文论领域中文气的研究，在学科确立、

---

① ［法］保罗·里克尔：《诠释的冲突》，林宏涛译，桂冠图书公司1995年版，第14—15 页。

边界划分以及相关的研究路数和方法论原则的选取上，都是值得反思的。第一代研究者为了学科边界的划定，主要是将文气从气学的哲学思想史语境中剥离出来，从而使其理论体系简单、条贯一些。试以郭绍虞先生为例。郭先生 1929 年的《文气的辨析》一文，是从姚鼐所谓"文之精"的"神、理、气、味"说开的，郭先生认为，其中尤其以文气的界限最易混淆不清，他解决的方法是："本文删除枝叶，所以不旁涉到哲学上论气的话。当然，不是说哲学上的论气和文学上的论气没有关系，但是为要使文气说的理论简单化一些，还以避免不谈为宜。"① 这种剥离的做法，充分体现了第一代研究者的研究路数，即将文论话语从整体思想体系中剥离出来，确立言说范围、学科边界，这个疆界的确立，也受制于本人的学术兴趣、知识储备以及社会形势的需求，就郭氏本人而言，兴趣显然在传统的诗文创作价值而非我们今天的理论眼光，他写批评史的目的在于印证文学史②。第二、三代研究者，大体在此一范围内缝缝补补，在西学范式尤其是马克思主义理论武器的指导下，忙于文学理论体系的建构和文学概论的写作，就文气研究而言，增加了作者气质或作品风格的维度，添加了唯物或唯心的标签。经过这样层层的剥离与建构，尔后的研究大都从既有的文学概论结论出发，缺乏学科构成方式和运作模式上的反思，从而导致此一领域的研究方式贫乏，研究氛围极为沉闷。

对于当代学者研究文气所关注的问题意识，我们稍加整理，大致有如下几组：

（1）历代文气研究的资料整理、归类；

（2）文气发展的历时性梳理、文气论发展史上的重点个案分析，如曹丕、刘勰、韩愈逮至清代各家；

---

① 郭绍虞：《照隅室古典文学论集》上编，上海古籍出版社 1983 年版，第 116 页。

② 对于第一代研究者之得失，党圣元先生有相当深刻的见解，参见《学科意识与体系建构的学术效应——关于古代文学批评史研究学科的一个反思》，《文学评论》2004 年第 4 期。

（3）文气研究体系的建构、文气与诸多次生范畴的关系。

这三组问题是近数十年来文气研究中，常常被学者关注的问题，下文依问题先后顺序，就目前的研究专著略加回顾。

从目前资料整理来看，涉及文气专题的有三部：（1）贾文昭先生主编《中国古代文论类编》（海峡文艺出版社1988年版），在"创作论"部分列有文气的专题，包括文气的地位和作用、文气的类型和要求、养气，并有风骨、风格、气象等相关范畴；（2）徐中玉先生主编"中国古代文艺理论专题资料丛刊"之《文气·风骨编》（中国社会科学出版社1997年版），有如下专题：文以气为主、气与志、言、法、胆、识、才、情之关系、为文必在养气；（3）胡经之先生主编《中国古典文艺学丛编》（北京大学出版社2001年版），在"创造编"中设立文气专题。以上资料汇编，基本上将古今文气研究的基础史料罗列其中了①，这是进一步理论阐释的前提基础。那么，就当前古代文论研究的大体走向来说，重点工作应该是从史料的整理走向史料的创造性诠释，在目前业已积累的相当数量的史料整理基础上，探讨历代文论家围绕文气问题作出的解释、争辩、推衍、发挥及其所蕴含的思想史意义与诠释学内涵。

第二组问题是以文气发展的历史为中心，涉及历代文气论的发展演变，尤其是其间几个标志性人物的理论，近数十年来这一组问题的研究成果颇为丰硕，论文数量最为可观。从研究专著来看，台湾地区学者中值得注意的有：朱荣智先生的《文气论研究》（台湾学生书局1986年版），张静二先生的博士学位论文《中国文学批评上"气"的研究》。前者从气的三重含义谈起，认为文气应该包括作品的辞气和作者的才气两方面，随后从汉魏人物品评和建安文坛风向论述文气论产生的背景，历时性地梳理了文气论在六朝、唐宋、

---

① 所谓基础史料，是指现有资料收集主要集中于文献中带有"气"或"文气"字样的语句，采取的仍然是剥离的路数，而更多、更广泛层面上的资料并没有纳入研究者的视野。

元朝、清代的发展，最后论及文气与文学创作、风格、批评的关系。全书在资料收集上颇见功力，论述条理也颇为清晰，其中对文气含义的界定，值得我们加以留意："文气应该包括作品的辞气和作者的才气，作品的辞气，指作品的气势和情韵；作者的才气，包括作者的性情和才学。因为文气，一方面是指作者的性情，透过文字的表达，所显现出来的艺术形貌，一方面也是指作品所能反映出来的作者生命形相。"① 此一方面的工作，大陆学者中有张义宾先生的《中国古代气论文艺观》（山西人民出版社 2003 年版），全书将文气文艺观的发展历程分为四个时期，即先秦两汉的孕育期、汉末魏晋的诞生期、南北朝隋唐五代的发展与成熟期、宋元明清的分裂期，将文气的发生放在历史文化背景中，诸如玄学、佛学、理学中研讨，主要是取道历史思想史的进路。

第三组"问题意识"的产生，是在各种各样的西方文艺学体系的刺激下，学者试图梳理出具有中国特色的理论体系而进行的尝试，与前辈学者相比，已经具有了相当的理论自觉和体系意识。其中，值得关注的有陈竹先生的《中国古代气论文学观》（华中师范大学出版社 1995 年版），全书参之中哲史元气论的研究路数，以气本观、气化观、气感观为哲学理论的架构，② 建构了气论的文学本体论、文学主体论、文学构成论、文学创作论、文学风格论和文学品评论，该著较为全面地梳理了气的哲学、美学内涵，是目前此一领域的研究成果中具有较强理论形态的论著。此外，涂光社先生的《原创在气》（百花洲文艺出版社 2001 年版），全书研讨了形神论、阴阳五行说中的气论，较为全面地论述了气论在文论、乐论、书法论、画论领域的内涵及演变。第环宁先生的《气势论》（民族出版社 2002 年版）一书，将气势分为理势、情势与构势、言势四种类型，前两者

---

① 朱荣智：《文气论研究》，台湾学生书局 1986 年版，第 78 页。
② 相关论述，参见程宜山《中国古代元气学说》，湖北人民出版社 1986 年版，第 106—164 页。

属于文章内容，后两者属于文章形式，认为气势是包括文章思想内容、作者情感、结构方法和语言形式在内的重要范畴。

古代文学思想之形成，不仅仅是对文学存在的反思判断，更涉及颇为复杂的历史文化经验与价值意义，文论的研究，一旦斩断了与多门学科之间的血脉联络，隔绝了与古代知识系统的生命联系，就罕有能深入中国文论的根本命脉之上，尤其对于文论史上具有元范畴意义的文气、文道而言，巨大的思想传统作为先在知识资源在相当程度上决定了其视野与方向，因此我们无法将其萌生与渐向成熟从具体的历史语境与逻辑义理中抽象出来。就文气说而言，离开了思想史的背景，离开了哲学义理，文气也就无依无靠、无从说起了，因而在目前所见的文气发生期研究中，大多半道谈起，如以曹丕的《典论·论文》开始，或顶多追溯到孟子"浩然之气"。又如文气研究中一个重要的问题，就是曹丕的文气说，目前学界流行的看法，认为就作者方面而言，指他的气质、个性、语气；就作品方面而言，指作品的风格。论气质、才性者，如陈钟凡、朱东润、方孝岳等先生；论才气、语气者，如郭绍虞、罗根泽等先生；论才气、风格者，如刘大杰等先生。这样的理解就相当简单化、狭义化了。

三

在回顾与研讨文论领域研究成果的基础上，本节主要参照目前哲学、思想史两大阵营的学者，在研讨气论时的问题意识与主要创见，以及在方法论上的创新之处，提出文气研究中的多条路径并存、解释转向的可能性。

考察当代气论的研究，基本上可以分为两种路径：一为哲学观念史路径，主要是从哲学角度，将气视为与社会、政治、经济变迁无关的独立范畴，以此为基始点，来研究元范畴与次生范畴以及观念丛的演变发展，比如精气、血气、元气、理气、太虚、气象以及与有无、两一、本末、体用、天地等范畴之间的关联，等等。这也是所谓的内在研究途径，即侧重思想系统内部观念之间的内部结构，以罗孚若所倡导的"观念史"研究方法为代表①。此一研究途径的理论假设在于：认为思想文化具有内在的整体性，因而所衍生的观念范畴具有相同的知识背景与共同的心理逻辑，其核心的问题意识既内在又超越，具有自足的逻辑关联与独立自主的生命力，并不随着历史场景的切换而变迁。

就观念史的研究成果而言，在中国港台地区的学者中，钱穆先生晚年巨著《朱子新学案》（巴蜀书社 1986 年版）具有典范意义，钱氏以"述古综六艺以尊朱"为学术归宿，旨在重新整合理学和儒学，把援释入儒的宋学，收归到儒、释、道合流统贯的传统学术中。全书采用传统的学案体，详述朱子之理气论、心性论以及朱子论无极太极、阴阳、鬼神、仁、天人等内容，每一个概念都用了一章的篇幅，不参照西学，而自成系统。在大陆学者中，具有代表性的论著是张岱年先生的《中国哲学大纲》（中国社会科学出版社 1982 年版），其中设有多章论述气及相关范畴的演变史，业已充分意识到气范畴系列在古代哲学观念史建构中的形上意义。

另一为历史思想史路径，不同于观念史路径较为注重问题意识的自主性，思想史的路径更重视阐释者的历史性以及阐释的循环效应，主要是将气论放在历史时代的变局之中，并与数千年来中国精神文化的脉络相表里，考察各个时代气论的不同衍生形态及其与诠释者所处的时代背景、思想氛围、个人经验之间的关联，尤其注意挖掘阐释者的心路历程与文化立场，特别关注孟子、董仲舒、王充、王弼、张载、王夫之等人在思想史上的转折意义，包括半个世纪以来的唯物与唯心的价值争论、本源论与本体论的辨析，等等，大多

---

① 详细论述，参见黄俊杰《思想史方法论的两个侧面》，《史学方法论丛》，台湾学生书局 1977 年版，第 243—301 页；吴琼恩《儒家政治思想与中国政治现代化》，"中央"文物供应社 1985 年版，第 13—14 页。

属于此。就思想史的研究而言，具有典范意义的是日本学者小野泽精一、福永光司、山井涌等编著的《气的思想——中国自然观和人的观念的发展》（李庆译，上海人民出版社 1990 年版），全书以"气"概念的变迁来考察思想史背景，沟通了哲学概念与中国古代文化各个领域的联系，既有对若干历史问题的系统考辨，又脱出历代思想分类的框架，对未开拓领域进行了新的意向考察，全书在资料的占有、论证的力度乃至结论的启发性等方面，都高出同类论著，业已成为此一研究领域中，学者案头必备之书。

当然，上述两种研究路径，只是大体而论。实际上，两者虽然取径不同，方法各异，但是相辅相成、此消彼长、交互映射之处颇多，很难截然分开。同时，各有利弊，长短易见，能补两者之弊而取其长的，乃余英时先生提出的"内在的理路（inner logic）"。余氏在《清代思想史的一个新解》中认为："把思想史本身看做有生命的、有传统的，这个生命、这个传统的成长并不是完全赖于外在刺激的，因此单纯地用外缘来解释思想史是行不通的……所以在外缘之外，我们还特别要讲到思想史的内在发展。我称之为内在的理路。"① 这实际上是调和两种研究路径的折中之法。

顺着以上思路，笔者想站在现有研究成果的基础上，对文气研究这个领域未来的问题意识提出新的展望。

从文学观念史的路径考察文气的研究，是将文气范畴作为独立于社会、政治之外的存在处理，将其当作具有自主性的本体加以分析，在这个假设下，拟牵涉以下的问题：

（1）知识论层面：文气之知识谱系、文气形态论；

（2）认识论层面："气"系列、"文"系列及文气观念丛的意义共享与语义关联；

（3）价值论层面：文气之发生意义、文气之精神品相、文气之思维模式；

---

① 余英时：《中国思想传统的现代诠释》，江苏人民出版社 2003 年版，第 158 页。

（4）本体论层面：文气之体与文气之用、文气与文道的分梳。

在知识论层面指向知识的特性或知识形成的条件，在认识论层面指向知识的表达方式与结构形态，在价值论层面指向知识的效应和宗旨，在本体论层面指向范畴本体（实体）的体用特质，四者密切关联，相互界定。其中，每一个层次下面又可以有若干分支，譬如文气观念丛的意义共享与语义关联，既是气与才、言、志、情、心、神、形之间的意义纽结，也是文气元范畴与次生范畴系列之间的交相诠释，意义互决；又如文气形态论，依照其基本构架可以大体拟分为：孟学之"心—志—气"、曹丕之"气—意—辞—事—体"、《文心》之"气—志—情—辞"、《原诗》之"气—理（事、情）—识（才、胆、力）"，等等，以此为核心，展开对各家思想体系的研讨。但与此同时，我们亦应该看到，观念史研究方法的弊病是明显的，正如张祥龙先生业已指出的那样："自胡适和冯友兰以来，以'逻辑的、科学的'方法来治中国古学的做法几乎被各门派共同信奉。于是，'道'、'仁'、'阴阳'、'气'等等就被当作西方传统哲学和逻辑意义上的'概念范畴'，还要追究其'逻辑发展的规律'。而任何不合乎这条概念化标准者，就被当作无思想含义的东西。"[1] 因而，仅仅依靠于观念史的研究方法，无法克服自身的缺陷，辅助于思想史的研究方法就显得很有必要了。

从思想史的路径看，这是所谓外在的研究途径，即侧重古人身处历史文化的外在环境，尤其关注此一时间段的人文创作氛围、时代语境、学术圈子、焦点话题乃至个人机遇、知识储备等要素。对于一个历史意识厚重且习惯于作古今历史对照思考的民族来讲，常常习惯于将其思考的对象放在特定的历史时空与文化语境中去考察，而并不习惯于将现象从历史脉络中抽离出来作纯粹观念的抽象演绎，在这种思维习惯左右下构成的现场感、情境性乃至衍生的原生性观察视角，不仅使得当代人更为容易理解历史人的时空情境，也有利

---

① 张祥龙：《从现象学到孔夫子》，商务印书馆 2001 年版，"序"第 14 页。

于缓解两者之间的某种紧张感。取道历史思想史路径，拟关注的问题有：

（1）诸子气论尤其是孟学气论形成的知识背景？其间蕴含了文论的何种可能？

（2）文气论在何种历史语境中借助何种思想资源成为一个原初范畴？曹丕的历史观、文学观乃至人生机遇影响几何？

（3）彦和如何诠释文气？如何勾连次生范畴？其中的转变有何文学思想史的意义？

（4）唐、宋、元、明、清各家的文气论有何新发展？有何文学思想史意义？

以上问题的产生，也就是将文气话语系统的建构，放在历史或文化的脉络中，去知人论世，去追本溯源，尤其关注演变发展中的几个重要历史情境，如三代文化语境、孟学心性语境、汉代元气语境、魏晋人物品评语境、理学本体论语境，等等，分析文气在具体历史时空中的沉浮，并延伸到伦理道德的维度、心性情志的维度以及音韵声调语势的维度等，由此出发对古代文学思想的变迁、转型等重大过程的解释提供有效的支持。

比较以上两种研究路径发现，对于文气的诠释乃历代文论家的共同关注，从其诠释史中我们也能够比较清晰地梳理出历时性的演变历程，但是，范畴的自主性可以不受到外在的社会政治经济因素的影响，其内在的逻辑义理仍然是清晰的，尤其是对于具有本体意义的文道、文气等范畴而言，它们属于中国古代文学思想史中的"公共话语（common discourse）"①，将文学的终极意义挂在不可言说的道、气之上，是古典时代的传统，也是中国文论的传统，具有普遍的方法论价值和本体论意义。历代文气研究史上具有重大意义的

————————

① 已故美国汉学家本杰明·史华兹先生认为，"性""气""心"从战国时代就成为诸子百家的共享观念、共同论域，参见《古代中国的思想世界》，程钢译、刘东校，江苏人民出版社2004年版，第180—193页。

问题意识，如养气、文以气为主、气与情志关联等，虽然不免受到诠释者思想系统的渗透，但是，这些问题意识具有相当的自主性和连续性，较少受到历史上非思想因素变化的影响。以养气为例，自孟学正式拈出养气的意思后，其后的思想家，虽从不同角度多有阐释，但逮至清代诗论各家，在孟学道德心志的核心意义上是没有变化的，只是在深入细化中生出若干旁枝，转换的乃是诠释的角度与具体的方法而已。就这一层面的特点来看，较之同样具有元范畴意义的文质、中和诸范畴，文气元范畴的自主性、内在理路更为明显，而文质、中和与思想史的联系更加密切一些，其意义的脉络在历时性演变中显得更为清晰一些。

四

目前气论观念史研究的主要切入路径，大体有二：心性论和身体观。传统的研究多从心性的角度切入，近年来，身体视野下的气伦研究逐渐成为一个热点。从身体的立场研究气论，哲学界、史学界新见迭出，中西方理论资源的借鉴及其运用，均有详细发挥，这个关于气论研究的新动向，正方兴未艾，对于未来中国文论领域中文气研究的开拓与创新，无疑具有解释转向的可能性。

就身体观的研究历史看，在西学传统中，简言之，先验哲学走的是一条典型的扬心抑身的路子。所谓身体观作为人文研究的一个关注命题，源于从尼采到福柯的哲学肉身化推进思路。在古典哲学中，纯粹意识自为存在的主体与纯粹物质自为存在的客体之间一直处于对立状态，这种对立必然推演出身心二元论，从而导致将身体与灵魂或精神分离。处于从属地位的身体，作为物理性的实存，只具有感性功能，没有哲学上的意义，从苏格拉底、柏拉图、笛卡尔到康德，都是取无身的思维主体。在 20 世纪以来的现代和后现代哲学话语中，身体成为人自我认识的重要方式，有关身体的学问一跃为显学，从尼采对无秩序性代表酒神的推崇、柏格森的生命哲学、弗洛伊德的精神分析学乃至存在主义、现象学，等等，他们在揭示身体异化的同时，旨在重新发掘身体的意义和价值，均在宏观探讨中给身体留有一席之地。

在关于身体问题的思考中，学术界的理论资源主要来自法国思想家米歇尔·福柯。福柯以新的"权力—知识"视野，通过对理性统治、临床医学、监狱体系和性问题的研究，阐释了围绕在身体和生命周围的政治权力，强调科学知识使身体成为一个政治领域，揭示出医学、精神病学、犯罪惩罚等与身体有关的权力运作机制。从福柯开始，西方身体观的研究得以进一步深入。值得注意的，还有法国现象学家梅洛－庞蒂关于身体的论述。他在《知觉现象学》一书中，用了差不多三分之一的篇幅去描述身体现象，将现象学的意义和人的存在尤其是人的躯体存在联系起来。他认为"身体主体"（body subject）是连接意识与自然、人与世界的桥梁，故而对于自然、社会、历史、文化的理解，必须要由"身体主体"开始；而对"身体主体"的理解，则必须通过对自然、社会、历史、文化的描述来完成。在其现象学视域中，意识隐退了，身体直接出场，以身心交融的"身体主体"扬弃了笛卡尔式"我思"的身心二元论。这种理论视角的更新，对于人文领域研究方法的创新和研究视野的拓宽，具有很大的启发意义。

从身体观的角度看，虽然身体之学在中国主流学术话语中从来没有成为显学，但是，灵魂和肉身之间的永恒张力，使其成为古代学术中一个绕不开的维度。传统文化中的身体空间并不仅仅是一个客观的实存，而且是一个贯通形、气、心、志，涵摄形上形下的综合体，身体的时间性和空间性构成了充满意义的精神世界，深刻地浸润着社会政治和历史文化的脉络。对于中国古代身体学的研究而言，气论的研究是一个重要的维度。对此，杨儒宾先生的这一段话可以总结古代身体观中气的作用："现象学地来看，此世之内没有无身体的意识，也没有无意识的身体，而在这两者中间起居间作用的，乃是'气'。所以身体一活动，即有气的流行，也就有潜藏的意识作用。意识一活动，也即有气的流行，也就有隐藏的身体作用。"①

此一领域的研究，汉学家走在前面，尤其是日本学者，其中尤其值得关注的是汤浅泰雄先生的比较哲学研究。他认为东方的形而上学是从身体出发，并不等同于西方的 metaphysics，而是以身心关系之实际关系研究为基础的哲学，可以称为"超医学性的心理学"（meta‑medico‑psychology）②。在他看来，东西方身心观最大的差异在于选择分析某种现象的方法论上的差异，对现代西方传统而言，身心观主要是关注以经验为基础的、可观察到的精神和肉身现象间的关系，而在东方传统中，身心观一般侧重于人如何通过修行而达到身心合一。③汤浅泰雄先生的研究为我们对肉身的认识提供了一种全新的视野。

就身体观的研究路数而言，目前中哲史的研究视角大致有：作为思维方式的身体观、作为精神修养的身体观和作为政治权力的身体观几个维度。④同样，史学界对于身体史的研究也在升温，其研究视野大体集中在综合身体史、器官功能史、生命关怀史等维度。新近出版的黄金麟《历史、身体、国家——近代中国的身体的形成，1895—1937年》（台北联经出版公司2000年版）、杨念群《再造"病人"——中西医冲突下的空间政治（1832—1985）》（中国人民大学出版社2006年版），均为目前身体史研究中的上乘之作。当然，应该注意的问题在于，目前身体观研究中普遍存在"以西释中"的

---

① 杨儒宾：《儒家身体观》，"中央研究院"中国文哲研究所筹备处1996年版，第49页。

② ［日］汤浅泰雄：《"气之身体观"在东亚哲学与科学中的探讨》，卢瑞容译，载杨儒宾编《中国古代思想史中的气论及身体观》，巨流图书公司1997年版，第67页

③ ［日］汤浅泰雄：《灵肉探微——神秘的东方身心观》，马超等编译，中国友谊出版公司1990年版，第14—18页。

④ 参见黄俊杰《中国思想史中"身体观"研究的新视野》，《现代哲学》2002年第3期。

倾向，无法摆脱西方人文视野的"宰制性"与霸权色彩，那么，其中的中国文化特质乃至普遍性价值都是值得反思的。

人的存在，作为一种自然的存在、文化的存在，总是一种身体的存在。身体的体验表现出复杂多层的面向，诸如物理的、生理的、心理的、社会的、政治的、宗教的，等等。对于身体，不外乎两种设定：或是现实给予的、自然的存在，或是话语建构的、历史文化的存在。中国传统的学问本质上是生命体验之学，集政治伦理、个人修养、思维方式于一体，易学所谓"远取诸物，近取诸身"，正是古代宇宙人生论、社会政治论的一般思维路数。历史地看，如果说儒家给予身体的主要是社会政教的规范，那么道家给予身体的则主要是自然生命的规范，因此，在古代知识系统中，关乎身体、生命的材料极为丰厚，诸如三代礼乐中的威仪身体、公羊学视野中的政治身体、心性学传统中的道德身体，等等，加之两千多年来大一统政治与经典阐释传统之间的交互关系，更能凸显出身体隐喻与政教权力此一维度的价值意义。

具体到文艺思想的研究，引入身体观的理论视野，将文气范畴的生成发展置于古代身体观的整体场域中，可以打破传统以心言气的研究路数，而采取身心互渗言气的路数，由此统摄形气、身心、养气、践形、心知、性情诸说，并具有自然气化和社会道德两个向度。前者联结天地人整体和谐，动态圆融，融大宇宙、小宇宙为一体，由此建立了具有华夏特质的宇宙论、本体论、方法论；后者联结内圣心性与外王礼治，是人之内在身心性情和谐与社会群体和谐的纽结，由此建立了独具民族特色的境界论、修养论、价值论。这不仅可以拓宽现有的研究视野，而且可以开辟一条新的诠释路径来。

气论乃华夏文学、美学之精粹所在，围绕文气的诠释，历代思想家之价值立场、政教理念及时代思想等，均显露无遗。古人围绕文气所建立的一套话语系统，可以有效地诠释文学领域的一切活动，由此也影响到古人对于文艺性质、特征、规律及其功能等根本问题的认识，最为充分地体现了中国传统"大文论"的特质。因此，以文气为核心的文学思想体系研究，有利于传统文论研究视域的拓宽和研究方法的更新，也有利于重新建构贯通文史哲的精神文化脉络，因而是古代文论研究领域一个值得展望的方向。就文气研究的现状而言，若要深入下去，紧要的就是进一步打通文史哲，培养国学视野与中西比较视野下的文化通观意识，将文气的发生发展视为古人形上之思的一部分，寻找其间的知识共识与精神共享，恢复并重新搭建人文话语系统。笔者以为，面对一套已经失效的话语系统，也许最好的方法就是重新建立一套解释系统，虽然材料范围大体没变，但是解释系统变了，由此呈现的古代知识景观也就大不一样了。否则，在既定的框架与套路中自说自话，研究的道路只会越走越窄了。

"体不可说"及其对策

一

说到"体"，就不可避免地要涉及"体"是否可知、可说的问题，在现代知识语境中，又不免牵扯知识论、认识论与本体论的问题，也涉及对形而上学的认识与定位问题。作为哲学意义上"体"的纯正意蕴，是指万物之共同本质和存在根据，或者世界之最高本体（本原）及其认识路径。对此，熊十力先生揭示得很明确："体字有二义，曰体认，曰体现。"① 第一义涉及认识论与价值论，第二义则涉及知识论与本体论。

对于终极性本原的探索，是人类形上追求中一个永恒的话题。自笛卡尔、洛克以来的西方认识论传统，囿于主客二分模式和自我中心主义，除了使问题层出不穷外，并不能推进知识论、本体论的进步。熊先生就曾批评过西方的旧形而上学，认为它们把本体视为现象之外、与现象毫无共同之处而不可沟通的另一重世界，而现代哲学则只谈知识论，不谈本体论，这又陷入另一偏向。对此，他认为："因为哲学所以站得脚住者，只以本体论是科学所夺不去的。我们正以未得证体，才研究知识论。今乃立意不承有本体，而只在知识论上转来转去，终无结果，如何不是脱离哲学的立场？凡此种种

---

① 熊十力：《原儒》下卷，《熊十力全集》第六卷，湖北教育出版社 2001 年版，第570 页。

妄见，如前哲所谓'道在迩而求诸远，事在易而求诸难'。"① 熊氏认为研究知识论、认识论的最终目的就在于认识达到最高本体，离开本体证悟，孤立地研究知识论，实际上只是"量智"的认识论，也即经验的认识和逻辑的推理，只能认识现象界，不能认识本体界。东方哲学家注重"性智"，这是一种直觉认识本体的能力，只有通过"性智"才能认识本体。② 正是针对西方哲学只重视向外认识客观世界，而不重视向内认识人的心灵、不懂得人的心灵是与宇宙本体相通的种种不足，熊氏提出"反识本心"，也就是要认识宇宙本体，必须反观人的本心，而不能向外探求。

但是，问题的难处在于，作为哲学最高存在的"体"，正如王弼（226—249）所谓"虽贵以无为用，不能舍无以为体也"（《老子注》），已经完全脱离了形与象的具体联系，遁形于万物之中，蕴含在道器、隐显、动静、常变之间，那么，如何达致"体"呢？这在中西学术传统中，有着不同的思想特质与衍变历程。

纯观念形态的"体"，往往隐微难察，唯一可以把握的是其种种"化迹"，即在"用"中显现，离"用"无从识"体"，识"体"必依其"用"。从西学的角度看，作为本质的"体"和作为属性的"用"，似于亚里士多德《范畴篇》中"本体"与"属性"（包括数量、性质、关系、地点、时间、姿态等九个范畴）的对举，"本体"是"体"，是其他范畴存在的根据，其他范畴都是表述它的，不能和它分离。对于"体"的认识，中国古代哲人也作过许多精微的研究。孔子少有形上的思考，因为对孔子而言，本体是不可言喻的，只能诉之于个体的直接体验，所以他以"无言"的方式来表述天的存在，《论语·阳货》："天何言哉？四时行焉，百物生焉，天何言哉？"天不可言，但并不意味着天不可知，只是知的方式不是通过言的方式，而是体验地知，意会地知，朱子《论语集注》："天地之化，往者

---

① 熊十力：《新唯识论》，中华书局 1985 年版，第 250—251 页。
② 熊十力：《新唯识论》，第 678—680 页。

过，来者续，无一息之停，乃道体之本然也。"在儒学看来，"体"之最根本特质，还在于个体不同的体验。

比较而言，老庄对于"体"的思考，更为精深。在老学思想体系中，道是最高本体，整个思想系统都是围绕道展开的。何谓道，老子开章明意："道，可道，非常道；名，可名，非常名。"（《老子》第一章）在老子的思想中，作为终极存在的道具有如下特性：不可言说、不可命名，且"视之不见""听之不闻""抟之不得"（第十四章），故"知者不言，言者不知"（第五十六章），因此道是不确定的，人的耳闻目睹言说，对于体道，均是无效的，正因为无法肯定它是什么，所以只能说它不是什么，此之谓"正言若反"。那么，如何体道呢？老子是这样描述的："致虚极，守静笃。万物并作，吾以观复。夫物芸芸，各复归其根。归根曰静，是谓复命，复命曰常，知常曰明。"（第十六章）所谓"守静""知常""归根"，是老子体道的途径，这是一种将个人体验完全融入天地万物的意会感知方式，这与尔后庄学通过"心斋""坐忘""忘言"体道，路径大抵相同，均认为语言的知识形态与表达方式，无法达成对本体的理解。诚如有的研究者指出，道家的无名理论在西方哲学中没有十分准确的相似物，它源自古人一种独特的观念：语言相对于本体论的理解而言并不是完全可有可无的，但是，为了达到对这样的本体论理解，语言又必须废除。本体论和语言是不能并立的，它们分别属于人类经验的两个层面。[①]

接受过道家思想熏陶的金岳霖先生，从元学的对象，认同庄学"万物一齐，孰短孰长，超形脱相，无人无我，生有自来，死而不已"的思想。他认为，研究知识论可以站在知识论对象范围之外，可以暂时忘记自己是人，用冷静的态度去研究；研究元学则不同，虽然可以忘记自己是人，但不能忘记"天地与我并生，万物与我为一"，因此不仅在研究方法上追求理智了解，而且在研究结果上追求

---

① ［美］成中英：《易学本体论》，北京大学出版社 2006 年版，第 180 页。

情感的满足。① 金先生早年接受过英国分析哲学的知识论和逻辑学的训练，在他看来，形上的世界，是超经验知识的世界，是说不得的世界，他在《势至原则》中论述"名言世界与说不得"问题时认为："治哲学总会到一说不得的阶段。说不得的东西就是普通所谓名言所不能达的东西……说不得的东西当然说不得，若勉强而说之，所说的话也与普通的话两样……因为治哲学者的要求就是因为感觉这些名言之所不能达的东西，而要说些命题所不能表示的思想。假若他不是这样，他或者不治哲学，或者虽治哲学而根本没有哲学问题。"② 金氏通过文法主宾词与逻辑主宾词的不同，来说明为什么形上的本体说不得，在其形上学的建构中，"能"就是说不得的，因为"能"根本无所谓，不是个体，也就不在"名言范围之内"。值得赞赏的是，金氏的思想体系虽然吸取了许多西方哲学的研究方法，用以确定概念、范畴的明晰含义，但其内容形式却是民族化的，诸如理、势、性、情、太极、无极、正觉、意念等，由此建立了具有民族特色的本体论、逻辑论和认识论系统，为传统哲学的现代化、世界化提供了可资借鉴的经验。

"体"是超验的、不可言说的，正是在不可说的地方，通过"无"的境界，才能领悟存在的真谛，才能达到人与万物的整体合一，庄子所说"泰初有无，无有无名"（《庄子·天地》），王弼所说"以无为本"（《周易·系辞》注引王弼《大衍义》），庄子通过"心斋""坐忘"达到与道合一，王弼通过"言不尽意""得意忘言"体"无"，大抵都是这个意思。针对今人在这个问题上的认识偏颇，有学者反省认为："我们一般都把这种以'无'为最高原则、承认有不可说的思想贴上神秘主义的标签……其实，这是由于不懂得把握人与存在合一之整体正是哲学思考之第一要义，不懂得只有在不可说的地方，通过'无'的境界，才能真正把握这种整体的意义。这

---

① 金岳霖：《论道》，商务印书馆1987年版，第17—18页。

② 金岳霖：《金岳霖学术论文选》，中国社会科学出版社1990年版，第339—340页。

种观点片面地以为人对世界万物的唯一态度和关系就是主客关系式，因而认为哲学的最高任务只是把握客体或对象性事物之本质，而看不到对上述整体之把握；这种观点还在于片面的理性至上主义，以为最高、最真实的只是可以通过概念，通过逻辑来认识的，只是可以言说的，而看不到正是在不可说的地方，在一般所谓神秘的地方，有着最真实、最深刻的意义。"① 进一步言，"无"虽然不可说，但不能认为不可说者就没有，只有超越"无"这一最高原则，人才能把握与存在协调合一的整体性。

二

作为人类思想认识活动中的一种普遍性体验，中西哲人都意识到，对于终极的真实无法作出陈述或者判断，由此形成"体不可说"的见解及相关问题。不同之处在于方法的选择上，道家以"无"为"体"，从方法论角度，反面说无，而西方传统形而上学多从概念范畴立论，从认识论角度，正面说有。

从西方哲学的历史渊源来看，哲学研究的主体有一个不断转变的过程。传统形而上学秉承理性至上的原则，一般认为凭借知识与理性，没有不可说的、没有不可认识的。这虽然是西方传统哲学的主流，但也不乏被斥为神秘主义的异端思想存在，这就包括了从古希腊后期延续到中世纪新柏拉图主义的许多思想家的观点。譬如古希腊后期的普罗提诺，他视"太一"为最高的统一体，它无感觉、无思想、无区别，是超越"有"之上的"无"，不可知、不可定义，是语言文字不可名状的，是最真实的无所不包的整体。普罗提诺将"太一"置于柏拉图的"理念"之上，明确认定有超出理性思维的不可说的领域，要把握"太一"，无法借助抽象思维及概念，而要靠"出神"的一种"心醉神迷的状态"，只有在这种状态中，人才能与

---

① 张世英：《进入澄明之境——哲学的新方向》，商务印书馆 1999 年版，第 57—58 页。

"太一"合一。① 又譬如中世纪的爱里更那,他认为最高统一体超出名言,不可说,人只有在忘我的精神状态中直观它。黑格尔认为,像爱里更那那样被称为神秘主义的哲学家是"虔诚的、富于精神修养的人物……在这里人们可以找到纯真的哲学思想",他对此表示赞赏,并与中世纪的正统经院哲学比较,谴责后者的"彼岸性",欣赏前者的现实整体性与反彼岸性②。

自柏拉图以来的传统逻辑认为,概念是思维中最基本的要素,由概念而判断而推理,通过概念、判断可以说尽形而上学。康德对此提出挑战,他从认识论的角度,认为思维中运用的概念、范畴,不是先于判断,而是由判断力发展而来的,他以"二律背反"驳斥传统的理性至上,主张有不可知的,有一般概念不可言说的最高存在。20世纪以来,随着反形而上学和"语言的转向",一些西方哲学家更加关注语言的有限问题,其中,英国哲学家怀特海的"过程哲学",德国哲学家维特根斯坦的"逻辑哲学",值得我们注意。

在谈论哲学的目的时,怀特海认为,哲学的困难源于语言的失误,难以表达自明的东西。人类的日常语言虽然变化万千,但均不涉及哲学自明性层面的揭示,且语言处于直觉之后,我们的理解超出了语汇日常应有的范围,因此,这种理解"主要不是以推理为基础,理解是自明的",但囿于我们直觉明灭不定,清晰性有限,因此,推理虽然是达到理解的手段,但哲学中的一切推论都标志着一种不完满。有鉴于此,怀特海认为哲学与诗相类似,不仅代表了文明的最高理智,而且哲学的努力体现在从诗人的生动词汇中创造一套可以与其他思维联结的语言符号,同时,"二者都力图表达我们名之曰文明的终极的良知,所涉及的都是形成字句的直接意义以外的

---

① 参考 [德] 黑格尔《哲学史讲演录》卷3,贺麟、王太庆译,商务印书馆1959年版,第187—188页;[英] 罗素《西方哲学史》上册,何兆武、李约瑟译,商务印书馆1963年版,第363页;《古希腊罗马哲学》,北京大学哲学系外国哲学史教研室编译,商务印书馆1961年版,第463页。

② [德] 黑格尔:《哲学史讲演录》卷3,贺麟、王太庆译,第319、323页。

东西"①。这与我们熟知的黑格尔看法相似，艺术、宗教、哲学所要把握的目标一致，但形式却不同。

维特根斯坦早年的《逻辑哲学论》，旨在说明语言与世界之间的逻辑结构，划定思维的界限，在他看来，"凡可思者都可以清楚地思，凡可说者都可以清楚地说。""哲学中的正当方法固应如此：除可说者外，即除自然科学的命题外——亦即除与哲学无关的东西外——不说什么。""对于不可说的东西，必须沉默。"② 质言之，他表述了一个重要命题：凡是能够说的，都能够说清楚；而凡是不能说的，就应该沉默。所谓可说的东西，是符合逻辑语法的经验事实命题，它包括日常经验命题和自然科学命题；所谓不可说的事项大致包括：逻辑形式、形而上主体、世界的意义和人生的意义、与世界的意义和人生的意义有关的伦理学、美学、形而上学和宗教，等等。在他看来，"诚然有不可言传的东西。它们显示自己，此即神秘的东西"③，不可说的、"神秘的"、"应当保持沉默"的东西，"只能显现"。他认为语言的界限就是思想的界限和世界的界限，界限之内是可说的，并且可以说得清楚，界限之外是不可说的神秘地带，这个领域没有自身的正面性规定，是言语无法达到的地方，只能通过可说的领域显现出来。维特根斯坦此论的目的，在于运用可说与不可说的界限，把伦理和美学排除在哲学之外，因此结论是否正确，倒也不必深究。

这种对语言遮蔽性特征的认识，与稍后的海德格尔是一致的，他们都在极力地表明语言的限度，有许多东西用抽象的、概念的语言无法表达，"沉默"才是一种真正的理解。在海德格尔后期思想中，对"语言—存在"有深入的思考，在《语言的本质》演讲中，他以诗《词语》为例，企图"从语言中获得一种经验"，他认为，语言知识无涉于我们从语言身上获取一种经验，相反语言知识掩盖

---

① ［英］怀特海：《思维方式》，刘放桐译，商务印书馆 2004 年版，第 45、152 页。

② ［英］路德维希·维特根斯坦：《名理论（逻辑哲学论）》，张申府译，北京大学出版社 1988 年版，第 39、88 页。

③ ［英］路德维希·维特根斯坦：《名理论（逻辑哲学论）》，张申府译，第 88 页。

了真相，颠倒了人与语言的关系，因此只有弃绝言说，所谓"词语破碎处，无物存在"，唯有如此，世界才能是本来的样子。① 在《形而上学是什么》中，海德格尔认为，科学以一种高傲的无所谓的态度对待"无"，把"无"当成"不有"的东西牺牲掉了。"无"并不是在有存在之后才提出来的相对概念，而是原始地属于本质本身，是我们与现实存在物作为整体相合一时才遇到的，也就是他所说的"在'无'中"的意思。在他来看，把握"无"从而真正把握人与物合一之整体，乃哲学思考的第一要义。②

所谓的"不可说"，只是相对于有限的"人言"而论的，对于隐藏其后的"道说"而言，却是生生不息的。对此，师从海德格尔的熊伟先生认为："'不可说'乃其'说'为'不可'已耳，非'不说'也。'可说'固须有'说'而始'可'；'不可说'亦须有'说'而始'不可'。宇宙永远是在'说'着。无非'它''说'必须用'我'的身份始'说'得出，若由'它'自己的身份则'说'不出。故凡用'我'的身份来'说'者，皆'可说'；凡须由'它'自己的身份来'说'者，皆'不可说'。但此'不可说'亦即是'它'的'说'；'它'并未因其'不可说'而'不说'。"③"可说"和"不可说"同出，乃"说"的两个方面，必须有"可说"和"不可说"才能构成"说"的世界。这和"有"和"无"的关系一样，不能全"有"，也不能全"无"，宇宙本一，"有""无"相成而宇宙。

三

对于形上学，中国现代哲学家大多怀有浓厚的兴趣，熊十力先生的"新唯识论"和冯友兰先生的"新理学"是两个典型的形而上

---

① ［德］海德格尔：《语言的本质》，《海德格尔选集》，孙周兴译，上海三联书店1996年版，第1061—1067页。

② ［德］海德格尔：《形而上学是什么》，《海德格尔选集》，孙周兴译，第139—146页。

③ 熊伟：《说，可说，不可说，不说》，《文史哲》1942年第1期。

学体系。譬如冯先生认为，在中国哲学史中，先秦道家、魏晋玄学、唐代禅宗，恰好形成一个形而上学的传统，他创建的"新理学"就是在这种传统的启发下，"接着"宋明道学的讲法，借助现代新逻辑学，以建立一个完全"不著实际"的形而上学。[①] 对于形而上学中不可说的领域，他们的解决之道各不相同。冯先生接受过逻辑实证主义的训练，受到过维特根斯坦的影响。相对于维特根斯坦的"沉默"，冯氏选择"以负代正"的方法。熊先生偏于经验世界与本体世界的区分，他借用佛学"遮诠"方式，遮拨一切法相，破相显性，达致本体，建构了极具学术原创性的体用论。

首先，冯先生辨明了科学与哲学对"物"的不同理解。科学和唯物论中的"matter（物质）"，有物质性，可名状，可言说，可思议；哲学上的"matter（物质）"，本身无性，不可名状，不可言说，不可思议。[②] 其次，在"新理学"的形而上系统中，四组主要的命题都是形式命题，理、气、道体、大全四个主要观念，就是从四组命题中推出来的，其中"理及气是人对于事物作理智的分析，所得的观念。道体及大全是人对于事物作理智的总括，所得的观念"[③]。在他来看，真正形而上学的任务，就在于提出这一类观念并加以说明。再次，在通过中西形而上学方法的比较后，冯氏指出，西方哲学家讲形而上学用的方法是"正的方法"，即"逻辑分析方法"，但无法用于"新理学"中四个形而上概念的解释，譬如"道体"和"大全"之"不能讲"，在于"道体"是一切的流行，"大全"是一切的有，二者都是外延至大、无所不包，所指均超出了逻辑的范围和语言的范围。

在此基础上，冯先生总结出"正的方法"讲形而上学的局限性，就在于用理性在天与人之间划定了一个界限，因此不能真正把握形

---

① 冯友兰：《新原道》，《三松堂全集》卷5，第147页。
② 冯友兰：《新理学》，《三松堂全集》卷4，第47—48页。
③ 冯友兰：《新原道》，《三松堂全集》卷5，第154页。

而上学的对象，更不能使人达到天人合一的最高境界。有鉴于此，他从道家哲学和禅宗思想中总结出"负的方法"，也即直觉主义的整体把握方法。"负的方法"也即所谓"烘云托月"法，是讲其所不讲或画其所不画，说气，不说气是什么，而说气不是什么；画月，则画云彩留白。在他看来，对于不可思议、不可言说的形上本体，只能采取"负的方法"，而非"正的方法"。① 在"新理学"的形而上建构中，"负的方法"极为重要，超过"正的方法"，故而"以负代正"，居于上位。同时，两种方法又是相辅相成的，在冯氏看来，"一个完全的形上学系统，应该始于正的方法，而终于负的方法。如果它不终于负的方法，它就不能达到哲学的最后的顶点。但是如果它不始于正的方法，它就缺少作为哲学的实质的清晰思想。""在使用负的方法以前，哲学家或学哲学的学生必须通过正的方法；在达到哲学的单纯性之前，他必须通过哲学的复杂性。""人必须先说很多话然后保持静默。"②

冯氏的"新理学"，源于思之说，止于不思不说。冯氏的"沉默"，类似于理学家今日格一物明日格一物之后突然达到豁然贯通，直接面对已然完整呈现出来的形而上对象，同天、同万物浑然一体。此时，对于我们领悟不可言说的境地，语言已成多余。

不同于冯氏的"以西释中"，熊先生更多地从传统思想资源中寻找解决之道。他认为，"体"是超越一切事物的至理，没有差别，没有封畛。言说所表达的，是有封畛的，体无封畛，非言说能及，而"用"是有形状的，是千差万别的，故可说。他是这样认为的："我们要谈本体（体），实在没有法子可以一直说出。所以，我很赞成空宗遮诠的方法。但是，我并不主张只有限于这种方式，并不谓除此以外再没有好办法的。我以为所谓体，固然是不可直揭的，但不妨

---

① 冯友兰：《新原道》《新知言》，《三松堂全集》卷 5，第 151—152、231—232、169—174 页。

② 冯友兰：《中国哲学简史》，《三松堂全集》卷 6，第 305—306 页。

即用显体。因为体是要显现为无量无边的功用的，用是有相状诈现的，是千差万别的。所以，体不可说，而用却可说。"①

那么，哲学家又如何达致本体呢？熊氏认为，哲学家不应该定义本体是什么，因为这样只能引起人的误解，所以应该引导人们摆脱关于本体的种种误解，反观自识，自悟真理，虽不能用语言表达，但心知肚明。那么，如何才能借助语言，摆脱误解而心知肚明呢？熊氏认为，哲学上的修辞，最好用"遮诠"的方式："详夫玄学上之修辞，其资于遮诠之方式者为至要。盖玄学所诠之理，本为总相，所谓妙万物而为言者是也。以其理之玄微，故名言困于表示，名言缘表物而兴，今以表物之言而求表超物之理，往往说似一物，兼惧闻者以滞物之情，滋生谬解，故玄学家言，特资方便，常有假于遮诠。"② 在他看来，古今讲哲学而善用"遮诠"的，莫过于佛家，佛家中尤其以大乘空宗为善巧，因此，他特别欣赏空宗一往破执的"遮诠"言说方式。

所谓"表诠""遮诠"，乃佛教体认和传播佛理的言说手法，"表诠"是从正面作肯定解释，"遮诠"是指无法直接表达，只好针对人心迷妄执着的地方，想办法来攻破它，令人自悟。对此，宋初永明延寿禅师释云："遮谓遣其所非，表谓显其所是；又遮者拣却诸余，表者直示当体。"（《宗镜录》卷34）凡是不便明说或者难以明说的地方，通过"遮诠"的方式，把该说的隐去，借已说的使人联想，使人领悟，可以达到意想不到的效果，这与反诘、旁敲侧击、棒喝等方式类似，都是禅宗觉悟佛性本体的方式。"遮诠"的解释方法，其基本特征在于否定一切由理性知识所定义的本体观念，使人们认识到对象化思维的局限性，其基本的方法就是不作任何肯定的陈述，而是通过不断地否定别人的意见，指出别人的错误，使人认识到日常语言的限度与有效性，最终认识本体。"遮诠"的句子具有

① 熊十力：《新唯识论》，第301—302 页。
② 熊十力：《新唯识论》，第66 页。

"既是又否""既不是又不否"的形式。熊氏本人就常采用这种说话方式，如"本体既是空的又不是空的""本体既不生又不不生"，等等。

熊氏认为，"遮诠"之法可以破除一切人的知识与情见，涤除世俗知见，破除一切法相，达于豁然澈悟，深入真实本性，即所谓"破相显性"："他们的言说，总是针对着吾人迷妄执着的情见或者意计，而为种种斥破，令人自悟真理。"[①] 熊氏论及此一问题时，深有感触，认为有许多奥隐曲折的意思，广大精深，很难向一般人说，唯有与他有相同见解的人，才知个中甘苦。在他看来，用"遮诠"方式讲体用，可以避免把"体与用截成二片"。因为体用高度统一，不可分割，"体"虽不可说，"用"却是可以说的，因为"用"总是"体"之用，"用，就是体的显现。体，就是用的体。无体即无用。离用原无体。所以，从用上解析明白，即可以显示用的本体"[②]。故而对"用"的言说，都可以显现、烘托、反映出未说的"体"的境界，并且使我们更接近"体"。

从方法论上看，无论是"沉默""负的方法"或是"遮诠"，对于我们思考"体"的问题，都具有重要的启发意义。所谓"不可说"者，在一定意义下仍然是可说者，"不可说"本身是一种言说方式，是一种无须语言的意会体悟，它在知识论与认识论上的意义，已经不同于旧形而上学的看法，而进入了一种新的境界。

---

① 熊十力：《新唯识论》，第 300—301 页。
② 熊十力：《新唯识论》，第 302 页。

体用的思想谱系与方法意义

在南宋魏庆之辑录的《诗人玉屑》中，专设《体用》一篇，较为详尽地摘录了南宋诗论中有关体用的言说，包括陈永康《吟窗杂序》的"十不可"、《漫叟诗话》的"言用勿言体"、《冷斋诗话》的"言其用而不言其名"、《碧溪诗话》的"不名其物"，以及《庚溪诗话》中有关"咏鹤""咏鹭"的见解，等等。① 以上诸论，均为体用思想落实到文学批评层面的运用。我们知道，南宋是哲学意义上的体用论极为盛行的时期，包括玄妙的哲学家、高明的诗人和敏锐的诗论家，大多意识到作为思维和言说方式的体用，在建构人文论域思想的重要意义上，所谓"言体不言用""喻用于体"业已成为这一个时代的共识，各种有意识的阐述、无意识的提及乃至不经意的只言片语，也就屡见不鲜了。众所周知，在中国古代的思想传统中，文学层面的意义往往是哲学意义的稀释和衍生，体用也不例外。因此，追溯体用的思想谱系及其方法论特质的形成，我们还得回到先秦。

一

体用的由来，三百多年前，明末清初顾炎武与李颙之间曾经有过一场争论，双方围绕体用出于佛书或儒书及其产生的时间，往复

---

① （宋）魏庆之：《诗人玉屑》卷10，王仲闻点校，中华书局2007年版，第298—300页。

三辩，多方追根溯源，论证十分精详。[①] 上述争论，聚焦于体用的思想源头与形而上意蕴的确立诸问题。学术界一般认为，中国哲学体用范畴的萌芽在先秦，成熟于魏晋，从魏晋玄学有无、本末之辨，到南北朝时期形神之争，逮至隋唐佛学证体、定慧、佛性诸论，到宋明理学理气、知行诸说，乃至近代以来中西学术碰撞中"保种保教"的衡断，国人均裁之以体用。因此，体用是最能体现中国哲学运思方式的理论范畴，深刻地体现了中国人的智慧。

历史地看，体和用观念的萌芽很早，体与用、本与物、本与用的并举，均蕴含了尔后体用范畴的基本含义或部分含义。[②] 易学以道器、动静、显微、一多等两两对举，业已蕴含了丰富的体用思想因子。譬如"形而上者谓之道，形而下者谓之器"，以道器论体用义；"寂然不动，感而遂通天下"，以动静论体用义；"显诸仁，藏诸用"（《周易·系辞上》），以显微论体用义；"天下之动，贞夫一者也"（《周易·系辞下》），以一多论体用义。在易学解释传统中，天地人"三才"的分合、时中等关系，均可视为整体意义上的体用。曹魏时

---

① 顾、李之辩，问题意识有二：一是体用"出于佛书"或"出于儒书"，二是体用产生的时间。关于前者，顾、李二人均认为体用范畴不是从印度传来的，而是中国本土思想发展的产物，但在中国思想的范围中，究竟出自佛书还是儒书，二人各持一端。李颙认为"体用"二字，出于佛书。顾炎武不同意此说，他指出"体用"二字见于先秦儒家经传，如《周易》《礼记》，西来的佛书如《四十二章经》《金光明经》等，并无"体用"二字，晋宋以后佛学始有言体用者。关于后者，李颙认为《周易》《礼记》中言体用，"皆就事上言事"，但并不像内外、本末等兼举并称，"六经"中没有，《十三经注疏》中也没有，体用并举始于惠能"解《金刚经》，以为金者性之体，刚者性之用"。顾炎武认为，东汉魏伯阳《周易参同契》中已有"内体""外用"对举，这是体用并举之始，惠能、朱子言体用皆源于此［参见（清）李颙《答顾宁人先生》，《二曲集》卷 16，中华书局 1996 年版，第 148—152 页］。对此，同时代的王夫之也认为："夫'能''所'之异其名，释氏著之，实非释氏昉之也。其所谓'能'者即用也，所谓'所'者即体也，汉儒之已言者也。"［参见（清）王夫之《尚书引义》卷 5，《船山全书》第 2 册，岳麓书社 1996 年版，第 377 页］但他没有明言"汉儒"是谁，后人也就难以考证了。

② 如《老子》谓"弱者道之用"，《论语》谓"礼之本""礼之用"等。体与用并举，始见于《荀子·富国篇》："万物同宇而异体，无宜而有用，为人数也。"［（清）王先谦《荀子集解》，中华书局 1988 年版，第 175 页］张岱年先生认为："荀子此处偶以体用二字并举。"两者没有内在关联，不是义理层面的使用。（《中国哲学大纲》，中国社会科学出版社 1982 年版，第 7 页）

期，王弼的玄学体用观，第一次提出"以无为体"的命题，开创了以体用论玄学的范式。《老子道德经注》："万物虽贵以无为用，不能舍无以为体也。舍无以为体，则失其为大矣。"在《周易注》中，以有无训释体用，如论《周易》大衍义："夫无不可以无明，必因于有，故常于有物之极，而必明其所由之宗也。"又云："必有之用极，而无之功显。"[①] 他视六十四卦与三百八十四爻为体用结构，打通易老、杂糅儒道，使体用、有无、本末之辨成为魏晋玄学的理论支柱，同时，作为一种有效的思维模式，也为尔后唐宋儒学复兴提供了重要的理论方法。盛行于东晋南北朝以及隋唐时期的佛学，广泛地运用体用去阐述性相、理事、寂照、定慧、空色、真俗、法界缘起等教义理论。隋唐时期天台、华严、禅宗，均大谈体用，胜意迭出，形成了波澜壮阔的声势。体用思想在佛学领域不断深入，提升到即体即用、体用一源的哲学高度，也助推了尔后理学本体论的兴盛。

宋代以后的体用观，呈现出两种阐释路数：一是偏于"达用"的外王之学，二是偏于"明体"的内圣之学。就前者而言，庆历年间，针对宋初的浮华之风，胡瑗以"明体达用"作为复兴儒学的纲领，他认为："国家累朝取士，不以体用为本，而尚声律浮华之词，是以风俗偷薄。""体"是指仁义礼乐，所谓"历世不可变者"，"用"是指"举而措之天下，能润泽斯民，归于皇极者"[②]。这一时期，以欧阳修为首的知识群体，包括"北宋三先生"等，虽然在学术宗旨上各有不同，但经世外王的倾向却是相当一致的。

就后者而言，从周敦颐开始，理学从"达用"向"明体"的转向业已明显。在周敦颐追求整体之学的思想体系中，呈现出鲜明的探究天道性命的内圣维度。在他看来，太极是宇宙万物的本体，

---

① 楼宇烈：《王弼集校释》，中华书局1980年版，第94、548、553页。

② （清）黄宗羲著，全祖望补修：《宋元学案·安定学案》，《黄宗羲全集》第3册，浙江古籍出版社1985年版，第57页。

"诚"是心性道德的本体，均呈现为有体有用、一面两体的特征。①
这种将太极与万物的关系描绘成一与二、一与万的本体与现象的做
法，是典型的体用运思方式，这也成为其后理学本体论命题，是
"一本万殊""理一分殊""体用一源""全体大用"的思想源头。在
周子"无极而太极"的核心观念中，仍然沿袭了王弼以有无论体用
的思路，宇宙论与本体论的界限并不清晰，逮至张载，体用的本体
论思想趋于成熟。以体用阐释气，是张载哲学建构的重要方法。他
认为气是有无、虚实的统一。② 对此，牟宗三先生认为，体是本体之
体，不是物体之体，不能当作一个独立的物体看，但可以当作有独
立意义的本体看，此体是一，是全，是遍。本体之体可以不离其用，
是以有相融相即、不离不二之论。③ 因此，从体上说，气虚而无形；
从用上说，气的运动表现为万物的生灭聚散。张载这种"气兼有无"
的做法，以"体用不二"来论证虚与实、有与无、体与用，摆脱了
玄学的路子，从而进入了本体论的论域。

从张载、二程、朱熹到王阳明、王夫之，都好讲体用，以期重
建儒学形上理论。张载标举"体用不二"的气本体论反对佛学"体
用殊绝"；程颐首揭"体用一源，显微无间"④，后儒奉为圭臬，广
作传释；朱子体用观双路并进，兼及形上形下，义无定所，随处可
说，极为驳杂，显示了极强的方法论意义；⑤ 王夫之进一步阐明了朱

---

① 如《理性命》："二气五行，化生万物。五殊二实，二本则一。是万为一，一实万
分。万一各正，小大有定。"[（宋）周敦颐：《周子通书》，上海古籍出版社 2000 年版，
第 38 页]

② 如《正蒙·乾称篇》："有无虚实通为一物者，性也。"《横渠易说·系辞上》：
"气能一有无。"《正蒙·太和篇》："太虚即气。"又云："太虚无形，气之本体。"[（宋）
张载：《张载集》，中华书局 1978 年版，第 63、207、8、7 页]

③ 牟宗三：《心体与性体》，上海古籍出版社 1999 年版，第 403 页。

④ （宋）程颢、（宋）程颐：《周易程氏传·序》，中华书局 1981 年版，第 689 页。

⑤ 朱子承伊川之学，其思想体系基本上是理气二元、心物二分的格局，其体用观的
基本立场是体用一源，譬如体用互易、互为体用、互为其根、若相反而实相成、体只即用
而见、因用致体、舍却用无处觅体、形而上者不必即是体、形而下者不必即是用，等等。
陈荣捷先生在《朱子言体用》一文中归纳了朱子体用观的六种原则，可资参考。载深圳
大学国学研究所主编《中国文化与中国哲学》，东方出版社 1986 年版，第 251—259 页。

子形上形下之二分，明晰了体用范畴的二重意蕴。近代以来，体用思想得以继续发扬，如清末著名的"中体西用"之争，孙中山先生以体用解释物质与精神，以及熊十力先生"新唯识论"和贺麟先生文化体用论，均具有典范的意义。

从大的历史发展脉络来看，以上思想谱系的梳理是清晰的，但是，对于其间一些关键问题，学界至今仍然存有很大的分歧，最为突出的问题在于，体用的形上化、本体化，是玄学的影响，或是印度佛学的影响，或是两者相融合的产物。① 与此相关的问题，那就更多了。从历史的角度看，研究体用在古代思想文化发展中的演变历程，就目前的研究现状来看，还是远远不够的，无法与其本身的学术史地位相比。因此，研究视野的进一步拓展，仍然是值得期待的。

二

虽然专题性的研究尚显不足，但不可否认，作为一种普遍的方法论原则与言说范式，体用是历代思想家建构理论体系的重要知识工具。中国古代的思想家，善谈体用者甚多，历史上的儒、道、佛三家都讲体用，尤其是中古以后，体用更是成为思想家普遍使用的范畴。中国的思想家，从古到今，不论立场分歧有多大，但对于体用范畴的基本特征，并无明显分歧，强调体用统一的思想传统尤为深厚。在古代的思想话语系统中，体与用的内涵极为丰富，盛意迭

---

① 对此，学者观点不一。譬如方克立先生认为："印度佛教中本无体用观念，中国佛教学者由于受到魏晋玄学的影响，才喜谈体用，如僧肇、梁武帝萧衍谈体用都在菩提达摩之前。有无体用观念甚至成为区分中国佛教著作和传译印度佛经的一个重要标志。"（《论中国哲学中的体用范畴》，《中国哲学范畴集》，人民出版社 1985 年版，第 127 页）景海峰先生则认为："但有一点可以肯定，即印度佛教中确有自身的体用观念，而且在流行于中国之初，就已经显露出了这方面的丰富思想。所以，那种认为中国佛教的体用论完全是受了魏晋玄学的影响之后才产生的观点，恐难成立……魏晋时代，玄学讲体用，佛学也讲体用，各有所资而交相融摄，使这一观念逐渐由隐而显，熔铸成了一对较为固定的哲学范畴。"（《中国哲学的现代诠释》，人民出版社 2004 年版，第 92 页）

出，强调体用统一的思想传统尤为深厚。

我们可以举个例子。譬如唐代崔憬是颇具洞察力的易学家，他以体用阐释"形而上者谓之道，形而下者谓之器"，颇有新意，其注云："凡天地万物皆有形质，就形质之中，有体有用。体者，即形质也；用者，即形质上之妙用也。言有妙理之用以扶起体，则是道也。其体比用，若器之于物，则是体为形之下，谓之为器也。假令天地圆盖方轸为体为器，以万物资始资生为用为道；动物以形躯为体为器，以灵识为用为道；植物以枝干为器为体，以生性为用为道。"①此一段论述，对于体与用、道与器、形上与形下之间的关系，体悟得很透彻，明确指出形下之器属"体"层面，形上之道属"用"层面，特别是关于"用以扶起体"的妙论，颇得老学之精髓，与易学解释中的正统一脉，相得益彰。

体用对举，具有多重对应关系，广泛地闪现在古代知识系统的各个领域，诸如本体和现象、内在本质和外在表现、根本原则和具体方法、本质和现象、原因和结果、内容和形式、必然和偶然、全体和部分、主要和次要、未发和已发、常态性和变动性、第一性和第二性②，等等，成为具有普遍解释力的话语模式和随处可用的言说套路。熊十力先生曾经将中国历史上的体用学说分为两类：一类是玄学（哲学）意义上的体用，是就宇宙人生之基源、大化之本始处立言；另一类是"一般通用者"，随机而设，凡主次、轻重、本末、先后、缓急等不同，都可用之表达。后一类又可分为甲、乙两类：甲类是"随举一法而斥其自相"、"随举一法而言其作用"，即具体事物之实体与功能的关系；乙类是"如思想所构种种分剂义相，亦

---

① （唐）崔憬：《周易探玄》，参见李鼎祚《周易集解》卷14《周易系辞》引，中国书店1984年影印本。

② 譬如张岱年先生认为："中国古代哲学中所谓'体'就是根本的、第一性的；所谓'用'就从生的、第二性的。这是'体'与'用'的最简单最主要的意义。"（参见张岱年《中国古典哲学中若干基本概念的起源与演变》，《哲学研究》1957年第2期）

得依其分剂义相，而设为体用之目"①，近代以来的"中体西用"便是此一类的代表。

就体与用的关系而言，古来学者强调以下三个层面的意思：其一，万物有体有用，无论是具象之物或抽象之理皆有体用。如王夫之认为："凡言体用，初非二致。有是体则必有是用，有是用必固有是体，是言体而用固在，言用而体固存矣。"又云："天下无无用之体，无无体之用。"② 这一类观点，极为强调二者不即不离、互涵互摄的关系。其二，用随体变。邵雍《观物内篇》："体无定用，惟变是用。用无定体，惟化是体。体用交而人物之道于是乎备矣。"③ 随着形而下器之体到形而上道之体的抽象，用的类别和内容得以极大地丰富，凡体的性质、关系、状态、样式皆属于用的范围。其三，体在用中，用以显体。作为观念形态的体，往往隐微难察，唯一的认知途径就是其显露之用，因此，用不仅是指体的功能或属性，而且是体自身的显现，离用也就无所谓体了。

从方法范式的角度看，作为表达思维活动及其形式的范畴，体用使用灵活，可以指导人们认识天、地、人的世界，并建构起相应的解释系统，在古人言说宇宙生成、形上本体、认知方式以及道德人性、政治伦理、历史文化时，随处可见，朱子谓"体用无定"，就是随处可说的意思。④ 凡论理气、道器、心性、动静、太极、无极、形上、形下等问题时，朱子往往牵出体用二义，意蕴广博，层次清晰，体现出自觉的方法论意识。在论及性情、善恶、忠恕等人性问

---

① 熊十力：《破破新唯识论》，《新唯识论》，第 182—183 页。

② （清）王夫之：《读四书大全说》，第 472、412 页。

③ （宋）邵雍：《邵雍集》，中华书局 2010 年版，第 6 页。

④ 譬如《性理三》："体用也定。见在底便是体，后来生底便是用。此身是体，动作处便是用。天是体，'万物资始'处便是用。地是体，'万物资生'处便是用。就阳言，则阳是体，阴是用；就阴言，则阴是体，阳是用。"〔（宋）黎靖德编：《朱子语类》卷 6，中华书局 1980 年版，第 101 页〕《答何叔京》："'体用一源'者，自理而观，则理为体，象为用，而理中有象，是一源也。'显微无间'者，自象而观，则象为显，理为微，而象中有理，是无间也。"（《晦庵先生朱文公文集》卷 40，载朱杰人等主编《朱子全书》第 22 册，上海古籍出版社、安徽教育出版社 2002 年版，第 1841 页）

题，以及涵养省察、格物致知、穷理尽性、立志主敬等践履工夫时，也常常随机引到体用上去，对此，钱穆先生评云："所谓体用，乃只就当前之用以推见其发用之体，非是别有一体独立于一切用之前而自为存在。"① 从某种程度上讲，正是源自对体用丰富性的理解以及灵活性的把握，方才成就了朱熹理学的博大精深。

体用这种灵动的言说模式，在宋代以后的理学家著书立学中屡屡可见，虽然他们对于体与用的界定各不相同，但并不影响其纯熟地运用。譬如横渠"苦心极力"，以气之体用"为天地立心"，《正蒙·神化篇》："神，天德；化，天道；德，其体；道，其用，一于气而已。"② 又如陆九渊"满心而发"、充塞天地、在心为本体的视野下，天人一体，体用合一，如云："心之体甚大，若能尽我之心，便与天同。"③ 再如船山阐释横渠易说，以阴阳、动静明气之"体同用异"，如云："盖阴阳者气之二体，动静者气之二几，体同而用异则相感而动，动而成象则静，动静之几，聚散、出入、形不形之从来也。"④ 体用不仅用以解释宇宙本体论，也用于修养道德论的阐释。譬如二程主张"忠体恕用"，如云："忠者体，恕者用，大本达道也。"又云："'配义与道'，即是体用。道是体，义是用。"⑤ 尔后朱熹"道兼体用""心兼体用"，沿用的是相同的路子。

我们可以看到，在理学家的心目中，体用大抵相当于一个模子，是一套可以随时抽象为符号系统又可落实还原为具象万物的意义系统。对于体用所具有的丰富性、灵活性，程颐谓"体用一源，显微无间"，他将之归结为理与事、显与微的关系。显与微代表体用的两个向度，即具象化与体系化、抽象化与符号化，也即是说，任何体

---

① 钱穆：《朱子新学案》，《钱宾四先生全集》第11册，台湾联经出版事业公司1998年版，第502页。
② （宋）张载：《张载集》，第15页。
③ （宋）陆九渊：《陆九渊集》卷35，钟哲点校，中华书局1980年版，第423、444页。
④ （清）王夫之：《张子正蒙注·太和篇》，《船山全书》第12册，第23页。
⑤ （宋）程颢、（宋）程颐：《二程遗书》卷11、18，上海古籍出版社2000年版，第170、208页。

系化或符号化都表现为一种显性或微化的努力，它们最后兼容并包于体用所构成的整体意义系统中。

三

对于体用问题，中国现代哲学家大都怀着浓厚的兴趣，熊十力先生的"新唯识论"与贺麟先生的文化体用论，就是具有代表性的理论建构。

熊十力先生以"体用不二"为原则，把自己的哲学本体论称为体用论。熊氏的"新唯识论"，乃是援佛入儒，体用与性相互释，承续《易传》和道家体用论的传统，又参之印度佛教唯识学的诸多观点，建立了自己的本体宇宙观。在"新唯识论"中，熊氏以体用立宗，自觉地把"体用不二"作为一以贯之的原则，将每一个环节的论述都与此一原则联系起来，反复叮咛，不厌其烦，确是他的独创之处。①

熊氏认为，本体有四义，《体用论·明变》："一、本体是万理之原、万德之端、万化之始；二、本体即无对即有对，即有对即无对；三、本体是无始无终；四、本体显为无穷无尽的大用，应对是变易的。"② 其体用论特点在于：强调本体是绝对的，是恒转、功能，是生生不息的大化之体；本体幽奥难察，不可致诘，故诠体，唯有从大用流行处，推显致隐，即用显体，两者相即相离，如同大海水与"众沤"的关系。《体用论·佛法下》："体用二名，相待而立，假如说，有体而无用，则体便空洞无所有。若尔，体之名何从立？假如说，有用而无体，则用乃无原而凭空突现。如木无根而生，如水无源而流……应知，无体则用之名亦无由立。余尝言，体用可分而实不二。"③ 在熊氏思想体系中，处处显示出事事无碍、互摄互

---

① 熊氏晚年著《体用论》，乃是《新唯识论》改作，他声称此书即成，前作俱可毁弃，无保存之必要，可见体用乃其根本方法论，是他一生学术的归结点。

② 熊十力：《体用论》，中国人民大学出版社 2006 年版，第 13 页。

③ 熊十力：《体用论》，第 78 页。

入的圆融意识。他认为体用是圆满无缺，不可分割的，由体显用，由用识体，即体即用，故而坚持体用不二、心物不分的立场，不可求体于万象之外，如唯心论以精神为世界之本体，或唯物论以物质为本体，皆是体用分割，不悟真源。

熊氏体用论的根本在于，只存在一种实体，即本体或本心，其他的存在，无论物质或精神，均可归结为本体的功用。本体是无形的，是"大自在者"，没有固定的属性，呈现为一切的精神与物质，是万物生存变化的源泉，处于永恒的转变中，是可变现为万物的那种潜能，所以他把本体也称为"恒转""能变"；万物是本体呈现出的东西，是可能性的实现，是变化无穷的，相对于本体来说是"所变"。① 尽管强调本体是唯一自在的存在，但它并不存在于万物之外，本体与万物是"能变"与"所变"、体与用的关系。熊氏在宇宙论、本体论层面使用体用范畴，业已摆脱了传统认识论、方法论、实用论的论域，上升到本体论的层面，因此，他的体用论与中国哲学史上的体用论既有联系的一面，又有很多独创的地方。

值得重视的还有贺麟先生的文化体用论。贺氏不仅对于西方哲学有着深刻的理解，而且对于传统儒学有明显的偏袒，尤其是对陆王心学一往情深。在他看来，"仁"的本体论和"仁"的宇宙论，是奠立了新儒学形上论域的本体论基础。②

按照贺氏的思路，体与用的关系为范型（form）与材料（matter）的关系，由最低级的用（材料），到最高级的体（本体或纯范型），中间有一依序发展层级的过程。③ 正是基于对中西学术的打通，贺氏提出超越中西文化的界限，建立新的文化体用论。他认为不同部门文

---

① 熊十力：《体用论》，第 12—15 页。
② 贺麟：《贺麟选集》，吉林人民出版社 2005 年版，第 336—338 页。
③ 这种体用思想，一方面借鉴了柏拉图式的绝对体用思想，以纯理念或纯范型为体，以现象界的个体事物为用；另一方面又借鉴了亚里士多德式的相对体用思想，以纯范型作为判别现象界个体事物价值的标准，将现象界事物排列层级而指出其体用关系，即根据事物表现纯范型之多或寡，或距离纯范型之近或远，而辨别其为体或用。参见贺麟《哲学与哲学史论文集》，商务印书馆 1990 年版，第 343—344 页。

化所体现的精神价值有不同的等差，在文化体用论中，既有绝对的体用，也有相对的体用，层层重叠，构成了文化的方方面面，只有透过一层又一层的体用网络，才能够厘清精神文化的本质特征。

在贺麟先生的文化体用论中，构成文化体用的对举范畴，具有灵活多样的特征，其中的核心概念包括：道、文化、自然、精神。从体用的绝对层面看，道是体，文化、自然与精神皆道之显现，皆道之用；从体用的相对层面看，文化为自然之体、自然为文化之用；精神为文化之体、文化为精神之用；道为精神之体、精神为道之用。文化又分为真、善、美三个领域，按照相对的体用论，哲学与科学均追求真，科学追求自然之真，哲学追求价值之真，因此哲学为科学之体，科学为哲学之用；宗教和道德均以追求善为宗旨，宗教追求神圣之善，道德追求人本之善，宗教为道德之体，道德为宗教之用；艺术与技术均代表着美之价值的文化界域，艺术是超实用的美的价值，技术是使用的美的价值，因此，艺术是技术之体，技术是艺术之用。[①] 按照文化体用论的脉络，各组范畴的对举，均从不同的方面展示了文化独具的品质属性的不同层面和角度，这种对文化多角度、全方位的透视，也就成为展现文化全貌的有效途径。

顺着贺氏的语脉，考察中国学术传统中的体用观，朱子理气合一说，以理为体、气为用，近于绝对的体用观；周子无极而太极，太极而阴阳，阴阳而五行，五行而万物，可分为五个层次的相对体用观，即无极为太极之体，太极为无极之用；太极为阴阳之体，阴阳为太极之用；阴阳为五行之体，五行为阴阳之用；五行为万物之体，万物为五行之用。以此类推，显示了贺氏体用论灵动而深刻的一面。但是，问题的另一面在于，贺氏按照柏拉图、亚里士多德思想所诠释的体用论，其中的一个特点就是，以距离的远近与时间的先后，进行的单向推断，这是一种由 A 到 B 的静态模式，这与西方科学主义意义上的因果观相同，只有单一的向度，无价值的等级或

---

① 贺麟：《哲学与哲学史论文集》，第 347—348 页。

层级的差别。中国传统的体用观与西方哲学的因果观，是纯然不同的，因为它本身呈现为双向的互系性特点，[①]也就是说，由 A 到 B，再由 B 到 A，是一个互动相生的过程，这类似于传统因果论的循环互生。中国传统的体用观念界定了一种复杂的多重关系，互为关联，互为依存。这些关系自身也构成了丰富的有机统一体。

四

有关哲学意义上的体用及其内蕴的中国思维特质，大体如上所述。那么，回到本文开头提出的问题，文学意义上的体用与哲学意义上的体用又有什么不同呢？

关于文学意义上的体用，徐复观先生有过精辟的论述。在《皎然〈诗式〉"明作用"试释》[②]一文中，徐先生解释"明作用"的内涵。《诗式·明作用》的原文是这样的："作者措意，虽有声律，不妨作用，如壶公瓢中，自有天地日月。时时抛针掷线，似断而复续，此为诗中之仙。拘忌之徒，非可企及矣。"徐先生认为作者引用《后汉书·方术传》中壶公的典故，瓢的自身为"体"，以喻诗的题材，瓢中的日月，由瓢所显出的为"用"，以喻题材所显出的意味、情态、精神等，"体"受到空间限制，"用"所受限制较小，所以从境界的角度看，常常是"体"小"用"大。所以有此"体"便有此"用"，有此"用"便有此端倪、消息。日月藏于壶中，以喻"用"在"体"中，"用"虽藏于"体"中，但会时时露出端倪、消息，故有"时时抛针掷线，似断而复续"，能由"体"中玩味出"用"的境界来，为"诗中之仙"，反之，拘忌于"体"，不能发现"用"之情态、精神，便是"拘忌之徒，非可企及矣"。高明的诗人便要懂

---

① 此处借用西方汉学家的说法，如葛瑞汉、郝大维、安乐哲，均有相关的论述。
② 该文收入徐复观《中国文学精神》，上海书店出版社 2006 年版，第 330—334 页。以下的引述，均出自该文。

得"言用不言体"的道理。

为了证明这一点，徐先生引证了南宋魏庆之所辑录的《体用》中的一大段文字，该篇见于《诗人玉屑》卷10，摘录如下：

"十不可"：一曰高不可言高，二曰远不可言远，三曰闲不可言闲，四曰静不可言静，五曰忧不可言忧，六曰喜不可言喜，七曰落不可言落，八曰碎不可言碎，九曰苦不可言苦，十曰乐不可言乐。（陈永康《吟窗杂序》）

"言用勿言体"，尝见陈本明论诗云："前辈谓作诗当言用，勿言体，则意深矣。若言冷，则云：'可咽不可漱'；言静，则云：'不闻人声闻履声'之类。本明何从得此！"（《漫叟诗话》）

"言其用而不言其名"：用事琢句，妙在言其用而不言其名。此法惟荆公、东坡、山谷三老知之。荆公曰："含风鸭绿鳞鳞起，弄日鹅黄袅袅垂。"此言水、柳之名也。东坡答子由诗曰："犹胜相逢不相识，形容变尽语音存。"此用事而不言其名。山谷曰："管城子无食肉相，孔方兄有绝交书。"又曰："语言少味无阿堵，冰雪相看有此君。"又曰："眼看人情如格五，心知外物等朝三。""格五"，今之蹙融是也。后汉注云："常置人于险恶处也。"苕溪渔隐曰："荆公诗云：'缲成白雪桑重绿，割尽黄云稻正青。''白雪'即丝，'黄云'即麦，亦不言其名也。"余尝效之云："为官两部喧朝梦，在野千机促妇功。"蛙与促织，二虫也。（《冷斋诗话》）

"不名其物"，临川云："萧萧出屋千寻玉，霭霭当窗一柱云。"皆不名其物。然子厚"破额山前碧玉流"，已有此格。（《碧溪》）

"如咏禽，须言其标致，只及羽毛飞鸣则陋矣"：众禽中唯鹤标致高逸，其次鹭亦闲野不俗。又尝见于六经，后之诗人，形于赋咏者不少，而规规然只及羽毛飞鸣之间。如咏鹤云："低头乍恐丹砂落，敛翅常疑白雪销。"此白乐天诗；"丹顶西施颊，霜毛四皓须。"此杜牧之诗；皆格卑无远韵也。至于鲍明远鹤赋云"钟浮旷之藻思，抱清迥之明心"；杜子美云"老鹤万里心"；李太白画鹤赞云"长唳风宵，寂立霜晓"；刘禹锡云"徐引竹间步，远含云外情"，此乃奇语也。如咏鹭云"拂日疑星落，凌风讶雪飞。"此李文饶诗；"立当青草人先见，行近白莲鱼未知。"此雍陶诗；亦格卑无远韵。至于晚晴赋云："忽八九之红芰，如妇如女，堕蕊觑颜，似见放弃；白鹭潜来，邀风标之公子，窥此美人兮，如慕悦其容媚。"虽语近于纤艳，然亦善比兴者。至于许浑云："云汉知心远，林塘觉思孤"；僧惠崇云："曝翎沙日暖，引步岛风清。照水千寻迥，栖烟一点明。"此乃奇语也。(《庚溪诗话》)①

在徐先生看来，文学意义上的体用，与哲学有所不同。文学意义上的"体"是指某事或某物的自身，"用"是指某事或某物所发生的意味、情态、精神、效能等，所谓"言用勿言体"，是说应言事物所发生的意味、情态、精神、效能，而不要直接说出某事某物的自身。《冷斋诗话》提出"言其用而不言其名"，以王安石"含风鸭绿鳞鳞起，弄日鹅黄袅袅垂"、苏轼"犹胜相逢不相识，形容变尽语音存"加以阐释，认为："用事琢句，妙在言其用而不言其名。此法惟荆公、东坡、山谷三老知之。"所谓"含风鸭绿鳞鳞起"是春水的情态，"弄日鹅黄袅袅垂"是春柳的情态，"形容变尽语音存"是久别重逢的悲喜交集意味，这都是"言用"；"低头乍恐丹砂落"是指鹤顶的丹，"敛翅常疑白雪销"是指白鹤翅上的白，这都是"言体"。鲍明远、李太白所咏的鹤，是他们所把握的鹤的神情形态。徐先生认为，与画法比较，"言体"相似于"形似"，"言用"相当于"传神"。他将《诗品》与《诗人玉屑》比较，认为钟嵘所举的"皆由直寻"的诗句，譬如"思君如流水""高台多悲风""清晨登陇首"等句，均可谓"言体不言用"，但在所言之"体"中，即蕴有深远之"用"，但《诗人玉屑》所述，则是把"体"和"用"对立起来，这固然是诱导初学者致力的一种方法，但其流弊可能成为猜谜语的诗，以这种方式说诗，便自然也就有所局限了。

---

① （宋）魏庆之：《诗人玉屑》，王仲闻点校，第298—300页。

　　沿着徐先生的思路，可以说，体用在文学与哲学上的意义各不相同。如果说哲学家的最高目标是穷究"体"的话，那么，或"言用勿言体"，或于所言"体"中蕴含深远之"用"，大约就是文学家的最高境界了。运用于文论、诗论领域的"体"，大体有两层意思，一是作为"文之体"层面的终极价值指向（譬如文道、文气），二是作为"文之用"层面的体裁、风格、文体、意境等。就后者而论，浸淫于古代宇宙生成论语境中的学者，多关注于文学的内部问题，如陆机《文赋》"体有万殊，物无一量"①，刘勰《文心雕龙·体性》"若夫八体屡迁。功以学成，才力居中，肇自血气"②，等等。又譬如苏门弟子李廌认为"凡文章之不可无者有四"，即"体""志""气""韵"，《答赵士舞德茂宣义论宏词书》释"体"："述之以事，本之以道，考其理之所在，辨其义之所宜，卑高巨细包括并载而无所遗，左右上下各若有职而不乱者，体也。"③ 以上所言之"体"，基本上也是从"用"的层面立言。至于执着于探究宇宙之终极所在，纯然取超越层面论及文学之根本问题者，在古代文论家中，并不多见。

　　综上所论，早期零散的体用经验凝结为高度体系化的体用解释系统，古人的体用经验，包括物物相生、虚实相生、有无相生、阴阳相生等命题，以及现代学术视野下的主观与客观、抽象与具象、部分与整体、状态与行为、实体与功用等多重经验，在不断的体系化与符号化中，衍化为体用思想网络中的重要节点。体用意义系统的形成，由近而远，触类旁通，由思想提炼出观念而成为方法，由哲学稀释为文学而成为审美。这一过程的特点是将观念和经验密切结合而又不分为二橛，由经验而抽象出涵盖一切事物变化的总体原则，这是中国思想传统中独具民族特质的重要精神标识，具有高度的理论自觉和文化自信，值得我们更加深入的研究。

---

① 张少康：《文赋集释》，人民文学出版社 2002 年版，第 99 页。
② 詹锳：《文心雕龙义证》，上海古籍出版社 1989 年版，第 1022 页。
③ （宋）李廌：《济南集文》卷 8《答赵士舞德茂宣义论宏词书》（清抄本），《宋集珍本丛刊》（第 30 册），线装书局 2004 年版，第 727 页。

庄子的"听之以气"

在《人间世》篇解释"心斋"时，庄子有"三听"之论："若一志，无听之以耳而听之以心，无听之以心而听之以气。听止于耳，心止于符。气也者，虚而待物者也。唯道集虚，虚者，心斋也。"在此，庄子提出了认识世界的三种方式。"三听"之中，若假以笛卡尔以来的主客二分或物质精神二元，将"听之以耳""听之以心"作感性和理性之分，倒也是不难理解的。但问题在于，"听之以气"实非感性理性二分之所能范围，又作何解呢？现当代以来，一些学者在百余年西学影响之下，普遍视感性理性二分为当然，反倒是对"听之以气"这一类悟性认识则颇为生疏，而这恰是中国固有传统中极具民族文化特质的部分。

我们认为，庄子"听之以气"之所以值得重视，不仅仅在于这是庄子气论思想的一个核心命题，反映了先秦诸子之学在认识论上达到的一个高度，同时，这也是上古政教一体传统的遗存，是战国以降以气学为中心的感应思想兴起的时代特征。

古人重"听"。在目前所见的早期文献中，"听"与"圣""声""气""乐"之间有着密切关联。譬如马王堆帛书有"听者，圣之藏于耳也""圣者，声也"（《五行篇》《德圣篇》）的说法，参之汉人的相关论述，如《白虎通义》《风俗通义》等，亦可印证，皆强调圣人闻声知情、条畅万物、通于天地。所以郭沫若先生认为，古代的"听""声""圣"为同一字（《卜辞通纂·畋游》）。究其根源，"听"之所以理解为"圣""声"，是建立在春秋以来气化宇宙观的基础上，这是三代以来重要的思想传统。

在上古乐官制度中，"听风知政"的传统一以贯之。从《国语》的相关记载可知，作为神人中介的盲瞽乐官，其重要职责就是省风、辨音、知气，即察节气、协农事、成万物。在古人"听风知政"的政教逻辑中，"听"之要义，在于测风声、辨音律，察时节之和与不和，以此判断是否适合农业耕种，所以韦昭释为"能听知和风，因时顺气，以成育万物，使之乐生"。这是与民众安居乐业、时运气数乃至王朝兴衰密切相关的。

战国以降，在天下一统思想的召唤下，"同声相应、同气相求"（《易·乾·文言》）一类带有神秘主义色彩的感应思想兴起。我们从《周易》《礼记》《吕氏春秋》《淮南子》《春秋繁露》等著述，以及孟子、庄子、荀子等人的谈论中，可以清晰地看到这是当时思想界颇为流行的论调。这种发端于声音感应和气化感应的言说套路，不仅用以察人事、明天道，而且用以解释天人关系、人人关系。作为时代公共话题的"感而后应"，孟子、荀子所针对的是人性、人欲问题，庄子所探究的是体道、达道的问题，而稷下博士回应的是南面君术问题。譬如在阐释乐教思想时，荀子以为乐之于人心的影响是以感应的方式表现出来。在比较了"奸声感人而逆气应之"和"正声感人而顺气应之"（《荀子·乐论》）的不同结果后，他强调"制雅颂之声"，如此"唱和有应，善恶相象"，方能耳目聪明、血气和平、移风易俗、天下皆宁。

庄子将知识分为两类：意会的、言传的。对于两种知识的不同，庄子在理论上有完整的表述和精谨的论证。《庄子·天道》曰："世之所贵道者，书也。书不过语，语有贵也。语之所贵者，意也，意有所随。意之所随者，不可以言传也。"为了把这个道理说明白，庄子接着举了"轮扁斫轮"的例子。在工匠做车轮时，榫眼松紧会导致松滑或滞涩，而松紧适当这种手艺，"得之于手而应于心，口不能言，有数存焉于其间"（《庄子·天道》），庄子称之为"只可意会，不可言传"的"不知之知"(《知北游》)。这种"不知之知",不同于"无知"的状态,也不同于"知"的状态。对此,冯友兰先生认为:"'无知'与'不知'不同。'无知'状态是原始的无知状态;而'不知'状态则是先经过有知的阶段之后才达到的,前者是自然的产物,后者是精神的创造。"① 这种"不知之知",不可言传,但可感可知,由低层次的"知"到高层次的"不知之知",最终旨归便是知道。庄子此论,不仅揭示出人类传承的两大类知识中,"意会知识"和"言传知识"的根本不同,也自根源处阐明了古人知识构成、思维模式、言说方式乃至审美心理形成的因由。

庄子举的这个例子,很能说明问题。其实,不仅仅是"轮扁斫轮",很多传统技能、手艺以及一些技巧性运动,乃至文学活动中的想象、灵感及鉴赏等,大多需要身临其境、设身处地,凭经验、直觉、技巧来把握,均呈现出"只可意会,不可言传"的特性,这构成了中国古代知识系统生成的一个重要特征。

那么,如何解决只能意会而不能言传这一认识论难题呢?古代圣贤的解决之道各不相同。与儒家人文教化的方式不同,老子有"归根""复命""知常"(《老子》第十六章)的路径,而庄子开出的方子,则是"心斋""坐忘"。

庄子以"心斋"为例,将认识分为三步:第一是"听之以耳"的感性认识,第二是"听之以心"的理性认识,第三是"听之以气"的悟性认识。庄子所论的"心斋",以虚为要,专一心志,拒绝感性刺激("无听之以耳"),排除心绪杂念("无听之以心"),凡感觉、思虑、意念均停止("听止于耳,心止于符"),在这种自然而然、听之任之的状态下,始能集气于心,气与道通(郭象"虚其心则至道集于怀也"),于不知不觉中进入虚无澄明的境界。由此观之,"心斋"是悟出来的,既不是"听之以耳"感觉到的,也不是"听之以心"理解到的,而是"听之以气"体悟到的。庄子借助耳、

---

① 冯友兰:《中国哲学简史》,北京大学出版社1996年版,第102页。

心，而达于气、通于道。这种"天地与我并生，万物与我齐一"的状态，也就是道与人合一的境界。庄子此论，由静而心、由心而气、由气而万物一体。如此这般，获得的认识才是最高的。

庄子认识论的精华，在于"听之以气"命题的提出。那么，为什么庄子要借助气论来诠释认识论上的难题呢？这还涉及三代以来源远流长的气学传统。

就现有研究成果而言，古人气学思想的衍生发展，在春秋时期出现了一个很大的知识断层与思想断裂（参见日本学者小野泽精一等人编著的《气的思想——中国自然观和人的观念的发展》）。由于关键性考古证据的缺乏，目前无法呈现出一条清晰完整的脉络来。而与此形成鲜明对照的是，战国以后，产生于不同历史时期的气论，如物理之气、天地之气、生命之气、生理之气、心理之气、精神之气、伦理之气、道德之气等共时性地繁荣起来。在诸子各家的思想中，气论不仅显现为治气养心之术的形态，而且成为自然哲学的基本概念以及理解精、神、形、质等问题的基础，还在宇宙生成论以及政治领域的"天人感应"思想中发挥作用，成为中国古代学术发生期一道独具特色的风景线。

庄子气论，面向有二：一是万物本体及其达致途径，二是审美境界及其超越意义。这涉及庄子对"道气""神气""虚静"等概念的论述，以及围绕"听之以气""圣人贵精""圣人贵一"等命题的阐释。作为一个观念性的语素，庄子之"气"被赋予"阴阳""一""纯"的含义，在思想建构中具有重要的作用。从"通天地一气""道通为一""万物一也"等说法来看，庄子持"道气同一"的观点。更深一步看，作为一种"纯气"状态，"虚静""心斋""坐忘""凝神"则是达道的唯一途径。在这样的理论预设下，庄子并不认同老子尊阴贬阳的观点，而是主张气之阴阳"相照相盖相治"（《庄子·则阳》）。在他看来，只要秉持万物一体之心境，顺天而行、以天合天，方能与气相合、道气合一。人人如此，则天下大治。

　　庄子"听之以气",影响深远。限于篇幅,简述三点:其一,这是中国式意会体悟认识方式的经典表述。中国式的意会体悟没有本体与现象的差别,而是以天与地、阴与阳、两与一、神与化、体与用的统一为基本特征,以整体的形式昭示其存在,并且与现实人生浑然一体,须臾不可分。这是中国古代知识生成的基本路径之一。许多现代科学知识无法解释的现象,如直觉、灵感、顿悟、冥想等,以及感觉、知觉、理智、联想、情感、意志等观念性、精神性的认识过程与审美体验,均可以在意会体悟的框架下重新得以理解。其二,"听之以气"是一种气化的悟性思维状态,旨在忘却现世之是非得失、功利欲求与意志努力,消除主客、物我之差异,"离形去知""虚而待物",以静澈澄明之心体悟天地之道,以本元之气(尚未进入人知行过程的存在)与天地自然之气互动化生,使心灵活动达到极纯粹的境地,这是对主体人格所能达致的生命至境的深度认同,也是重返整体性意义世界的重要方法。其三,艺术价值的根源,在于虚静澄明之心。纯客观的存在,本无境界高下,伴随着价值主体此心的敞开,进入虚静澄明之境,其价值理想与精神品格便自然投射于审美对象。庄子虚静澄明之心,就是一个艺术的心灵。我们不难发现,自魏晋起,中国伟大的艺术家都是在虚静澄明之心下从事创造的。唐代画家张璪的"外师造化,中得心源",便是一言概括了中国传统艺术理论之精髓。就此而论,庄子乃始作俑者,功莫大焉。

孟子气论在文学批评史上的意义

一

为什么中国文学思想史上孟子气论的研究值得重新审视呢？让我们从百余年的研究成果说起。考察近代以来学者研究孟子气论所关注的问题，假设悬置各种"历时性"印记，值得我们留意并且加以整理的，大致有如下几组。

一是知言与养气的关系问题。郭绍虞先生认为，知言是对人的，知他人之言；养气是对己的，是自己立言的修养基础。要做到知言，就需要养气的工夫。孟子虽没有明白讲出养气和立言的关系，但后人论文，如韩愈、苏辙的文气说，都是受其影响。① 刘大杰先生认为，孟子所谓养气是指人的一种道德修养工夫，需要"配义与道"，艰苦努力，才能达到"至大至刚"；知言的能力植根于养气，它体现出孟子关于人格修养的理想境界，后世的文学批评正是从这样的角度来理解气与言、身心修养和文学的关系的。②

二是对"浩然之气"的评价问题。顾易生先生、蒋凡先生认为，孟子养气既有关思想人格修养，也有关文化艺术修养。养气是对自己本性中的善端，循乎自然地加以扩充，不断进行道义的积累，这

---

① 参见郭绍虞《中国古典文学理论批评史》，人民文学出版社 1959 年版，第 33—34 页。

② 参见刘大杰《中国文学批评史》，中华书局 1964 年版，第 27 页。

样就可以成为思想清明、品格伟大的人，气概轩昂、刚正不屈的人，善于分析与运用言辞的人。① 张少康先生认为，"浩然之气"有很鲜明的政治道德内容，是人的道德修养达到一定程度的产物。道德修养愈深，"浩然之气"愈充沛，言辞也就自然理直气壮。孟子善养"浩然之气"，就是善于培养自己"美、大、圣、神"的崇高品格。②

三是孟子气论与后世文气说、养气说的关系问题。罗根泽先生认为，养气与知言虽其目的超乎鉴赏文辞，但也是鉴赏文辞的方法。后世的文气说，渊源自孟子，但与孟子不同：第一，孟子的养气说虽与他的文章有关，而其目的不似后来文气说只在文章。第二，孟子所谓气是"集义所生"，义为本，气为末。后来的文气说之所谓气，则只是行文的气势而已。③ 敏泽先生认为，孟子的养气和知言是相互联系的，只有从主观上不断加强道德修养，然后才能知言，之后韩愈的"气盛言宜"说，魏了翁的"辞根于气"说，方孝孺的"气畅辞达"说，是从养气和语言的关系上进行的发挥。④ 周勋初先生认为，孟子养气说强调内心道德修养，对后代文人产生过很大的影响，而从创作方面的表现来说，与文章的气势等问题有关。⑤

就整体的研究状况而言，见于 20 世纪的各类中国文学理论批评史或文学思想史论著中，有关孟子的文学思想，更多关注于"知人论世""以意逆志"的批评方法，或者政治观、历史观以及道统、政统的建构诸问题，虽然先辈学者业已意识到，孟子气论对于中国文学批评传统形成的重要影响，但是，尔后的大多数研究，或以现代西方"纯文学"的后设价值立场"倒着说"古代文学思想，或依旧习惯于社会历史的外在分析路径，系统全面的深度研究仍然显得

---

① 参见顾易生、蒋凡《先秦两汉文学批评史》，上海古籍出版社 1990 年版，第111—112 页。

② 参见张少康《先秦诸子的文艺观》，上海文艺出版社 1981 年版，第 90—92 页；《中国文学理论批评发展史》，北京大学出版社 1995 年版，第 47—48 页。

③ 参见罗根泽《中国文学批评史》一，上海古籍出版社 1984 年版，第 49—50 页。

④ 参见敏泽《中国文学理论批评史》，人民文学出版社 1981 年版，第 33—35 页。

⑤ 参见周勋初《中国文学批评小史》，长江文艺出版社 1981 年版，第 12 页。

不够。因此，重返孟子气论所蕴含的学术史、文学史以及价值论的整体思想语境，应该成为我们未来研究的出发点。

二

我们认为，文学思想史与文学观念史并重，是中国文学思想史研究中切实可行的方法，也是探讨孟子气论在文学思想史中意义的有效途径之一。

思想史研究侧重外在路径，按照英国学者柯林武德的说法，"历史的过程不是单纯事件的过程而是行动的过程，它有一个由思想的过程所构成的内在方面；而历史学家所要寻求的正是这些思想过程。一切历史都是思想史"①。所谓思想史的研究方法，不仅意味着人们必须历史地、设身处地地思考古人在做某一件事情时是如何思考的，而且意味着一切过去的历史必须联系当下才能得以理解和阐明，亦如美国学者史华兹所言"在文本和解释者之间存在一种永恒辩证的互动关系"②，也即经典阐释者的"历史性"以及阐释的循环效应与视野融合问题。

观念史研究侧重内在路径，其理论假设在于：思想文化具有自身的整体性，其核心的问题意识既内在又超越，具有自足的逻辑关联与自主的生命力。美国学者诺夫乔伊认为，历史上有一些最基本的或重复出现的概念，包括"一些含蓄的或不完全清楚的设定，或者在个体或一代人的思想中起作用的，或多或少未意识到的思想习惯"，这些东西是"心照不宣地被假定"，无须论证，甚至日用不知，但是"他们有可能在任何事情上影响人的反思进程"③。对于这

---

① ［英］柯林武德：《历史的观念》，何兆武、张文杰译，商务印书馆1997年版，第302—303页。

② ［美］史华兹：《古代中国的思想世界》，程钢译、刘东校，第2页。

③ ［美］诺夫乔伊：《存在巨链——对一个观念的历史的研究》，张传有、高秉江译，邓晓芒、张传有校，江苏教育出版社2002年版，第5、9、18—19页。

些概念、范畴的研究，常常要穿越不同的时空、语言、民族、国家，也要贯通不同的学科领域，因此，观念史的路径是传统学术研究中一种相当行之有效的方法。

从思想史研究路径考察，孟子气论在文学批评史上的影响主要体现在价值观、本体论层面，对于传统时代士人的文学审美观以及人生价值观的形成有直接的影响，同时，对于国人文化心态乃至民族性格的形成有内在的影响，值得我们进一步展开研究。

其一，在本体论的建构上，作为精神之气的典范。"浩然之气"的提出，确立了包括信仰、信念、想象、情感、美感、灵感、思想在内的主观认知与未来预见的精神审美范式，开启了儒学传统中神秘主义体验的源头。所谓"浩然之气"，乃盛大流行之气，乃纯一之气，是尽心、知天以后，弥漫在天地之间的存在。这是一个"天人合一"、内外交辉的境界，朱子《集注》引程子言："天人一也，更不分别。浩然之气，乃吾气也。养而无害，则塞乎天地。"① 正复此意。孟子的"浩然之气"与易学传统尊阳贬阴的刚性品格相似，进一步奠定了儒学传统中重视阳刚之美的审美范式，中国文学思想传统中重视刚气、豪气、正气、愤气、不平之气，等等，均有孟子气论的痕迹。"浩然之气"是一个既实存又超越的概念，伴随着主体的活动而不断地显现出道德力量、精神向度与人格光辉等多重意蕴，在古代文学思想的批评视野中，"浩然之气"犹如一个巨大的信仰支柱，成为历代诗文评中道德理想的标杆，常常出现在古人谈文论艺中，尤其是作家品评中。譬如宋代苏轼在《潮州韩文公庙碑》中，借用"浩然之气"的精神底蕴评价韩愈文章的超越意义，在东坡看来，"浩然之气"的形成是一个道德提升与境界培育的过程，生理层面的气须经由道德层面的转化，才能"塞于天地之间"，践形于人之"四体"，此气能够挽"道之丧""文之弊"，从而"参天地""关盛衰"，②

---

① （宋）朱熹：《孟子集注》卷3，《四书章句集注》，中华书局1983年版，第231页。
② （宋）苏轼：《苏轼文集》卷17，孔凡礼点校，中华书局1986年版，第508—509页。

实现精神化、价值化的转换，成为超越层面的精神之气。苏轼的阐发，将孟子"浩然之气"提升到一个新的层面，影响极为深远。尔后元代的刘将孙、明代的王文禄、清代的沈德潜等，均强调"浩然之气"与文章之气乃至学问人生之间存在内在的精神转化，具有相同的道德属性与审美品格。

其二，在价值论的建构上，孟子之气继承了"周孔"文化中的德性传统，通过细化儒家君子品格的德性要求，进一步强化了文学价值主体的理性品格。德性优先，是周礼重要的价值理想，表现在中国古代社会的理想人格塑造、伦理规范与道德培养、日常生活之道的诸多方面，尤为明显地体现在早期儒家所推崇的"文王之德""尽善尽美""文质彬彬"等理想人格上。在儒家君子标准形成的历史过程中，孟子的"充实之美"，靠反省求诸己；荀子的"全粹之美"，求诸外，求诸文；二者从内外两个维度充实了孔子以来以知情意、真善美统一为内在尺度的人格理想。要实现孟子对于理想人格"善、美、大、圣、神"的规定，一方面，人的内在潜能需要培育、升华（《孟子·告子上》所谓"五谷者，种之美者也。苟为不熟，不如荑稗。夫仁亦在乎熟之而已矣"），经由先天善端的培育而返归本心、本性；另一方面，要以养气的方式培育主体的道德人格及其使命意识与社会责任（《孟子·告子下》所谓"苦其心志，劳其筋骨，饿其体肤，空乏其身"），实现本然的我与理想的我合一。作为古代精神之气的经典范式，孟子之气兼有心理、生理、伦理的多重意蕴，往复于"天地之间"的宇宙世界与"以直养而无害"的人文世界，贯通天道与人伦，统摄宇宙秩序与人文秩序。这种与主体意志相联系的精神力量，集知识、信仰、价值、情操于一体，强调尽心、知天、成德、成圣，是长期以来道德行为的累积、伦理情感的约束以及德义的高度自觉而达到的一种理想状态。孟子气论，赋予主体性以内在道德理性的特殊规定，与周公、孔子以来的儒家理性法则、伦理规范一脉相承，具有德性优先的典型特质。

其三，在修养论的建构上，孟子之知言养气，确立了传统时代实践工夫论的价值维度，拓宽了后世养气思想的内养与外养、动养与静养、先天之养与后天之养的理论空间。养气的问题，作为一种修养功夫，在本质上体现了主体的价值理想与精神追求，是古代思想家关注的共同话题。气的涵养包括知、情、意、行诸多方面，养气的过程既是血气的生理存养，也是情志的心理培养，更是知性的积累、德性的提升。孟子认为，"浩然之气"的养成是一个长期艰苦的积累过程，必须心志专一、思虑集中、持之以恒，不能像宋人那样"闵其苗之不长而揠之者"（《孟子·公孙丑上》），也不能像弈秋学棋时不专心致志的那人（《孟子·告子上》）。在孟子的身心观中，以心摄身、身心合一，所谓"君子所性，仁、义、礼、智。根于心，其生色也，睟然见于面，盎于背，施于四体。四体不言而喻"（《孟子·尽心上》），两者是一个内外贯通的有机整体。精神之气向内蓄养、扩充，向外朗现、体证，由此成就了作者之气在内外两个向度的出入、吐纳之功，内在化地改变作者的身心结构与创作意图，五德之气同步流行，外在化地影响作品的词句章法与风格气象，因此，这种作者之气的内在扩充与外在显现是一体两面、互通互证的关系。历代关于养气的论述极为浩瀚，从孟子高举"吾善养浩然之气"发端，逮至宋儒持敬主诚，讲究凝心养气、自我完善，到明儒追求"身诚、心明、气平、道恒、德成"（宋濂《文说》）的至善之道，均被孟学身心观、修养论的价值视野所范围。在古代文论家看来，养气与造艺之间的往复运化，既是主体心性修养的培育显现过程，也是人文创作中主客、心物的气化运思。所谓"写气图貌，既随物以宛转；属采附声，亦与心而徘徊"[1] "蕴乎内，著乎外"[2] "内有养而外有济"[3]，便是这种内外、出入、吐纳关系的经典表述。

---

[1]　詹锳：《文心雕龙义证》，第 1733 页。

[2]　（明）谢榛：《四溟诗话》卷 3，人民文学出版社 1998 年版，第 69 页。

[3]　（清）郑燮：《郑板桥集》，中华书局 1962 年版，第 198 页。

从观念史研究路径考察，孟子气论涉及的"气—志（心）—言"等要素，整合了春秋战国以来的思想碎片，以有意识的理论关系架构，开启了后世文气论结构形态的意义维度，这既是孟学之精髓所在，亦发后世作者之气的先声，并与尔后经典阐释者的"自我理解"，形成体用辉映的融合视野。

孟子论气，兼及心、志，且以心、志为主。所云"夫志，气之帅也。气，体之充也。夫志至焉，气次焉。故曰：'持其志，无暴其气'"（《孟子·公孙丑上》），此"志"即心志，是一种由理智、意志、动机而构成的稳定的心理状态，此"气"为当下的意气、情感乃至体气、血气等。心、志、言与气的问题，本质上是一个关乎道德、伦理的价值判断而非生理、心理层面的问题，孟子持理性的态度，以心主气，强调心的作用，既主张性善，心自然也是善的，志是心之所向，是心的作用，持志便是保持良心（道德理性）在生理、心理中的统率作用，其气论是服务于心性论的。在孟学心性体系中，心、志、气、情、言融为一体，并无明确分梳，气乃是对知、情、志、意等心理因素的整合，正因为有气的内在整体贯通，有气的大化流行，各种生理因素、心理情结、精神力量方能浑融为一，神化而不自知，达致内在的整体和谐，并自然而然地流溢其外，"睟然"显于人之"四体"，与宇宙万物浑然为一，从而超越主客体，进入自由高超的境界。我们知道，以天地、道气、心性为核心构成的宇宙伦理话语系统，是中国古代思想家的共同论域，气是一个公共性的关联要素，也是一个具有形上意义的本体范畴，气与心、志之间的关联，构成了早期儒学气学话语的基本结构。同时，我们可以注意到，孟子思想的主轴不在气论，而在心性道德的生发与扩充，因而气如何在志、心、言之间勾连，孟子引而未发，此一问题是由其后学完成的。孟学之特色在于将气与心、志、言等观念整合成一个有机的整体，并且通过知言、养气、持志、存心、践形的修养工夫，达致天人贯通、物我合一的境地。

孟子"气—志（心）—言"的气学话语结构，是尔后文学研究中"内在路径"的有效切入方法，历代文论家在论及人文化成及艺术创作中的主体性问题时，常常能够心通意会，或化用，或套用，每每同声相应并加以引申，遂衍生出作者之气中若干新的诠释维度，将以气为核心的话语结构，建构得各具特色。譬如《大戴礼记·文王官人》所揭示的心气（信气、义气、智气、勇气）与声的一一对应结构；① 汉代董仲舒《春秋繁露·循天之道》的"气—神—意—心"结构，阐明"平意""静神""养气""养身"之间的关系；② 南宋魏了翁《攻媿楼宣献公文集序》的"心—辞—气—志—学"结构，认为文辞受制于主体个性气质与后天学识的引导；③ 元代姚燧《卢威仲文集序》的"体—气—识"结构，认为"识"正而气正而"体"正，有着发生意义上的关联，强调"学"之于养气为文的重要性；④ 元代黄溍《吴正传文集序》的"文—气—志—学"结构，认为"以才驱气驾而为文"，故"骄气""吝气"皆不可取，只有"学"辅"志"、"志"御气、气和声、形于言，乃为文之道。⑤ 凡此种种，代有论述。

<h2 style="text-align:center">三</h2>

在《知言养气章》中，孟子对于气的论述，至少涉及三个层面，一为宇宙层面的意义（"其为气也，至大至刚，以直养而无害，则塞于天地之间"），二为道德层面的意义（"其为气也，配义与道；无是，馁也"），三为生理层面的意义（"气，体之充也"），这些多重

---

① （清）王聘珍：《大戴礼记解诂》卷10，王文锦点校，中华书局1983年版，第190—191页。
② （清）苏舆：《春秋繁露义证》，钟哲点校，中华书局1992年版，第452页。
③ （宋）魏了翁：《鹤山集》卷56，景印文渊阁《四库全书》本。
④ （元）姚燧：《牧庵集》卷3，《四部丛刊》本。
⑤ （元）黄溍：《吴正传文集序》，载陶秋英编选《宋金元文论选》，人民文学出版社1999年版，第567页。

意义辩证地结合在人的主体性认识中，既是经验的也是超验的，既是道德的也是审美的，这一点，很典型地体现出儒家传统中将价值论、本体论和修养工夫论融为一体的路数。正因为具有多层面的特点，无法客观地说明其存在状态，也无法为其下一个确切定义，所以对于"浩然之气"，孟子总的判断是"难言"，对气为何物并无明确断言，而是主要围绕着几组关系来谈论，如"不动心"与气的关系、勇与气的关系、知言与养气的关系，等等，因而也留下了很多问题。对于文学批评史的研究而言，未来进一步的研究至少有这样两个面向：一是气与志、心、言的关系问题，二是养气的问题，尤其知言与养气的关系问题，前者涉及气学结构论与形态论等知识层面的问题，后者涉及气学方法论和境界论等价值层面的问题，是后世心性修养、穷理格物乃至文艺创作与鉴赏批评的理论源头。

同时，我们或可注意到，由于孟子思想复杂多面，涉及早期文学思想体系建构中若干重要问题的引出，因此，值得深入研究的问题还有很多。譬如同为作者之气的发挥，孟子"浩然之气"与曹丕"文以气为主"，论述角度也是很不相同的，前者就主体心性修养而论，后者就主体先天禀赋而论，换言之，一个是倾向于后天之养，一个是倾向于先天之养，孟子和曹丕的不同，实际上代表了气学解释传统中不同的面向。比较而言，对文学创作中主体先天与后天的关系，齐梁时期刘勰的看法，调和了后天之养与先天之养，显得圆融许多。刘彦和所谓文气，不同于孟子"浩然之气"，也不同于曹丕的"文以气为主"，他的养气相似于养生，重在顺和性情，使之勿衰竭、勿壅滞，因而带有强烈的道家养生色彩。又譬如志与气的关系，是孟子生活时代学者关注的一个重要问题，也是中国古代文学批评史上的一个重要命题。作为一种价值标杆与方法论原则，孟学关于志气问题的论述，后世论文者极为在意，尤其是在宋元以后的心性学语境中，在论及主体之气时，每每发挥孟学精义，就会从中生发出新的理解，从而引发出儒学一系传承链条中的若干问题意识，影响极为深远。

文气诠释中的"隧道效应"问题

——以孟子、曹丕、刘勰为例

经典诠释中的"隧道效应"（tunnel effects），是源自现代史学研究领域的理论，是指经典诠释者常常将复杂万变的历史现象加以"隧道化"，从而形成政治史、经济史、社会史等各个领域的问题，同时，于无意中假设各个隧道之间互不相关，由此形成历史研究的盲点，形成一种"隧道效应"。[①] 这个观点最早由美国华盛顿大学教授 J. H. 赫克斯特（J. H. Hexter）在《重新评价历史》一书中提出。对此进一步展开分析的是美国布兰迪斯大学教授戴维·H. 费希尔（David H. Fischer），在《历史学家的谬误：寻求历史思想的逻辑》一书中，他将这种研究的盲点称为"隧道历史的谬误"（the fallacy of tunnel history）。费氏认为经典思想的核心要素（或问题意识），假设它们最初包括 A、B、C、D、E 诸要素，随着时代的不同，这些要素在不同时代的诠释者那里，关注的焦点不同，出现复杂化和简单化两种趋势，由此形成了两种"隧道历史的谬误"。一种是复杂化趋势，即后世的诠释者带入了自己所处时代的知识经验，以今释古，重新编排了 A、B、C、D、E 要素的理论脉络与中心位置，从而使经典思想变得复杂化、歧义化了；另一种是简单化趋势，即后来的诠释者为建构自己的理论，仅仅关注并放大了 E 要素的地位与重要性，而忽略了其他 A、B、C、D 要素，从而使经典思想的内涵变得狭义

---

① J. H. Hexter, *Reappraisals in History*, Chicago: University of Chicago Press, 1979, pp. 194 – 195.

化、单向化了。① 借鉴上述理论，为了具体说明这种"隧道效应"，即受不同时期的诠释者思想观念影响所形成的种种复杂状况，我们可以用文气在历代诠释者那里的发展演变为例，加以阐发。

我们今天所理解的文气说，综合了历代以来学者关于气学思想的见解，主要呈现为"一体三相"的特征：一是先天命定之气质禀赋、后天养成之心性道德，两者融合成为作者之气，包括作者之情、性、才、胆、识、力等；二是语言法则之体势声调、字句章法，这构成文本之气，包括文本之辞、字、句、音、韵、声、调等；三是作者之气和文本之气共同熔铸的作品整体性的生命形相（气势、情韵、意境、风格等），这就构成了传统文气思想的三个面向。从气之体用义来看，作者之气相对于天地阴阳之气而言，是体用的关系；从文气之体用义来看，作者之气乃是体，文本之气、文章气象乃是用，即内在之气为体而外显之文为用。从经典诠释的"隧道效应"视角，审视历代论者围绕文气三个面向展开的论述以及其中所蕴含的问题意识，可以看到，上述三个方面的诸多因素在不同层面上，也在不同意义内交互作用、因果相连，使历代论者围绕文气的诠释，或兼顾左右、面面俱到，或单刀直入、片面深刻，呈现出颇为复杂的"隧道效应"。为此，本文将以孟子、曹丕、刘勰三位早期文气论者为例，进行深入一步的研究分析。

一

就气学解释的大传统而言，虽然孟子、曹丕、刘勰均有论文气的表述，也流露出颇为自觉的理论意识，但是，不同的时代聚焦形成了不同的问题意识与论证策略，他们在论气旨趣与方法偏好上，各有不同。对于诠释者的历史性，中国经典阐释传统的原则是还原

---

① David H. Fischer, *Historian's Fallacies*: *Toward Logic of Historical Thought*, New York: Harper & Row, 1972, pp. 142 – 143.

去蔽，反对先入为主，要求体会原意，获得真知，孟子谓"知人论世"，庄子谓"虚静"，荀子谓"解蔽"，均蕴含了此一层意思。今人之所以能够理解或解释古人，就在于历史具有连续性，文化传统是一个连续不间断的、一脉相承的整体。对经典的诠释过程，也是一种自我理解的创造性活动过程，用太史公的话来讲，就是"通古今之变"，用伽达默尔的话来讲，就是"现在的视域"与"过去的视野"融合而成的"大视域"。因此，不同诠释者的历史时代性，是文气诠释中不可忽略的发生要素，只有通过这种历史性的揭示，才能使经典诠释中的"隧道效应"及其对于尔后研究的价值意义，为之豁然开显。

生活在战国中期的孟子，发挥了孔子以来儒学"向内"的思想脉络，虽然在其所处的"乱世"，学说难以奏效，但其理论的体系性及其内蕴的真知灼见，远在同时代的诸子之上，这一特点，在源远流长的孟学诠释史中体现得相当鲜明。孟子论气，整合了春秋战国以来的思想碎片，将气与心、志、言等要素关联成一个有机的整体，在旗帜鲜明的理论建设中，孟子思想的主轴不在气而在心，在于心性道德的生发与扩充，气论是为心性论服务的。同时，孟子关于主体之气的若干见解，如"浩然之气""知言养气"以及"心—志—气—言"的话语结构，开启了后世文气论结构形态的意义维度，亦发后世作者之气的先声，在传统文气诠释史中确有不可移易的理论价值和历史意义。孟子所论主体之气，兼有理性主义和神秘主义的特质。在孟子与公孙丑讨论"动心"的前面，有一段文字是关于北宫黝、孟施舍、曾子"养勇"的方法问题，北宫黝之勇，是血气之勇，乃生理之气的表现；孟施舍之勇是志气之勇，乃心理之气的表现；曾子之勇是义气之勇，乃道德之气的表现，三者相比，以曾子之勇最得儒学精义。纵观战国诸子学说，虽然理性昌明为主流，但神秘主义思潮也时有泛起。汉初司马迁将邹衍传附入《史记·孟子荀卿列传》中，不仅指出了阴阳家与儒学的关系，也点出了邹衍

"五德始终"与孟子"五百年必有王者兴"以及"浩然之气"所具有的神秘化倾向,[①] 包括尔后董仲舒"天人感应"思想的出现,也是自有其历史渊源的。

虽然后代研究者,常常强调孟子"知言养气"的说法,由此也衍生出"养气"与"知言"关系的相关问题,但就孟子所处时代并付诸行动的大语境而言,虽然以天地、道气、心性为核心构成的宇宙伦理话语系统,是先秦思想家的共同论域,但有关"气"的问题,并不具有本体意义上的优先性,也不是晚周诸子所关注的中心话题。通观《孟子》七篇,除了有关"养气"的说法外,还有"养生""养弟子""养公田""养口体""养老""养勇""养君子""养志""养其性""养心"等说法,由此不难发现,就"养气"而言,作为一种论证策略,与其说孟子是在论"气",不如说是在论"养"。这种对于"养"的强调,体现了孟子在实践心性问题上的创见。人欲立本体,以求本心的超凡脱俗,必须在这个世界上作一番圣贤工夫,人格才能得以完善,精神境界亦可由此得以充实。"知言养气"的重要性,就在于从知识和经验中去认识世界和完善自我,自孟子以来的儒家内圣一系,强调主体心性的修养,对于价值主体的践行,如修身养性、培养本原等看得很重。尔后外王一系的荀子,虽然与孟子在人性论上相左,但同样有大量关于"养"的说法,可见在儒家的修养工夫论中,对于"养"的重视是一以贯之的传统。

曹丕、刘勰生活的时代,思想界受到秦汉以来气化宇宙观的深刻影响,[②] 他们有关气的论述,并没有超出汉人气学解释系统的运思

---

① 有关儒学传统中的神秘主义倾向,参见冯友兰《中国哲学小史》,商务印书馆 1934 年版;陈来《儒学传统中的神秘主义》,《中国近世思想史研究》,商务印书馆 2003 年版;杨儒宾《理学家与悟——从冥契主义的观点探讨》,载刘述先主编《中国思潮与外来文化:第三届国际汉学会议论文集(思想组)》,(台湾)"中央"研究院中国文史哲研究所,2002 年。

② 详细论述,参见日本学者三石善吉的观点,文章收在日本学者小野泽精一、福永光司、山井涌等编著《气的思想——中国自然观和人的观念的发展》(李庆译,上海人民出版社 1990 年版)一书中。

路数与言说范式。曹丕论气，类似于孟子，主要围绕着几组关系来谈，气并不是其关注的中心问题。曹丕及其同时代的人，对于气的知识，大多只是一种享用的态度，并没有超出汉人的言说范围。譬如见于《文选》和《汉魏六朝百三家集》中，曹丕论气的文字，如《让禅第三令》"含气有生之类"，《感离赋》"秋风动兮天气凉"，《与钟繇九日送菊书》"体芬芳之淑气"，《封张辽李典子为关内侯诏》"使贼至今夺气"，《答繁钦书》"气应风律"，《又与吴质书》"公干有逸气"，① 等等。论元气，论气候，论人之品性气质，论乐之宫商协律，凡此种种，可以看出对于气的问题，曹丕并无特别的关心，使用时也基本沿用汉人气化宇宙论的言说路数与论证对策，如果我们参之曹植的气论，以及魏晋之际阮籍的气论，也大体上可以得出相同的结论。②

　　曹丕的文气说，根据晚近以来学界流行的看法，指涉作者气质、作品风格、文本语气等多重内蕴，③ 这样的理解，是值得今天再思考的。现存《典论·论文》"文以气为主"这一段文字，核心观点有三："文以气为主"、文气分"清""浊"、文气"不能以移子弟"。"文以气为主"的说法，虽然是曹丕首次提出的，但在经历了汉代元气论的去实体化转向之后，建安文学整体呈现"尚气"的特征，④

---

① （三国魏）曹操、曹丕、曹植：《三曹集》，岳麓书社 1992 年版，第 152、123、164、143、165、161 页。

② 如曹植《魏德论》"元气否塞""义气风发"，《辨道论》"时变则物动，气移而事应"，《说疫气》"疠气流行"，《释疑论》"颜色不减，气力自若"，参见赵幼安《曹植集校注》，人民文学出版社 1984 年版，第 215、187、177、396 页；阮籍《大人先生传》的"云气"，《达庄论》的自然阴阳之气，《乐论》的"情气""心气"，参见陈伯君《阮籍集校注》，中华书局 1987 年版，第 165、139、78、99 页。

③ 就作者方面而言，指气质、个性、语气；就作品方面而言，指作品的风格。持气质、才性论者，如陈钟凡、朱东润、方孝岳等先生；持才气、语气论者，如郭绍虞、罗根泽等先生；持才气、风格论者，如刘大杰等先生。参见朱东润《中国文学批评史大纲》、方孝岳《中国文学批评》、罗根泽《中国文学批评史》、陈钟凡《中国文学批评史》、郭绍虞《中国文学批评史》、刘大杰《中国文学批评史》。

④ 关于建安文学的"尚气"特征，参见刘永济《文心雕龙校释》，中华书局 1962 年版，第 171 页。

所以刘永济先生认为："是则文气之论，虽发自子桓，实得于人心所同然。"① 至于气分"清""浊"的说法，秉承汉人"以气定性"的先验论，基本上是老调重弹了。让人惊异的是关于文气"不可力强而致""不能以移子弟"的说法，明确了天赋，或者是气质禀性等先天质素对才性才情的养成乃至文学创作的决定意义，从而斩断了与后天之学的联系，这就有别于传统主流话语对后天教育教化的强调，其思想的深刻性与片面性也就同时呈现出来。至于曹丕论气的文字乃至整篇《典论·论文》，其中是否隐含着政治动机之类的"微言大义"，由此也牵涉"三曹"评价诸问题，历来是学者感兴趣的，相关问题的讨论仍在继续。②

如同前文"隧道效应"理论指出的那样，自曹丕明确提出"文以气为主"后，随着文学独立地位的提升，文学意义上的文气说演变出作者之气、文本之气和文章气象三个密不可分的面向。但在曹丕的思想里，所谓"清""浊"之气、"不能以移"之气主要是指作者之气，也暗含作者之气在作品中的呈现，两者是统一未分的整体，就其本意而言，可能更偏重于前者。当曹丕判定"王粲长于辞赋，徐干时有齐气""孔融体气高妙，有过人者；然不能持论，理不胜辞"，并且断定"文以气为主，气之清浊有体""虽在父兄，不能以移子弟"的时候，他只是描述了一种主体之气的生命样貌与呈现出的知识情态，并没有像我们今天明确区分出文气之"一体三相"以及主次轻重的问题。当然，曹丕以气来衡量文学作品的高下，而非先秦以来以道德伦理为核心的政教标准，开拓了文艺创造的主体性与审美性维度，对于尔后文学创作和文学批评的深刻影响，是切切实实存在的。

---

① 刘永济：《十四朝文学要略》，黑龙江人民出版社1984年版，第137页。

② 其中具有代表性的观点，参见王梦鸥《从典论残篇看曹丕嗣位之争》，载《"中央"研究院历史语言研究所集刊》第51本1分册，（台湾）"中央"研究院历史语言研究所1990年版，第97—114页；胡明《关于三曹的评价问题》，《文学评论》1993年第5期。

二

　　齐梁时期的刘勰，虽然在当时并没有受到重视，但是作为理论家的刘勰，不像思想家孟子那样急不可待地批评对手，也不像政治家曹丕那样隐晦曲折地影射对手，而是更为圆融平和地谈文论艺。他不仅专设《养气篇》，而且在谈论其他问题时，也屡屡与气牵扯关联，其关注的重点不仅包括主体之气，而且对于与文章的章法技巧相关的问题，也极为关注，同时，对于作者之气和文本之气互动而呈现在作品中的整体风格气象，也颇为留意。比较而言，不同于孟子将气论融入心性论的路数，也不同于曹丕对气学传统的悉数吸纳，刘勰的理论整合与新创之处更为明晰一些。他已经将文气作为一个专门的问题来谈论，可以说，其理论体系意识的周全细密，从其文气思想中也可以较为清晰地呈现出来。

　　刘勰论气，对于气之"一体三相"，均有不同层面的涉及，尤其对于作者之气、文本之气，有相当明确的论述。在《文心雕龙》一书中，与气学相关的元范畴、次生范畴，屡屡可见，此一特质，近世以来的文气思想研究者多有关注，此一方面的研究成果也极为丰硕。① 全书"气"字出现，大约有八十余次，其中以词组形式出现的，有辞气、志气、血气、气力、养气、声气、才气、意气、体气、齐气、逸气、秀气、异气、韵气、精气、和气、素气、卫气、阳气、清气，等等。参之前文的"隧道效应"理论，我们可以看出，《文心雕龙》所论的为文诸要素，譬如情志、学养、才力、文采、辞章、事义、风骨等，均与文气保持着千丝万缕的联系。刘勰所论的文气，沿隐至显，因内符外，流动并充盈在才、学、情、辞、事、义、体等为文要素之间，发挥着枢纽与关联的作用。对于作者之气，刘勰

---

　　① 此一方面的研究成果，参见夏静《文气话语形态研究》"附录：气论研究目录"，商务印书馆 2014 年版，第 491—510 页。

称之为志气、意气、血气、精气、风气、风趣，或者养气、守气等，虽有意义上的区别，但又具有本质上的贯通一致。对于文气与语言辞采、体式风格之间的关系，刘勰也是非常关注的。在《体性》篇中，他列举了八种文章风格：典雅、远奥、精约、显附、繁缛、壮丽、新奇、轻靡，对于八种风格的形成，他认为："若夫八体屡迁，功以学成，才力居中，肇自血气。气以实志，志以定言，吐纳英华，莫非情性。"[①] 这就将文章风格的成因明明白白地归结到文气上面。分析刘勰所论的为文要素，不难发现，刘勰兼顾作者之气、文本之气和文章气象，在汉魏以来作者之气占据主导地位的文气诠释传统中，他采取了一贯的折中态度，把气之"一体三相"均纳入了理论的参照视野。

在刘勰"体大虑周"的理论建构中，以气为核心贯通作者和文本的意图是非常明显的。在作者之气的阐释中，兼顾内外和先天后天；在文本之气的阐释中，文辞和音律并重，既重视文辞的技巧，又重视音律的抑扬顿挫，既探讨字、句、章、篇的技巧，譬如如何炼字、锻句、裁章、谋篇等技法问题，又论及比兴、夸饰、用典、隐秀、声律、对偶等修辞问题。对于文本之气这一曹丕时期隐而未显的问题，刘勰予以了充分的重视，并进行了各个层面的深入讨论，这与六朝时期丰富的文学创作实绩相印证，从而成就了古代文气思想研究的一个理论高峰。总体来看，刘勰思虑周全，似乎旨在建构一个系统的气学话语结构，以期涵盖文学活动的各个方面。对于传统的气学思想资源，刘勰秉持的是一种整合新创的态度，这是他获得理论建构自信的精神源泉，也正因为具有这样的特质，从整体性、连续性的学术谱系考察，《文心雕龙》一书在气学解释传统中的地位也就显得颇为突出。当然，这种整合与新创，并不拘泥于"气"字的出现，也不仅仅在于风骨、神思、虚静、辞气、志气等次生范畴的使用，或者"风清骨峻""意气骏爽""梗概而多气""情与气偕"

---

① 詹锳：《文心雕龙义证》，第 1022 页。

"负气以适变"等气学系列命题的发挥，深入一步看，对于汉魏以来血气与文气同源的气化宇宙生成论及其衍生的思维方式、论说模式，刘勰亦表现出一种深层次的接受与认同。

作为一种公共性的知识话语，古人对于气的论述，常常是价值和意义先于知识的，古往今来有识见的思想家，在对气的诠释中，总要显现出某种价值指向，或哲学观、宇宙观或人生观，经由气的解释而开出自我理解的新意，也成就了中国经典诠释传统的重要特征之一，孟子、曹丕和刘勰也不例外。就气学解释的大传统而言，对于文气之"一体三相"，孟子、曹丕、刘勰的诠释，分别抓住了其中的不同面向，都倾向于对作者之气的强调，在他们各自的理论建构中，气并不是言说的重心，只是结构体系中的一个要素，重要性的程度也不尽相同。譬如同为作者之气的发挥，孟子"浩然之气"与曹丕"文以气为主"，论述角度也是很不相同的，前者就主体心性修养而论，后者就主体先天禀赋而论，换言之，一个是倾向于后天之学，一个是倾向于先天之养。孟子和曹丕的不同，代表了气学解释传统中两种不同的路数。对此，刘勰虽然明确区分了先天才性和后天养成及其导致的内外之分，但他调和了后天之学与先天之养，较之孟子、曹丕，显得圆融了许多。一方面，他仍然将先天质素视为作者才略的先决条件，也明确地从禀气各异、长短相依的特点来评价作家才华；另一方面，在刘勰看来，性情虽自天生，但也要受到后天习得的影响，故辟专篇，如《定势》论"习"，《事类》论"学"，予以研讨。同时，刘勰之气，不同于孟子"浩然之气"的神秘特质，也不同于曹丕清浊之气的先验特质，刘勰论养气，既有道家式的被动存养，也有儒家式的主动培养，譬如《养气》偏于防御性的情性存养，《神思》则偏于主动的才气培养。同样谈养气，刘勰之于孟子，亦有很大不同。孟子强调主体心性之修养，所谓"知言养气"偏于积极性的进取，源于内在心性的培育，以刚正充沛为特征，这对于中国文学传统中强调作家主体性及道德人格有着极大的影响。刘勰论养气，重在顺和性情，使之勿衰竭、勿壅滞，这种对于自然之气滋养、蕴藉的偏好，带有强烈的养生色彩，终究不同于孟子式的养气。

历史地看，自孟子发作者之气的先声，文气思想便呈现出复杂的演变态势，而曹丕论"文以气为主"以后，表现出更为多元、细分的趋势，尔后刘勰的解释，则出现了问题意识的明显扩展。具体来看，曹丕"文以气为主"的说法，谈论的是文与气的关系尤其是作者气质禀赋的问题，并不涉及文本、文章的辞气与气象等问题。但是，当刘勰重新诠释文气问题时，就明确区分了作者之气与文本之气的不同。文学活动过程中的气，可以理解为创作主体以天赋的生命力为基础，加之后天学养的涵养充盛，借由语言文字等为文技巧而表现出的文章整体风貌与气象，并在读者的阅读鉴赏中得以辉映生色。这种对于文气思想的解释，影响深远，时至今日，我们对于文气的理解，大体上也是在这个范围之中。至于尔后的发展脉络，譬如到中唐古文运动倡导者韩愈那里，遥承孟子"浩然之气"，怀抱对作者之气的高度自信，转而倡导文本之言辞声调与自由变化，以期代替文体卑弱、辞藻华丽的骈偶拘束，所以唐代以后的文论家，对于文本之气此一维度倍加重视。清初叶燮的文气论述系统且完整，逮至桐城刘大櫆，强调神气与音节、字句等要素的联系，深刻性与片面性也就同时呈现出来。比较孟子、曹丕、刘勰以来论气的侧重点与问题意识，我们可以看到，经典思想在诠释者手中变得丰富而多样，这是一种颇为纷繁复杂的"隧道效应"，由此也成就了中国古代文学思想史上源远流长的文气诠释传统。

见于百余年中国文学批评史的文气、养气诸说，有关孟子之气、曹丕之气、刘勰之气的知识谱系与思想关联的表述，通常是语焉不详，或是含混不清的。近现代以来的学者，常常预设古人的理论之间必有联系、必有继承、必有发展，因此，每每苦心寻找三者之间的逻辑关联、影响成分、继承要素，以期使自身的理论体系明晰条贯一些、学理一些，否则的话，就仿佛很难放入文学思想史、文学观念史的各种发展演变规律的论说模式与言说套路中。这种研究倾向，受到西学价值导向和研究范式的牵引，"倒着说"古代文学思想，不免带出许多问题。在源远流长的文气诠释历史中，孟子、曹丕、刘勰既是经典的诠释者，也是新理论的建构者，他们受到各自的时代氛围、人生际遇、学术兴趣、价值取向、情感方式等因素影响，出新解于陈篇，生发出种种关于作者之气、文本之气的说法来。经典的后代解释者从不同的历史时空进行回望时，受制于不同的历史性牵引，在历史客观性彰显与现实主体性发挥的两难处境中，建构起形态复杂的文气"隧道效应"历史，因而对于经典内涵的理解，在深度和广度上不可避免地存在较大的差异，与经典写作者的原意必然有所出入，这种差异是所有经典诠释者必定遭遇的问题。有鉴于此，文气研究中"隧道效应"诸问题，及其在中国古代文学思想史上所产生的纵横交错与相互辉映，也是值得未来研究中特别加以注意的。

《文心雕龙》与气学思辨传统

通检《文心雕龙》全书，与气学相关的元范畴、次生范畴，屡屡可见，此一特质，近世以来的文气思想研究者多有关注，相关的研究成果也极为丰富。我们认为，气学解释传统对于刘勰的影响，除了《文心雕龙》一书中显而易见的范畴、概念、命题之外，更为深层的方面，还在于气学运思模式与言说方式及其所呈现的形上思辨色彩。在《中国的文学理论》中，刘若愚先生以《原道》篇为例，视《文心雕龙》一书为形上观念充分发展的产物。① 这个判断，大体上是没有问题的。如果更深一步看，除《原道》篇论及天地人"三才"所具有的一致性外，弥漫于全书的气学思辨特质，应该是一个更为隐秘，也更为内在的面向。

就整体倾向而言，对于传统的气学思想资源，彦和秉持的是一种承继享用与整合新创的态度，也正因为具有此一特质，从整体性的、连续性的学术系谱考察，《文心雕龙》一书在气学解释传统中的地位也就显得颇为突出。这种承继与新创，并不仅仅拘泥于"气"字的出现，② 抑或风骨、神思、虚静、辞气、志气等次生范畴的使用，或"风清骨峻""意气骏爽""梗概而多气""情与气偕""负气以适变"等气学家族系列命题的发挥，而是在于对气学思维方式

---

① ［美］刘若愚：《中国的文学理论》，田守真等译，四川人民出版社1987年版，第33页。

② 全书"气"字出现，大约有八十余次，其中以词组形式出现的，有辞气、志气、血气、气力、养气、声气、才气、意气、体气、齐气、逸气、秀气、异气、韵气、精气、和气、素气、卫气、阳气、清气，等等。

的一种深层次的接受与认同。总而论之，体现在对秦汉以来的气学宇宙观、人生观的悉数采纳，对气学运思模式与言说范式的广泛运用；析而分之，作为气学认知前提的整体关联、气学获致路径的意会体悟与气学致知原则的对待立义，在全书均有相当透彻地呈现。本文的写作目的，旨在厘清刘勰对上述三者的运思脉络与论证策略，以期揭示《文心雕龙》全书在哲学意蕴、方法特质与言说套路上所体现的气学思辨特质。

一

《文心雕龙》分享了气学思辨的两个假定：其一，天地人的世界，依据气化一致性原则，同生共在，具有整体关联的特质。所谓"天之象""地之形""道之文"，相通相似、一气贯通，共同遵循气感类比性原则。其二，造艺者内外宇宙的贯通，主体之气与天地之气、在我之气与文本之气，永远处于气化流行、生生不息之中。这种内外吐纳、互动相生，既是主体自我养气之一途，也是完成文本之气的所以然。因此，在刘勰的文学世界中，对气的理解，也就意味着对天地人整体关联世界的理解。也正是因为有了这样的理解，才能使他获得精神创造的超越与理论建构的自信。

作为气学认知前提的整体关联，源自天地人合一的人文价值理想，其内蕴的是一套思维模式与价值标准，外显的是一套行为规范与生活准则，其核心有二：一是作为宇宙世界关联法则的天人相通与气化流行，二是作为人文世界关联法则的万物一体与生生不息。作为比天地更具本源性的太极的创化成果，气既以天地人为本源，又为天道、地理、人文的根源，既具整合性，亦有关联性，是共相与殊相的合一，是过程与目标的统一，正因为具有此一特质，气学思辨也因之建构了一套体系完备的诠释方法与言说范式。在古人的宇宙视野中，天地人之存在，不过是气聚散之形态与气变化之过程而已，天地人之所以具有相似性和相通性，就在于气的大化流行，分阴分阳是对待，动静刚柔是流行，"三才"之道均可统一于气。在古人的人伦视野中，气是联结此岸世界与彼岸世界的桥梁，是先祖神灵与现世社会存在相通性的纽带。如果说，古代祖先的崇拜礼仪是理解传统概念体系中道德本体论的关键所在的话，那么，气学思辨则是揭示传统概念体系中认识方法论的核心所在，也是宇宙本体论与价值论的基质所在与终极指向，黄梨洲谓"人与天虽有形色之隔，而气未尝不相通。知性知天，同一理也"①，亦复此意。在中国古人的思想世界里，气是天地人三界保持一致性的缘由，也是整体性的天道、地理、人文世界形成的依据。

对于天地人的整体关联特质，《文心雕龙》一书极为重视，不仅是刘彦和谈文论艺的理论预设，也是其价值旨归。《原道》开篇云："文之为德也大矣，与天地并生者，何哉？夫玄黄色杂，方圆体分，日月叠璧，以垂丽天之象；山川焕绮，以铺理地之形：此盖道之文也。仰观吐曜，俯察含章，高卑定位，故两仪既生矣。惟人参之，性灵所钟，是谓三才。为五行之秀，实天地之心，心生而言立，言立而文明，自然之道也。"② 在刘勰看来，天道、地道与人道所具有的一致性，乃是"自然之道"，无须论证，不容置疑。这种论证策略充分展现了传统形上思辨的一个特质，那就是将文学的终极意义置于天地、道气之上，这是古典学的传统，也是中国文论的传统，具有普遍的方法论意义和本体论价值。在文论家的表述模式中，开篇言天地之道，由此推及万物及人乃至人类种种精神生活，是极为常见的路数，刘勰也不例外。

对于天地人的整体关联，刘勰的阐释很到位，那就是"参"。对此，詹锳先生的引证颇为详细，詹注"惟人参之"释云："《荀子·王制》：'故天地生君子，君子理天地。君子者，天地之参也。'杨

---

① （清）黄宗羲：《孟子师说》卷7，《黄宗羲全集》第1册，第148页。

② 詹锳：《文心雕龙义证》，第2—4页。

俋注：'参，与之相参，共成化育也。'《礼记·孔子闲居》：'三王之德，参于天地。'郑注：'参天地者，其德与天地为三也。'《中庸》：'可以赞地之化育，则可与天地参矣。'朱注：'与天地参，谓与天地并立为三也。'《汉书·扬雄传》上：'参天地而独立兮。'注云：'参之言三也。'"①所谓天地混沌初开，阴阳化生万物，"二五"妙合男女，在"三才"的宇宙结构中，人处中位，与天地同一阴阳，法天象地，这是先秦以来典型的气学解释路数。这种因"人参天地"而同类相动、"天人感应"的文化氛围，是秦汉以来思想界的主流，从《春秋繁露》《白虎通义》到《后汉书》等汉人著述中，我们可以时时刻刻地感受到这一特质，而所谓人权天授、人事天设、人文天配等观念，也都建立在这种理论预设之上。故而彦和在谈论人文的缘起时，经由"人参天地"，也就自然推出"五行之秀""天地之心""自然之道"等命题。同样的论证套路，也见于全书的末篇，《序志》："夫宇宙绵邈，黎献纷杂，拔萃出类，智术而已。岁月飘忽，性灵不居，腾声飞实，制作而已。夫有肖貌天地，禀性五才，拟耳目于日月，方声气乎风雷，其超出万物，亦已灵矣。"②在《文心雕龙》的首尾两篇，刘勰均采用秦汉以来气化宇宙生成论的言说路数，这应该不是偶然的。在古人的文化视野中，人生观源自世界观，人性源自宇宙性，这是先秦学术共同的理论预设，也是理解文学创作和批评鉴赏的逻辑前提。

　　天地人的世界，不仅遵循一致性的原则，同样也遵循类比性的原则。《原道》："傍及万品，动植皆文，龙凤以藻绘呈瑞，虎豹以炳蔚凝姿；云霞雕色，有逾画工之妙；草木贲华，无待锦匠之奇。夫岂外饰，盖自然耳。至于林籁结响，调如竽瑟；泉石激韵，和若球锽。故形立则章成矣，声发则文生矣。夫以无识之物，郁然有彩，

---

① 詹锳：《文心雕龙义证》，第 5 页。
② 詹锳：《文心雕龙义证》，第 1903 页。

有心之器，其无文欤！"① 这种由天文、地文到人文的类推，建立在宇宙世界整体关联的基础上。这是一种典型的中国式类比，不同于西学意义上的主客二元，即对象化的关系，而是一种主客互摄式的同声相应、同气相求，甚或是超越主客对立的万象皆隐、万物一体。对于这一特点，朱子归纳得很清楚："盖天地之间，一气而已……天人一物，内外一理，流通贯彻，初无间隔。若不见得，则虽生于天地间，而不知所以为天地之理，虽有人之形象，而亦不知所以为人之理矣。"② 在古代思想家看来，"三才"之所以是一个普遍联系的整体，不仅在于外表形态上的相似，更在于内在结构上的相同乃至情感上的相通，这构成了古人对于天地人三界的基本理解，也是思考一切人文现象的前提与出发点。

这种以主客交融、同气相求为理论预设的类比表述，在《文心雕龙》全书中，比比皆是。譬如《颂赞》"比类寓意"，《诔碑》"触类而长"，《杂文》"类聚有贯"，《诸子》"类聚而求"，《章表》"序志联类"，《书记》"文书类聚"，《体性》"触类以推"，《熔裁》"酌事以取类"，《声律》"概举而推，可以类见"，《丽辞》"龙虎类感"，"指类而求"，《比兴》"称名也小，取类也大""以类教诲"，《事类》"据事以类义"，《物色》"诗人感物，联类不穷""触类而长，物貌难尽"，《序志》"拔萃出类"，等等。所谓的主客交融、同气相求，表现为天地人的种种变化是通过天地之气与人体之气、自然之气与社会之气的相互贯通而实现大化流行、万物一体的，我们既可以将人间万事比附为自然万象，也可以将自然万象人格化为人间万事，两者相互阐释，互为印证。正因为怀抱着这样的思想，对刘勰而言，"天之象""地之形""道之文"的相通相似，是不言而喻的，经由"比类""触类""联类""取类"，文学的本原、文章的

---

① 詹锳：《文心雕龙义证》，第 8—10 页。

② （宋）朱熹：《答袁机仲别幅》，《晦庵先生朱文公文集》卷 38，载朱杰人等主编《朱子全书》第 21 册，第 1674 页。

技巧、文体的类分以及造艺者的才、性、情、志诸问题，方能得以详尽剖析与深度呈现，文学的世界与形上的世界才能真正得以贯通。

二

在古人的气学认知逻辑中，人之生死乃气之聚散，人的存在只是宇宙气化过程中的一个链条而已。各种自然之气的内化，培育了人的先天质素，如知、情、理、志等，经由后天的养气养性与修为导引，转化为才、胆、识、意、神、风、骨、味、趣、力、势、韵等心理状态或精神品相，外显在各种人文活动与审美创造中，从而呈现出层次各异、气象万千的精神之气。正如日本学者业已注意到的那样，考察孟子、曹丕、刘勰以来逐渐明晰的诗文理论中的文气说，可以发现，气为构成天地万物的基本元素，"气之精"宿于人，如其充溢的话，"思""知"这一类的精神创造活动（包括诗文创作）就变得更为活跃。[①] 这种理论预设，乃是源于秦汉以来的气化宇宙生成论。在刘勰相当明确的体系建构意识中，气化的过程是永恒的，既是贯通天地精神之根底所在，又是知性、德性、悟性的源泉，是对造艺者知、情、志、意等心理活动的整体性消融与化合，正是借助气之关联贯通，才能达致内外世界的和谐统一。

从观念史的角度来考察，在以气为基本语素而生发的气学家族语义系列中，存在不同主次要素的结构关系，这种结构关系指向的理论层面与价值取向，不尽相同。在先秦时期，气概念的形上意蕴尚不凸显，因而在物理、生理、伦理等层面以及实践层面上的意义更为明确。魏晋以后，随着玄学体用思维的深入发展，气不仅为心、身、性概念所统摄，且兼有物、身、心的合一。同时，在形上层面的本体论建构中也有极大的意义延伸，发挥出既有自然本原性，也

---

① ［日］小野泽精一、福永光司、山井涌等编著：《气的思想——中国自然观和人的观念的发展》，李庆译，第 472 页。

有生理物质性，还有心理伦理性的多重意蕴。这种气学家族语义系列的泛化及其整体结构的发展趋势，对于刘勰气学解释话语的形成，亦有着内在的影响渗透。

通观《文心雕龙》一书，刘勰所论之气，沿隐至显，因内符外，流动并充盈在才、学、情、辞、事、义、体等为文要素之间，发挥着枢纽与节点的作用。全书多处论述构成文章的要素与结构，譬如《体性》论文内的"才—气—学—习"，文外的"辞理—风趣—事义—体式"；《熔裁》论"情—事—辞"的"三准"；《附会》论"才童学文"的"情志—事义—辞采—宫商"；《宗经》论"文能宗经"的"情深—风清—事信—义贞—体约—文丽"。以上所论为文要素与结构，均包括气这一因素，如"风趣"就是气，"风"也是气，而构成文章的其他要素，或情理，或辞采，或宫商，或体式，也与气有着内在关联。纵观为文诸要素，唯气不可少，这是决定为文是活法而不是死法的关键所在。分析上述为文要素，我们可以将《文心雕龙》的气学话语结构归纳为"气—志—情—辞"四个面向，这是一个兼顾作者之气与文本之气的周全结构，既流露出彦和一贯的折中立场，又传达出中和先天之学和后天之学的价值诉求。

放在经典诠释的历史脉络中，可以看到，刘勰承继了汉魏以来血气与文气同源的气化宇宙生成论路数，以证实文气、志气、血气、才气的同源共生、贯通为一。《体性》："才力居中，肇自血气；气以实志，志以定言，吐纳英华，莫非情性……触类以推，表里必符，岂非自然之恒资，才气之大略哉！"① 这里所谓的"才力居中，肇自血气"，明确了先天的血气、情性是才气、文气产生的基础，并据此推衍出"自然之恒资""才气之大略"。彦和吸纳了曹子桓"文以气为主""气不可移"的先验论，主张"才有庸俊，气有刚柔"。同时，又加入后天之学的成分，如谓"才有天资，学慎始习""学有浅深，习有雅郑"（《体性》），"才自内发，学以外成"（《事类》）。

① 詹锳：《文心雕龙义证》，第 1022—1025 页。

且辟专篇予以研讨，如《定势》论"习"，《事类》论"学"，旨在强调后天修养习得的影响。总体来看，对于作者之气，彦和称之为"志气""意气""血气""精气""风""风趣"，或"养气""守气"，等等，虽有具有不同层面的指涉意义，但又具有内在一致性，在本质上相同。在养气问题的诠释上，既有道家式的被动存养，也有儒家式的主动培养。如《养气》视"清和其心，调畅其气""烦而即舍，勿使壅滞""务在节宣"为"卫气之一方"，所谓"爱精自保"①，旨在"理融而情畅"，即顺和性情，勿使衰竭，避免"钻砺过分"而"神疲而气衰"，这明显偏于防御性的情性存养。比较而言，《神思》"积学以储宝，酌理以富才"②，则偏于主动性的才气培养。即便同样谈养气，刘勰之于孟子，亦有很大不同。孟子强调主体心性之修养，所谓"知言养气""浩然之气"，源于内在心性的培育，以刚正充沛为特征，偏于积极性的进取，这对于中国文学传统中强调作家主体性及道德人格有着极大的影响。刘勰论养气，对于自然之气滋养、蕴藉的偏好，究竟不同于孟子式的养气。

对于文本之气的诠释，刘勰也是相当中庸圆融的。一方面，语言辞采与情、志、气是相联系的，如《通变》："文辞气力，通变则久，此无方之数也。"又云："凭情以会通，负气以适变。"③ 也即是说，情与气乃通变的前提。类似的说法，譬如"气扬采飞"（《章表》），"辞盈乎气"（《杂文》），"气往轹古，辞来切今"（《辨骚》），"气无奇类，文乏异采"（《丽辞》），"气伟而采奇"（《诸子》），"气形于言"（《才略》），"气盛而辞断"（《檄移》），等等，均旨在说明气乃是构建文字、语言、辞采的前提。另一方面，气与文章体式风格也是密切联系的，在《体性》中，彦和列举了八种文章风格：典雅、远奥、精约、显附、繁缛、壮丽、新奇、轻靡，对

---

① 黄侃先生认为《养气》谓"爱精自保"，与《风骨》不同，旨在补《神思》之未备，求文思常利之术。参见《文心雕龙札记》，中华书局 1962 年版，第 204 页。

② 詹锳：《文心雕龙义证》，第 980 页。

③ 詹锳：《文心雕龙义证》，第 1079、1102 页。

于八种体式的形成，他认为："若夫八体屡迁，功以学成，才力居中，肇自血气。气以实志，志以定言，吐纳英华，莫非情性。"① 这就将文章风格的成因，明明白白地归结到"气—志—情—辞"的气学话语结构上。

在刘勰"体大虑周"的理论建构中，以气为核心贯通作者和文本的意图是非常明显的。在作者之气的阐释中，兼顾内外和先天后天；在文本之气的阐释中，文辞和音律并重，既重视文辞的技巧，又重视音律的抑扬顿挫；既探讨字、句、章、篇的技巧，譬如如何炼字、锻句、裁章、谋篇等技法问题，又论及比兴、夸饰、用典、隐秀、声律、对偶等修辞问题。凡此种种，兼顾两面，运思缜密，刘勰旨在建构一套周全的气学解释话语，以期涵盖文学活动的各个方面。

三

《文心雕龙》分享了气学言说的两种方式：一是意会体悟，二是对待立义。作为获致路径的意会体悟，源自本源性的阴阳之气，通向多元的价值本体，是传统气学知识生成的重要路径之一。在古人的文化视野中，自然之内化于人与人之外化于自然，或自然人化与人之物化，乃一体两面之事。所谓主客、人神、心物、灵肉，没有绝对的分别，经由彼此的思路同化、心灵相约，从而营造出一种带有复杂情愫的整体性艺术感知。人文知识的生成，由意经会而明，并且与体悟相生相融，是一种审美把握与情感体认的同步共振。其显著特征之一，便是物我始终为一，万物归于一气。凡切近人生的学问，如人之生死、命之祸福、心之躁宁、情之忧乐、性之善恶、文之雅俗，等等，大多可以借助意会体悟的方式得以呈现。很多现代科学知识无法解释的现象，如直觉、灵感、顿悟、冥想，等等，

---

① 詹锳：《文心雕龙义证》，第 1022 页。

也与之息息相关。

意会体悟的过程，实则是一个气化创生的过程。气者无形可感，自由出入于有无、虚实、形神之间，乃实象与虚境之化合。万有之实由气凝聚而成，气之散为万有之虚，即体即用，别无所居。这种包容万有的特性与灵动创生的质性，十分契合艺术活动的本质特征。因此，在古人看来，气化是物物间或心物间联系的唯一纽带，一方面联系着审美对象的精神特质，另一方面又与审美主体的感知能力、情感态度互动相生，同时还与主客之间达致的平衡和谐状态密切相关。按照《文心雕龙·物色》的说法，应该是这样的："诗人感物，联类不穷。流连万象之际，沈吟视听之区。写气图貌，既随物以宛转；属采附声，亦与心而徘徊。"① 所谓心之"随物以宛转"、物之"与心而徘徊"，乃至篇末赞语"目既往还""心亦吐纳"等，均指向物我、内外的往复交感。这种气化的过程，需借助意会体悟的推衍，体证与觉解的统一，方能重返整体性的意义世界，这与易学"同气相求"、庄学"听之以气"一类的悟性认识，大抵处于相同的思辨层面。

此一气化过程的完成，还需借助于心理感觉的转换。在传统的气学话语中，最为常见的就是物感说，即今人所谓"联觉""通感"诸问题。所谓的物感，大约是人处天地之间最直观的感受之一，据此也衍生出有关移情、情景、兴会的诸多说法来。这一特点，在《文心雕龙》中，也体现得相当典型。譬如《明诗》："人禀七情，应物斯感，感物吟志，莫非自然。"② 《物色》："春秋代序，阴阳惨舒，物色之动，心亦摇焉。盖阳气萌而玄驹步，阴律凝而丹鸟羞，微虫犹或入感，四时之动物深矣……岁有其物，物有其容；情以物迁，辞以情发。"③ 这种天人同此一气、物我互通互感，是最为经典

---

① 詹锳：《文心雕龙义证》，第 1733 页。
② 詹锳：《文心雕龙义证》，第 173 页。
③ 詹锳：《文心雕龙义证》，第 1728—1732 页。

的气化类推的表述方式。在整体关联的天地人世界中，意会体悟是知识生成的管道，意会在前，体悟在后，天地万象之所以"方以类聚，物以群分"，其根据就在于天人一气、心物通感，这是万物一体的整体性意义世界的逻辑关联与理论根基。在古人的理想中，作者之气与天地之气所达致的和谐境界，一为遵循，一为合一，所以刘勰强调造艺者要遵四时之气，禀四时之感，备四时之气，也正源于此。

在具体的艺术创作中，灵感、天机、神思总是相伴而行。以气为本，以气化为形，艺术构思阶段常常伴随着偶发性际会与瞬间性感发。类似的说法，还有陆机的"来不可遏，去不可止"①，袁枚"迎之未来，揽之已去"②，王世贞的"忽然而来，浑然而就"③，等等。对于这一类心理活动过程，刘勰的描述极为传神，《文心雕龙·神思》："文之思也，其神远矣。故寂然凝虑，思接千载；悄焉动容，视通万里；吟咏之间，吐纳珠玉之声；眉睫之前，卷舒风云之色；其思理之致乎。故思理为妙，神与物游。神居胸臆，而志气统其关键。"④ 此一"神远"状态，乃是一种超越宇宙时空、具有无限丰富性的一气流行，可以在"寂然凝虑"的状态中置身千里之外、万里之遥，于内外的吟咏吐纳中发出珠圆玉润的乐声，于遐想妙思中勾描出风云变幻的色彩。此种"神远"之思，源自外物触发，始于静寂，与神思、灵感相偕，能够穿行于古今、天地之间，从而获得创作构思的自由适意，达致"神与物游"、无所不知、无所不能的境地。刘勰的描述与钟嵘《诗品·劲健》"行神如空，行气如虹"、司空图《与王驾评诗书》"思与境偕"、袁宏道《叙小修诗》"情与境

① 张少康：《文赋集释》，第 241 页。
② （清）袁枚：《续诗品·即景》，载丁福保辑《清诗话》下，上海古籍出版社 1978 年版，第 1034 页。
③ （明）王世贞：《艺苑卮言》卷 1，载丁福保辑《历代诗话续编》中，中华书局 1983 年版，第 961 页。
④ 詹锳：《文心雕龙义证》，第 975—976 页。

会"、王世贞《艺苑卮言》"神与境合"等说法，颇为相似，均烘托出一种"以意会之"而不可言说的玄妙之境。

与"神远"之思如影随形的，便是虚静。在古人的文化视野中，虚静是达致精神超越境界的重要途径之一，思想家所追求的修养功夫，便是让心从其他生理活动中摆脱出来，以本来面目活动，从而生发出各种超越性、审美性的精神体验。古人津津乐道的静坐运气，追求的所谓本心、本真，大抵也是一种虚静的气化状态。一旦进入真正心静的状态，散布于身体之中的气便会自然地贯通畅达，均衡和谐地渗透于身体的每一个部分，并通过与身外天地之气的互动相生，达致内外两忘、万物一体的"定心（定性）""入静（静心）"的境地。这种气之内外合力，见诸人，则为人之气质、人格；见诸文章，则为文之风格、气象。在刘勰之前，探讨虚静之于精神超越的意义，如董仲舒的"静神"、蔡邕的"默坐静思"，业已具有相当的理论思辨色彩。刘勰在论神思的问题时，从艺术思维的角度将虚静的作用阐释到了极致。在他的设想中，虚静的状态乃是进入创作的前奏，所谓"陶钧文思，贵在虚静，疏瀹五藏，澡雪精神"，如婴儿般尘杂全无，澡雪澄明，重返本真状态，方为"驭文之首术，谋篇之大端"。换言之，以价值主体之内在整体冥合于宇宙整体之无，如此才能揭示出天地人之灵秘，创造出与宇宙精神浑然一体的艺术生命，故而虚静的重要性就在于开启了客体与主体整体融合的一种境界。在此一境界中，心物、主客之间没有差别，创作主体与宇宙精神自由往来，这与逻辑、语言、概念构成的知识过程无涉，而是典型的中国式的意会体悟言说方式。

四

作为致知原则的对待立义，最为典型地体现了一而二、二而一的体用思辨特质，究其根源，在于气之一体两面特征。阴与阳、有与无、动与静、虚与实，乃互为体用、依体起用，虽有本体发生之次序先后，但又依赖于不同功能的相互依持与补充，如《老子》首章谓"同出而异名"，在本质上具备天人一体、万物同源的共性。作为一个涵括宇宙万物存在及变化的普适性范畴，气之阴阳，既统摄万有之实，亦囊括万有之虚；既贯通天地，亦范围万物，是最具代表性的对待立义范畴。借助范畴的两两对举以及相互界定、体用互为的思辨方式，气之阴阳具有一般本体论所讨论的问题性，能够为传统天人学中的一多、体用、心物等问题提供一个观念性的阐发，也能为现代意义上的主体与客体、本质与表象、内容与形式等问题提供一种理论形态的解答。通检《文心雕龙》全书，刘勰文论体系中鲜明的气学思辨特质，在相当程度上，正是借助对待立义的表述方式得以呈现的。

源自对待立义的运思逻辑，在知识结构上，古代文论的范畴命题往往呈现出一体两面的色彩，气之阴阳、虚实、清浊、有无乃至境界、风骨、神韵等，均具有体用同源、即体即用的特质。在文论家的眼中，万事万物均有对待面，对待立义所蕴含的相反相成、循环往复、物极必反等理念，既为天地之道，亦为文章之法。《文心雕龙·丽辞》："造化赋形，支体必双，神理为用，事不孤立。夫心生文辞，运裁百虑，高下相须，自然成对。"又云："体植必两，辞动有配，左提右挈，精味兼载。"① 在刘勰看来，两个单独的语素，虽然具有各自不同的艺术功能，但"支体必双""自然成对""体植必两"，在相待互渗中方能显现出完整的意义，在平衡适度中方能揭示出全部的丰富性。譬如文质，刘勰提出"斯斟酌乎质文之间"（《通变》），"何弄文而失质乎"（《颂赞》），这与《论语·颜渊》"文犹质也，质犹文也"，《文赋》"理扶质以立干，文垂条以结繁"的说法，在运思逻辑和价值取向上一脉相承。刘勰用文质对待关系阐述文学史观，反对"竞今疏古"，他认为黄唐"淳而质"，虞夏"质而

---

① 詹锳：《文心雕龙义证》，第 1294、1327 页。

辨"，一部文学史的发展趋势就是"从质及讹，弥近弥澹"（《通变》）的过程。又如刚柔，刘勰提出"气有刚柔"、（《体性》）、"刚柔以立本"（《镕裁》）、"刚柔虽殊""势有刚柔"（《定势》）。郭绍虞先生将此说与《典论》"气之清浊有体"对照，认为刚近于清，柔近于浊，分别指气之重浊柔顺和清新刚健，[①] 大体上是指慷慨激昂式的壮美与婉转柔和式的优美。刘勰将文章风格作刚柔之分，很明确地秉承了对待立义的言说套路，在他眼里，文章之精妙正在于刚柔互济、奇正相生、文质兼备，其对待立义话语范式构思精巧，层级分明，具有浓郁的中和色彩。

这种对待立义的话语范式，借助骈文固有的表达方式及其特有的互文见义，为《文心雕龙》全书营造出灵动而典雅的理论思辨效果。作为此类话语的有效表述方式，刘勰常常使用"阴而阳""阴而不阳"两种典型的对待立义句式，通过整体与部分的相互诠释，既提出问题，又范围答案，传达出"尚中致和"的价值取向。具体而言，前者以并生互渗为特质。譬如《原道》"旁通而无滞，日用而不匮"；《宗经》"辞约而旨丰，事近而喻远"；《杂文》"密而兼雅""整而微质""体奥而文炳""情见而采蔚""辞高而理疏""意荣而文悴"；《诸子》"理懿而辞雅""事核而言练""气伟而采奇""心奢而辞壮""意显而语质""术通而文钝"；《诔碑》"该而要""雅而泽"；《哀吊》"缛丽而轻清""序巧而文繁""体同而事核""辞清而理哀"；《谐隐》"婉而正""隐而显"；《时序》"志深而笔长""梗概而多气"，等等。此一类对待立义的句式，对待的两端边界模糊，分殊而合，互动相生，其构型特征在于阴中有阳、阳中有阴。

后者以发生共构为特质。譬如《乐府》"丽而不经""靡而非典"；《哀吊》"怪而不辞""仙而不哀""褒而无闻""哀而有正""苗而不秀"；《封禅》"丽而不典""典而不实"；《章表》"要而非

---

① 郭绍虞主编：《中国历代文论选》第 1 册，上海古籍出版社 1979 年版，第 162 页。

略""明而不浅";《奏启》"辨要轻清""文而不侈";《议对》"烦而不恩""简而未博";《熔裁》"周而不繁""运而不滥";《章句》"密而不促""格而非缓";《风骨》"新而不乱""奇而不黩";《序志》"密而不周""辩而无当""华而疏略""巧而碎乱""精而少巧""浅而寡要",等等。此一类对待立义句式,对待的两端须有所待,彼此点化,相互牵制,其构型特征在于阴不离阳、阳不离阴。同时,我们或可注意到,见于《文心雕龙》中的"而不"句式,较之先秦时期,譬如吴季札"勤而不怨""忧而不困""思而不惧""怨而不言",孔子"乐而不淫""哀而不伤",荀子"宽而不慢""廉而不刿""辩而不争",等等,在价值取向上业已发生了明显的转向,由强调外在的德行、伦常、心性转而关注内在的文采、章法、音律等方面,这一特点,与齐梁时期人们对于文学认识的逐渐深入,也是趋于同步的。

作为一种有效的理论建构模式,对待立义的言说方式,成为刘勰贯通文学世界与形上世界的重要论证策略。譬如"六义"的批评原则:"情深而不诡""风清而不杂""事信而不诞""义贞而不回""体约而不芜""文丽而不淫"(《宗经》);又如评点具体作品:《典论·论文》"密而不周"、《与杨祖德书》"辩而无当"、《文质论》"华而疏略"、《文赋》"巧而碎乱"、《流别》"精而少功"、《翰林》"浅而寡要"(《序志》);再如评论作家:贾谊"文洁而体清"、司马相如"理侈而辞溢"、扬雄"志隐而味深"、刘向"趣昭而事博"、班固"裁密而思靡"、张衡"虑周而藻密"、王粲"颖出而才果"、刘桢"言壮而情骇"、阮籍"响逸而调远"、嵇康"兴高而采烈"、潘岳"锋发而韵流"、陆机"情繁而辞隐"(《体性》)。在作品风格与作家个性的一致性上,刘勰归纳出"情动而言形""理发而文见""沿隐以至显""因内而符外"(《体性》)等一般共性问题。总体来看,对待立义的言说方式广泛地运用于刘勰文学批评的各个方面,在创设概念、范畴、命题以及体系建构中发挥了重要的作用。

从生成动因以及心理机制来看，作为一种理智惯性与言说套路，对待立义在相当程度上影响到古人的诗性理解进程。自先秦以来的文论史，甚至就整个古代文论史的发展衍生来看，这种理智惯性与言说套路，总是让文论家本能地倾向于把概念范畴的意义归结为对待性的结构或立义性的关系。历史地看，随着魏晋以来气学思辨在有无、本末、动静、一多等问题上的渐次展开，从认识论、本体论角度深入地阐发了气之一体两面、即体即用特质，加之佛学中国化对于气学固有命题的新诠释，大大增强了对待立义思维的形上质素与思辨色彩，这与六朝时期丰富的文学创作实绩相结合，促使文论家在理论层面认识的不断深入，刘勰的《文心雕龙》正是在这样的气学历史语境中产生的。

在论及"文学上的形而上学观念界说"时，刘若愚先生认为，中国古代有关文学是宇宙原理显现的观念，不仅可与西方文学理论进行比较，而且也在未来的世界性的文学理论建设中，是中国人独特贡献最有可能来自的方面。[①] 对此，笔者深为认同。比较而言，中国式的气学思辨并没有本体与现象的差别，而是以天与地、阴与阳、两与一、神与化、体与用的统一体为基本特征，所谓的阴阳大化、道器合一、天人感应、体用不二等命题，作为对气本、气化观念形态的思考，古人对于这一类问题的表述，常常借助整体关联、意会体悟和对待立义的方式方法加以烘托并呈现。刘勰出入于儒、道、释，融通丰富的文化资源，谈文论艺，纵论古今，信手拈来，自成理路。正因为如此，《文心雕龙》一书，就自觉的理论意识和鲜明的思辨色彩而言，在中国古代文学批评论著中，确实是独树一帜的。

---

① ［美］刘若愚：《中国的文学理论》，田守真等译，第 26 页。

精气与文气

在源远流长的气学思想传统中，精气和文气是两个重要的范畴，在哲学、医学、文学等人文领域有着深入而持久的渗透与影响。精气思想的早期文献，见于先秦时期的《老子》《管子》《黄帝内经》等著述。这一时期的思想家，大多从生成论、本体论以及身体观诸方面，将精气与天地之道、生命之道贯通，使精气成为早期宇宙解释体系中的重要联结性范畴。这种运思方式引发了尔后文学思想领域"以气论文"的言说范式，并且拓展了传统诗文评在境界论和工夫论方面的意蕴，其中道气为一、虚静、灵气、养精等思想观念，对于"文气"论的出现以及艺术构思中的灵性思维等问题有开启之功。譬如"精气说"是汉代气化宇宙论的基础，而后者是曹丕"文以气为主"的思想渊源；在刘勰的文气家族系列范畴中，受到"精气说"影响的颇多，其间关联复杂多面，纵横交错之处甚多。有鉴于此，如何在知识系谱上，勘查精气和文气之间的思想连续性与理论关联性，是一个值得深入研究的问题。

一

虽然殷商、西周时期的"气"字与春秋以后大量气学范畴的出现之间存在一个明显的知识断裂，我们目前还无法知晓气学知识在早期思想文化中发展的清晰脉络，但是，气学知识话语在春秋战国以后渗透到民众精神生活的各个方面，并且辐射到早期学术传统的各个领域，业已是不争的事实。诸如物理之气、天地之气、生命之气、生理之气、心理之气、精神之气、伦理之气、道德之气，等等，产生于不同历史时期的气学知识共时性地繁荣起来，呈现出多领域、多层面并进的局面。正如日本学者指出的那样，在战国儒家、道家、兵家思想中，"气"不仅以治气养心这种"术"的习俗形态显现，而且成为自然哲学的基质概念，汉以后，作为产生精、神、形、质的基础，"气"被纳入宇宙生成论的框架内，并在政治领域的"天人感应"思想中发挥作用。① 在气学知识的体系化过程中，精气这一概念逐渐成为解释宇宙世界和人伦世界的联结性要素，受到早期思想家的高度重视。

有关精气（精）的说法，在先秦两汉典籍中，多有论述，其中具有代表性的说法，概举如下。《老子》第二十一章："窈兮冥兮，其中有精。其精甚真，其中有信。"② 《庄子·达生》："形精不亏，是谓能移。精而又精，反以相天。"③ 《管子·心术下》："一气能变曰精，一事能变曰智。"④ 《素问·金匮真言论篇》："夫精者，身之本也。"⑤ 《吕氏春秋·下贤》："精充天地而不竭，神覆宇宙而无望。"⑥《淮南子·天文训》："天地之袭精为阴阳，阴阳之专精为四时，四时之散精为万物。"⑦ 《论衡·论死篇》："人之所以生者，精气也，死而精气灭。"⑧ 比较各家的观点，管子一派的精气说，在早期宇宙本体论建构中具有突出的理论价值。有关《管子》"精气说"的产生，李志林先生认为并不是凭空出现的，而是沿着两条路线抽

---

① 参见［日］小野泽精一、福永光司、山井涌等编著《气的思想——中国自然观和人的观念的发展》，李庆译，"原序"第 6 页。

② 朱谦之：《老子校释》，中华书局 1984 年版，第 89 页。

③ （清）郭庆藩：《庄子集释》，中华书局 1961 年版，第 632 页。

④ 黎翔凤撰，梁运华整理：《管子校注》，中华书局 2004 年版，第 780 页。

⑤ （清）张志聪集注：《黄帝内经集注》，浙江古籍出版社 2002 年版，第 28 页。

⑥ 陈奇猷校释：《吕氏春秋新校释》，上海古籍出版社 2002 年版，第 886 页。

⑦ 何宁：《淮南子集释》，中华书局 1998 年版，第 166 页。

⑧ 黄晖：《论衡校释（附刘盼遂集解）》，中华书局 1990 年版，第 871 页。

象的结果，一是"六气"→"道"→"精气"，二是"五行"→
"水"→"精气"①。两者殊途同归。

在管子一派的理论视野中，精即气，是一种不可观但可知可悟
的精神之气。精气源自人的生命之气，在精神存在与审美需求的驱
使下，经由精神现象之融合、生命意志之转化，派生出种种心灵活
动与情感趣味。气即道，是一种无形无象的形上之气，不可感，但
可以认识，可以理解。精气这一类形上之气源自形象各异的"具象
之气"的泛化衍生与反复提纯，其所具有的兼容性与概括力，是形
成早期气学知识话语的关键质素。

管子认为，精气乃气之化，是最细微之气，上为列星，下生五
谷，流于天地之间，是万物之本，化生为人先天、后天的质素，亦
为生命之源，涵括精、气、神等生理要素以及道德伦理、才性境界
等精神质素。在管子的生成论域中，精气乃充实身心之物，是生命
的物质基础，《管子·心术下》："气者，身之充也。"② 《内业》：
"凡人之生也，天出其精，地出其形，合此以为人。"③ 又云："凡物
之精，比则为生……藏于胸中，谓之圣人。"④ 精气寓于心宫，发为
心神，故而需要存精养生，乃至节欲保精，《内业》："精存自生，
其外安荣，内脏以为泉原。"又云："爱欲静之，遇乱正之，勿引勿
推，福将自归。"⑤ 管子把五行之气亦化生为五种精气，《侈靡》：
"天地精气有五，不必为沮。"尹注："谓五行之时也，其时之气不
能必，则为沮败也。"⑥ 这里的"五行"，已经不再是早期的水、火、
木、金、土五种物质，而是指分布在天地间的五种精气。

这一方面的内容，在医家思想中也有相当细致的阐发。在内经

---

① 李志林：《气论与传统思维方式》，学林出版社1990年版，第31页。
② 黎翔凤撰，梁运华整理：《管子校注》，第778页。
③ 黎翔凤撰，梁运华整理：《管子校注》，第945页。
④ 黎翔凤撰，梁运华整理：《管子校注》，第931页。
⑤ 黎翔凤撰，梁运华整理：《管子校注》，第938、950页。
⑥ 黎翔凤撰，梁运华整理：《管子校注》，第742页。

医学中，将精气分为先天之精和后天之精，前者禀受于父母，充实于水谷之精，归藏于肾者；后者由饮食化生，输布到五脏六腑。《灵枢·平人绝谷》："故神者，水谷之精气也。"[1]《灵枢·天年》："黄帝曰：何者为神？岐伯曰：血气已和，营卫已通，五藏已成，神气舍心，魂魄毕具，乃成为人。"[2] 在古人看来，天与人、人与人之所以能够沟通，就在于精气的流通，这是古代天人学在思想信仰、价值本原层面最根本的理论预设。精气根源于先天，充养于后天，两者相互依存，相互促进，从而保持人体精、气、神之充盈。《吕氏春秋》有这样一个故事，《精通》："周有申喜者，亡其母，闻乞人歌于门下而悲之，动于颜色，谓门者内乞人之歌者，自觉而问焉，曰：'何故而乞？'与之语，盖其母也。故父母之于子也，子之于父母也，一体而两分，同气而异息。若草莽之有华实也，若树木之有根心也。虽异处而相通，隐志相及，痛疾相救，忧思相感，生则相欢，死则相哀，此之谓骨肉之亲。神出于忠，而应乎心，两精相得，岂待言哉？"[3] 在秦汉时期的人们看来，父母与子女有骨肉之亲，同气异息，一体两分，因此，即便身在异处，仍心神相通、痛疾相感。他们之间之所以能够相互感应，就因为有精、有神，精为精气，神为神气，精、神乃气之两分，人与人、人与物之相遇相感，前提就在于气之相通互感。总体来看，先秦以来的"精气说"影响深远，在后世形形色色的养生、养气、养精、养神思想乃至所有的养生术和神仙术中，均有不同层面的发挥。

道论与气论，是历代思想家关注的话题，虽然在不同的时期，倾向的重心各有不同，譬如道论是先秦道家理论追究的根本，气论则是宋明理学形上重建的突破口，而明确地将两者等同起来谈论，则是先秦管子一派的特色。管子把不可说、不可把握的道，视为流

---

①（清）张志聪集注：《黄帝内经集注》，第 233 页。

②（清）张志聪集注：《黄帝内经集注》，第 321 页。

③ 陈奇猷校释：《吕氏春秋新校释》，第 514 页

布于天地之间、遍存于万物之间的精气。《管子·内业》："凡道，无根无茎，无叶无荣。万物以生，万物以成，命之曰道……精也者，气之精者也。气，道乃生。"① 较之道家的以道观气，管子一派在说明天地之源、万物之本和世界之始时，明确了道气互证的观点，为明显的道气合一论。② 作为天地人的本原，道与气具有相同的存在样式与衍生形态，属于同位范畴。譬如论道之属性，《枢言》："道之在天者，日也。其在人者，心也。故曰：有气则生，无气则死。"③《内业》："万物以生，万物以成，命之曰道。"④《心术上》："道在天地之间也，其大无外，其小无内。"⑤ 如论气之属性，《内业》："凡物之精，此则为生。下生五谷，上为列星。"⑥ 两相比较，可以看到，管子一派对于道与气的存在状况、存在形质以及存在特点的认识，是基本相同的。所以，杨国荣先生认为，就先秦天道观演进而言，管子扬弃了老学的超越性特质，从道论到气论，试图将形而上本根（道）还原为具有现实性品格的实体（气），以期重建世界的统一性原理⑦。

先秦的气学传统，对于尔后"以气论文"的形成影响较大者，既有管子的精气思想，还有孟子的"浩然之气"。所谓"浩然之气"，乃精神之气的典范，是尽心、知天以后，弥漫在天地之间的盛大流行之气。此气伴随着主体的活动，是包括想象、情感、美感、灵感、信仰在内的主观认知与精神存在。历代文论家大都相信，这种"浩然之气"与文章之气乃至学问人生之间存在内在的精神转化，具有相同的道德属性与审美基因。因此，在包括"文气"论在内的

---

① 黎翔凤撰，梁运华整理：《管子校注》，第 937 页。
② 譬如裘锡圭先生认为，《管子》中的"道"就是"气"，参见《稷下道家精气说的研究》，载陈鼓应主编《道家文化研究》第二辑，上海古籍出版社 1992 年版，第 167 页。
③ 黎翔凤撰，梁运华整理：《管子校注》，第 241 页。
④ 黎翔凤撰，梁运华整理：《管子校注》，第 937 页。
⑤ 黎翔凤撰，梁运华整理：《管子校注》，第 767 页。
⑥ 黎翔凤撰，梁运华整理：《管子校注》，第 931 页。
⑦ 参见杨国荣《先秦道论的演讲》，《江淮论坛》1991 年第 2 期。

历代文学批评传统中，"浩然之气"业已成为品评主体人格乃至道德理想的重要标准。孟子之气围绕心学展开，以心主气。《孟子·公孙丑上》："夫志，气之帅也。气，体之充也。夫志至焉，气次焉。故曰：'持其志，无暴其气。'"①此"志"乃心志，是基于理智、意志的稳定的精神状态，此"气"乃意气、情感，是基于体气、血气的当下的心理状态。在以天地、道气、心性为核心构成的宇宙伦理话语系统中，因为有气的内在整体贯通，知言、养气、持志、存心、践形方能成为一个有机的整体。比较而言，管子的精气偏于生命之气、本体之气；孟子的"浩然之气"偏于精神之气、道德之气。从先秦思想史的发展脉络来看，管子、孟子整合了春秋战国以来的文化碎片，将各种零散的思想语素，有目的、有意识地组合在一起，尤其是心学与气学交织的话语范式，既是管学和孟学之精髓所在，亦发后世作者之气的先声。

二

我们今天所理解的"文气"论，概括了历代学者的见解，主要有三个面向：作者之气、文本之气、文章气象。作者之气包括造艺者的情、性、才、胆、识、力等，既有先天的气质禀赋，也有后天的心性修养。文本之气包括文本之辞、字、句、音、韵、声、调等，既有语言法则，也有文章技巧。文章气象是指作者之气和文本之气熔铸而成的文章的整体生命形相，包括气势、情韵、意境、风格等。上述三个方面的研究构成了历代"文气"论的主要内容。我们知道，虽然"文气"论的明确提出，是以曹魏时期曹丕的"文以气为主"为标志，但早期"以气论文"的思想，包括战国时期孟子的"知言养气"，齐梁时期刘勰《文心雕龙》文气家族系列范畴等，共同构成了早期"文气"论的思想全貌。历史地看，考察曹丕"文以气为

---

① （清）阮元校刻：《十三经注疏》，中华书局 1980 年版，第 2685 页。

主"观点的形成，其思想渊源是多方面的，既可追溯到战国时期孟子的"浩然之气"，也与汉魏时期"尚气"的社会风尚以及这一时期文艺创作的极大繁荣有关。但是，就其思想根源而言，有关天、地、人的解释及其所依据的秦汉以来的气化宇宙生成论，是其"文气"论的理论依据与精神土壤。

自战国以来的宇宙生成论中，气（精气）是宇宙万物的本原，自生而自化，存在于有无、形神、动静之间。无论是宇宙意义上的有形之物，或是本体意义上的无形之物，均为气（精气）的存在方式，受制于阴阳二气与五行之气的运动化生，并通过一气流动的循环往复，形成了一个万物相通、天地一体的整体世界。管子的"精气说"涵括了早期气学思想的成果，使精气成为贯通宇宙世界和精神世界的桥梁，使宇宙生成论与自然养生论互为表里，赋予其超越具体、直观形相的抽象性、普遍性特质，因而成为先秦子学的突出代表。在古人探索世界本原以及变化法则的形上思考中，先秦子学、医学的贡献巨大，尤其是管子和内经学的"精气说"，是对气本体进行探讨的标志性理论范式，这也成为汉魏以后思想界的主流传统，是曹丕、刘勰文气思想产生的重要理论根基，凡涉及艺术创作构思的灵性思维诸问题，大多与此相关。

虽然晚近以来的学者，对于曹丕"文气"论有多重解读，认为其涵盖了作者禀赋、文章风格、文本语气诸层面[①]。但就现存资料来看，曹丕及其同时代的人，譬如曹植、嵇康、阮籍等，虽然生活在"尚气"之风盛行的曹魏时期，但在使用"气"字时并没有什么特别之处，他们所沿用的依然是秦汉以来的气化宇宙言说话语。见于《典论·论文》论文气的这一大段文字，曹丕虽然首倡了"文以气为主"，但接下来，他仿佛并没有就此展开论述的意思，而是话锋一

---

① 譬如陈钟凡、朱东润、方孝等先生持气质、才性论；郭绍虞、罗根泽先生持才气、语气论；刘大杰先生持才气、风格论。参见朱东润《中国文学批评史大纲》、方孝岳《中国文学批评》、罗根泽《中国文学批评史》、陈钟凡《中国文学批评史》、郭绍虞《中国文学批评史》、刘大杰《中国文学批评史》。

转，归结为"气之清浊有体，不可力强而致"，并以音乐的"曲度虽均，节奏同检"为例进行佐证，均为先秦以来气学、乐论常见的解释套路，所以最后"虽在父兄，不能以移子弟"的断语，落入了"以气定性"的先天论言说路数中，也就不足为奇了。整体来看这一段文字，"文气"论的问题，仿佛也并不是曹丕的主要关切。如果上述结论成立的话，那么，曹丕所谓的"清浊"之气、"不能以移"之气，主要是指源自先天禀赋的作者之气。这一类发端于精、气、神的主体精神气象，与文中"徐干时有齐气""孔融体气高妙"的"气"字用法类似，依据的仍然是血气与文气同源共生的气化宇宙论话语。通观现存《典论》的这一段文字，曹丕只是描述了一种主体之气所呈现出的生命样态，与后世研究者的多重解读，区别是明显的。

齐梁时期的刘勰，在谈文论艺中广泛地使用文气系列范畴，所涉及的不仅有作家之气，对于文本之气以及文章的章法技巧也极为关注。纵观《文心雕龙》全书，与文气相关的语汇，诸如辞气、志气、血气、气力、养气、声气、才气、意气、体气、齐气、逸气、秀气、异气、韵气、精气、和气、素气、卫气、阳气、清气，等等，有八十余处。与文气相关的次生范畴、命题，譬如风骨、神思、虚静以及"风清骨峻""梗概而多气""情与气偕""负气以适变"等，也频频出现。可以说，文气系列范畴在《文心雕龙》的文学批评中得以广泛运用，并成为刘勰批评鉴赏的重要标准。与曹丕相同的是，刘勰所秉承的依然是秦汉以来的气化宇宙言说话语；与曹丕明显不同的是，刘勰业已将文气作为一个专门问题来谈论，突破了汉魏以来作者之气占据主导地位的文气阐释传统，尤其对于文本之气以及文章气象方面的问题，予以了充分的重视，这与六朝时期丰富的文学创作实际相适宜，也成就了古代文气思想发展的一个重要阶段。

在早期"文气"论的思想体系中，与灵性思维相关的虚静、灵气、神思，以及与养生养心之术相关的养气、养精、养神等，均为重要的系列范畴。这些范畴的出现与先秦以来的"精气说"有着千丝万缕的联系，这些范畴的发展延伸，也为尔后诗文评中的境界论、工夫论提供了重要的思想资源。

在管子的精气思想中，精气、灵气、神气没有明确的区分，在很多时候可以视为同位范畴。譬如灵气。管子认为灵气的一个重要特性，在于"灵气在心，一来一逝，其细无内，其大无外"①（《内业》）。灵气受到心神的支配，能够穿越物质障碍，能够突破空间约束，通透物我，遍流天人，从而进入一种经由修养践行而达致的境界。至于神气，乃是血气中的一种精气。《内业》："有神自在身，一往一来，莫之能思。失之必乱，得之必治。"②《内经》明确认为神气来自五谷，《素问·八正神明论篇》："血气者，人之神，不可不谨养。"③《灵枢·营卫生会》："营卫者，精气也；血者，神气也。故血之与气，异名同类焉。"④ 神气的作用，在于通过营卫调节全身脏器的活动，主宰人的精神意志。与灵气、神气相关，管子提出了"虚静"的认识之法。《内业》："忧悲喜怒，道乃无处……彼道自来，可籍与谋，静则得之，躁则失之。"⑤《心术上》："虚其欲，神将入舍；扫除不洁，神乃留处。"⑥ 所谓"虚静"，就是通过节制情欲，打扫精神，从而保持心静专注，为先秦思想家所普遍提倡。管子也将"虚静"称之为"一"。《心术下》："专于意，一于心，耳目端，知远之证。"⑦ 唯有克服主观成见，保持虚静专一，感官才能发挥正常的作用，这是管子达道的重要方式。

刘勰提出"神思"，讨论艺术构思中的灵性思维问题。《文心雕龙·神思》："故思理为妙，神与物游。神居胸臆，而志气统其关键；

---

① 黎翔凤撰，梁运华整理：《管子校注》，第950页。
② 黎翔凤撰，梁运华整理：《管子校注》，第938页。
③ （清）张志聪集注：《黄帝内经集注》，第204页。
④ （清）张志聪集注：《黄帝内经集注》，第155页。
⑤ 黎翔凤撰，梁运华整理：《管子校注》，第950页。
⑥ 黎翔凤撰，梁运华整理：《管子校注》，第759页。
⑦ 黎翔凤撰，梁运华整理：《管子校注》，第780页。

物沿耳目，而辞令管其枢机。枢机方通，则物无隐貌；关键将塞，则神有遁心。"① 所谓的"神思"或"神远"之思，是指思绪纵横驰骋，文思纷至沓来，乃是文学创作中的一类心理活动。这种活动能够突破时间、空间的限制，具有偶发性、瞬间性的特质。与"神思"如影随形的，便是"虚静"。《神思》："陶钧文思，贵在虚静。疏瀹五藏，澡雪精神。"② 意即如婴儿般尘杂全无，澡雪澄明，方能重返本真状态。刘勰认为"虚静"是创作前的心理准备状态，乃是"驭文之首术，谋篇之大端"，这就从艺术思维的角度将"虚静"的地位提升到极致。在古人的文化视野中，虚静的状态是达致精神超越境界的重要途径之一，思想家所追求的修养，便是让心从其他生理活动中摆脱出来，以本来面目活动，从而生发出各种超越性、审美性的精神体验，而一旦进入"定心（定性）""入静（静心）"的状态，散布于身体之中的精气便会自然地贯通畅达，均衡和谐地渗透于身体的每一个部分，并通过与身外天地之气的互动相生，达致内外两忘、万物一体的凝神静气的超越境界。

管子认为保有精气的方式有二：一为"除欲"，二为"抟气"。《内业》："敬除其舍，精将自来。"③ 又云："抟气如神，万物备存……思之思之，又重思之。思之而不通，鬼神将通之。非鬼神之力也，精气之极也。"④ 管子认为人之所以失去精气，是因为人的忧乐喜怒和欲利所致。如果不"除欲""抟气"，精气就不会长留身体之中。"抟气"大约源自老子的"专气"，是指精神集中、精气结聚，强调的是一种自我精神意念的调整控制。早期管子一派的养气之法，讲究"去欲"，经由"静""精""独""明"而达致"神"的过程。如《心术上》："去欲则宣，宣则静矣，静则精。精则独立矣，独则

---

① 詹锳：《文心雕龙义证》，第975—976页。
② 詹锳：《文心雕龙义证》，第976—977页。
③ 黎翔凤撰，梁运华整理：《管子校注》，第938页。
④ 黎翔凤撰，梁运华整理：《管子校注》，第943页。

明，明则神矣。"① 又云："虚其欲，神将入舍；扫除不洁，神乃留处。"② 养气的过程，在于摈弃杂念，收视返听，引导心神进入一种虚静澄明之境，如此这般，方能神会万物，清明地体悟宇宙大全。这一点与道家讲"心斋""坐忘"如出一辙。

管子的精气思想，虽然具有鲜明的超越性，但又具有一定的物理属性，这种精气之内外合力，见诸人，则为人之气质、人格；见诸文章，则为文之风格、气象。相对而言，这一点对于刘勰文气思想的影响更加深入一些。刘勰沿袭了秦汉以来血气与文气同源的气化宇宙生成论路数，以证实文气、志气、血气、才气的同源共生、贯通为一。《体性》："才力居中，肇自血气；气以实志，志以定言，吐纳英华，莫非情性……触类以推，表里必符，岂非自然之恒资，才气之大略哉！"③ 这里所谓的"才力居中，肇自血气"，明确了先天的血气、情性是才气、文气产生的基础，并据此推衍为"自然之恒资"与"才气之大略"。对于作者之气，刘勰称之为"志气""意气""血气""精气""风""风趣""养气""守气"，等等。在养气问题的诠释上，《养气》提出"清和其心，调畅其气""烦而即舍，勿使壅滞""务在节宣"为"卫气之一方"，旨在"爱精自保""理融而情畅"④，避免"钻砺过分"而"神疲而气衰"。这明显偏于防御性的情性存养，与管子一派和内经学的精气思想一脉相承，而与《神思》"积学以储宝，酌理以富才"⑤ 这一类后天学养的强调，是大不相同的。

与管子养气思想相得益彰的，还有孟子的养气思想。孟子的"知言养气"，确立了传统时代实践工夫论的价值维度。孟子认为"浩然之气"的养成是一个长期艰苦的积累过程，养气的过程既是血

---

① 黎翔凤撰，梁运华整理：《管子校注》，第767页。
② 黎翔凤撰，梁运华整理：《管子校注》，第759页。
③ 詹锳：《文心雕龙义证》，第1022—1025页。
④ 参见黄侃《文心雕龙札记》，第204页。
⑤ 詹锳：《文心雕龙义证》，第980、1079、1102页。

气的生理存养，也是情志的心理培养，更是知性的积累，德性的提升。孟子的养气思想，具有一定的神秘特质，对曹丕文气思想中的先验成分有所影响。孟子关于主体之气的若干见解，开启了后世养气与为文关系的一种阐释维度，亦发后世精神之气的先声。但即便同样谈养气，刘勰之于孟子，亦有很大不同。孟子强调主体心性之修养，所谓"知言养气""浩然之气"，源于内在心性的培育，以刚正充沛为特征，偏于积极性的进取，这对于古代文论传统中强调作家主体性及道德人格有着极大的影响。刘勰论气，不同于孟子"浩然之气"的神秘特质，也不同于曹丕"清浊"之气的先验特质。刘勰的养气思想，虽然有道家式的被动存养，也有儒家式的主动培养，譬如《养气》偏于防御性的情性存养，《神思》偏于主动的才性培养，但重在顺和性情，使之勿衰竭、勿壅滞，这种对于自然之气的偏好，带有管子一派和内经学的浓厚色彩，也就成为传统文论中养气与为文关系的另一种代表性论述。

声气与文气

在文气家族阐释的历史上，有关语言声调、字句章法等文本方面的见解，较之气质禀赋、情性才识等作者方面的见解，声势小了许多。个中原因，极为复杂。既与古人的文学实践活动有关，也与中国文化重质轻文的整体价值取向有关。从发生意义上来看，文本之气、文章气象虽然源自作者之气，但文学活动终究还是要诉诸视听等外在方式加以显现，故而古人看重辞气、声气、神气等文本的具象之气，讲究文本在语言、技巧、章法以及结构展开方面的特点。其中，桐城派的"因声求气"在文气阐释史上产生了重要影响，并对近代文学观念的形成有所启发，值得深入研究。

一

就大的趋向而言，中国学术传统中对于字义的重视程度超过字音。古人看重字义、词义以及字形等，远甚于音韵、音节、声调等，体现在文气家族研究领域，有关声气方面的研究是相对滞后的。在反切发明与四声发现之前，古人常常以表示音阶的宫、商、角、徵、羽的五音来形容文句的高低声调。在早期的乐论中，古人尤以黄钟之宫为声气之元，这在历代乐志、律吕中多有记载。从发生的意义来看，古人对于声气的认识，是伴随着乐论、气论言说边界的延展而逐渐衍变发展的。

在目前所见的早期文献中，"声"与"圣""乐""听"之间有着密切的关联。譬如马王堆帛书《五行篇》："听者，圣之藏于耳也。"又云："闻而知之，圣也。"《德圣篇》："圣者，声也。"① 参之汉人的记载，亦可为印证。如《白虎通义·圣人》："圣者，通也，道也，声也。道无所不通，明无所不照，闻声知情，与天地合德，日月合明，四时合序，鬼神合吉凶。"② 《风俗通义》佚文云："圣者，声也，通也。言其闻声知情，通于天地，条畅万物，故曰圣。"③ 对此，郭沫若先生《卜辞通纂·畋游》认为，古代的"听""声""圣"为同一字。④ 这个判断是可信的。究其根源，"声"之所以释为"圣""通"，是建立在一气流行、万物一体的思想基础上，这与春秋以来的气化宇宙观是一致的。故而可以认为，对于声气的重视，源自先秦的思想传统。

上古时期，关于声气的论述，多集中于礼乐政教、宇宙自然领域。譬如《左传·襄公三十一年》释"威仪"云："故君子在位可畏，施舍可爱，进退可度，周旋可则，容止可观，作事可法，德行可象，声气可乐，动作有文，言语有章，以临其下，谓之有威仪也。"⑤ 这里讲的是，居上位者在起表率作用时应保持的仪态，其中"声气可乐"是就乐教所具有的道德教化与心理调节作用而言的。《左传》中还有类似的记载，如《僖公二十二年》："三军以利用也，金鼓以声气也。利而用之，阻隘可也，声盛致志，鼓儳可也。"⑥ 古时两军作战，击鼓前进，鸣金收兵，以壮军威。这里的"声气"是指击鼓、鸣金发出的声音。所谓"声盛致志"，是指雄壮的鼓声可以激发士兵的斗志。以上用例，均就人事而言，自然宇宙方面的用例，

---

① 国家文物局古文献研究室：《马王堆汉墓帛书》（一），文物出版社 1980 年版，第19、18、39 页。

② （清）陈立：《白虎通疏证》，吴则虞点校，中华书局 1994 年版，第 334 页。

③ 王利器校注：《风俗通义校注》，中华书局 1981 年版，第 618 页。

④ 郭沫若：《卜辞通纂》，《郭沫若全集　考古编　第二卷》，科学出版社 1983 年版，第 489 页。

⑤ （清）阮元校刻：《十三经注疏》，第 2016 页。

⑥ （清）阮元校刻：《十三经注疏》，第 814 页。

也有不少。如《昭公元年》："天有六气，降生五味，发为五色，征为五声，淫生六疾。"① 又《昭公二十五年》："则天之明，因地之性，生其六气，用其五行。气为五味，发为五色，章为五声。"② 古人认为，阴、阳、风、雨、晦、明六种天候，不仅联系着五行、五味、五色、五声，而且产生人之六情。《昭公二十五年》谓"民有好恶喜怒哀乐，生于六气"③，《吕氏春秋·应同》谓"类固相召，气同则合，声比则应"④，均为典型的从天文到人文的气类比附。其运思的前提在于，气通万物，气乃声之本。对此，宋人戴侗归结为："夫文，声之象也。声气之鸣也，有其气则有其声，有其声则有其文，声与文虽出于人，亦各其自然之征也。"⑤ 明人徐祯卿认为："盖因情而发气，因气而成声，因声而绘辞，因辞而定韵，此诗之源也。"⑥ 在他们看来，"气→声→文（辞）"具有发生意义上的逻辑关联。作为人文创造的不同形态，无论是音乐还是文学，虽然有着各自的源流统序，但在发生意义上同源共生。与此类似的观点，譬如清人江永认为："凡声，气也，人亦气也，同在一气之中，其势自有流变，非人之所能御。"⑦ 李调元认为："音乐以气为主，然气有放开者，有收合者。放开者，曲中《混江龙》是也；收合者，曲中《桂枝香》是也。气之放开收合，相题而然。"⑧ 在古代整体关联的意义世界里，声气的流变以及声与气之间的关系，遵循着气化流行、万物一体的法则，在古人眼里乃是自然而然、不言而喻的。

---

① （清）阮元校刻：《十三经注疏》，第 2025 页。
② （清）阮元校刻：《十三经注疏》，第 2107 页。
③ （清）阮元校刻：《十三经注疏》，第 2108 页。
④ 陈奇猷校释：《吕氏春秋新校释》，第 683 页。
⑤ （宋）戴侗：《六书通释》，景印文渊阁《四库全书》本。
⑥ （明）徐祯卿：《谈艺录》，载（清）何文焕辑《历代诗话》下，中华书局 1981 年版，第 765 页。
⑦ （清）江永：《律吕余论·声音自有流变》，《律吕新论》卷下，景印文渊阁《四库全书》本。
⑧ （清）李调元：《雨村诗话》卷上，载郭绍虞编《清诗话续编》，上海古籍出版社 1983 年版，第 1518 页。

在传统的政教文化视野中，有正必有邪，而邪气自产生伊始，便与滋味、声色等联系在一起了。《淮南子·诠言训》："君子行正气，小人行邪气。内便于性，外合于义，循理而动，不系于物者，正气也。重于滋味，淫于声色，发于喜怒，不顾后患者，邪气也。邪与正相伤，欲与性相害，不可两立，一置一废，故圣人损欲而从事于性。"[①] 在经学正统一脉的话语中，声色、滋味等感性层面的体验，被圣人君子所鄙视，这便自根底上注定了声色之气在气学家族中的地位。同时，声、气、象之间的比类互通，素来为经学家所关注。在他们看来，这是关乎政教得失、治乱兴衰的大事。《礼记·乐记》："凡奸声感人，而逆气应之。逆气成象，而淫乐兴焉。正声感人，而顺气应之。顺气成象，而和乐兴焉。倡和有应，回邪曲直，各归其分，而万物之理，各以类相动也。是故君子反情以和其志，比类以成其行。"[②] 在经学家眼里，声、气、象之间的联动感应，不仅仅是一种静态的对应关系，而且是一种动态平衡的反映，某一方面的和谐或失衡必定引起其他方面的连锁反应。正因为如此，汉代以来儒家学者大多认为春秋的"礼坏乐崩"，不仅表现为制度层面上周礼的崩溃，还表现在天、地、人层面，也就是声、气、象之间的失衡、失调。正是面对这种崩坏的局面，孔子遂有"正乐""复礼""正诗""正名"等一系列举动，旨在拨乱反正，从而实现其复兴周礼的政教理想。

二

在早期的思想史语境中，古人常常强调"中气""中声"以及声气之和，来显示在听觉上对和谐美感的追求。在孔子中庸思想提出之前，值得注意的有医和、伶州鸠关于"中声"的说法。《左传·

---

① 何宁：《淮南子集释》，第 1014 页。
② （清）阮元校刻：《十三经注疏》，第 1536 页。

昭公元年》："先王之乐，所以节百事也，故有五节，迟速本末以相及，中声以降，五降之后，不容弹矣。"① 这是医官为晋平公诊病以后，以"先王之乐"为例，回答关于节制女色的问题。《国语·周语下》："古之神瞽考中声而量之以制，度律均钟，百官轨仪。"② 这是从乐律的角度，乐官伶州鸠劝谏周景王不应铸大钟的一段话。考察春秋时期众多谈论声气之和的言论，不仅论及礼仪政教、风土人情等，而且从清浊、大小、刚柔、周疏的相对协调角度加以考察，业已具有相当明确的方法论意味。在礼乐之教的阐释传统中，孔子"乐而不淫，哀而不伤"的说法，通过"不淫""不伤"的规约，使"乐"与"哀"两种不同性质的情感并存，形成适度而止、合乎礼义的中和之情，被历代经学家视为性情之正、声气之和的范本。在圣人"制礼作乐"的政教独尊话语系统中，声与气不仅承载着丰富的政治内蕴，还必须在听觉、视觉乃至味觉上呈现出和谐均衡之感，这是自先秦以来便附着于声气的基本品格。

有关声气与天地人、阴阳五行关系的阐述，在中古以后的声气论中，屡见不鲜。譬如阮籍《乐论》："故定天地八方之音，以迎阴阳八风之声；均黄钟中和之律，开群生万物之情。"③ 嵇康《声无哀乐论》："使心与理相顺，气与声相应，合乎会通，以济其美。"④ 对于声、乐、气的认识，仍然在先秦两汉以来的礼乐话语框架之内。对于阴阳与声气的关系，宋人王灼认为："凡阴、阳之气，有中有正，故音乐有正声，有中声……中正之声，正声得正气，中声得中气。"⑤ "中声""正声"虽同属雅乐，但因分别源自"中气"和"正气"，故而两者乐律有所不同。有关圣人作乐，明代算学家柯尚

① （清）阮元校刻：《十三经注疏》，第 2024 页。
② （春秋）左丘明：《国语》，上海古籍出版社 1978 年版，第 132 页。
③ 陈伯君：《阮籍集校注》，中华书局 1987 年版，第 78 页。
④ 戴明扬：《嵇康集校注》，人民文学出版社 1962 年版，第 222 页。
⑤ （宋）王灼：《碧鸡漫志·论雅郑所分》，载中国戏曲研究院编《中国古典戏曲论著集成》(1)，中国戏剧出版社 1959 年版，第 111 页。

迁认为："圣人作乐以宣畅其和声，故制为六律、六同以齐其声，使清浊、高下、长短、疾徐合天地之自然，循环不穷，以和其声，然后作为和乐，使五声成文而不乱，八音从律而不奸，始也审声以气，终也召气以声。故鬼神虽幽可以人道接，人情虽戾可以和平感，万物虽远可以声气召，盖以两间声气常相随故也。"[1] 这一段论述将律、声、乐、文之间循环往复的关系，以及与人道、人情之间的内在联系，分析得颇为透彻。这种基于天地人、阴阳五行以及圣人作乐而构建的气学话语体系，是古代人文知识生成的基本思想语境。

历史地看，在"诗可以歌"的上古诗教传统中，诗文韵律感、节奏感的获得，主要借助语言的错落、谐调以及双声、叠韵等方法，故而司马相如有"一宫一商"、陆机有"音声之迭代"的说法。随着汉魏文人创作的极大繁荣，文学理论话语形态的渐次独立，古人对于文学创作中形相层面诸要素愈加重视，加之音韵学的兴起，反切和"四声"的深入人心，促使人们更加重视汉语的音节结构。六朝以后，研究诗歌韵律问题渐成风气，唐宋以后更加普遍，逮至明清更是盛极一时。这种理论层面的探讨，对于古代诗文创作产生的巨大影响延续至今。关于文本之气的阐发，包括声气、声律、音韵、音节、声调乃至诵读诸问题，遂为文艺创作、批评鉴赏所强调的核心要素。

在古人看来，声律与文气的关系非常密切。声律和谐，文气自然顺畅，故而论文气，常常会考虑到音节、韵律方面。关于这一点，罗根泽先生曾经有一个重要判断。他认为文气说是音律说的前驱。在分析曹丕《典论》时，罗先生指出曹丕所谓"气"，有两解。"文以气为主"之"气"，"徐干有齐气""公干有逸气"之"气"，指文章的气势声调；"气之清浊有体""孔融体气高妙"之"气"，指先天的才气、体气。在比较了沈约音律说与曹丕文气说之后，罗先

---

① （明）柯尚迁：《周礼全经释原》卷6，景印文渊阁《四库全书》本。

生认为："文气是最自然的音律，音律是最具体的文气。"① 他所谓"文气"，包含了作者之气与文本之气两个层面的意思。虽然在我们今天看来，这种理解业已超出曹丕的本义，但这一判断，对于理解齐梁时期的声律论，仍然是很有价值的。

譬如以强调宫商声律而闻名的沈约，就把能否通晓音律作为"言文"的关键。《宋书·谢灵云传论》："夫五色相宜，八声协畅，由乎玄黄律吕，各适物宜。欲使宫羽相变，低昂舛节，若前有浮声，则后须切响。一简之内，音韵尽殊，两句之中，轻重悉异，妙达此旨，始可言文。"② 在此基础上形成的"四声"（平、上、去、入）、"八病"（平头、上尾、蜂腰、鹤膝、大韵、小韵、旁纽、正纽），成为中古时期认识声律问题的转折点，也促使古人对于文本之气的探讨切切实实地展开了。这种以类相推的方法特质，萧子显归结为"以气类相推""文皆用宫商""以平上去入为四声"③，这大体上代表了六朝时期声律学家的共识。虽然沈约的声律论，因过于琐细受到同时代钟嵘的反对，但对于中国古代文学创作、批评鉴赏的影响却是巨大的。近人刘师培先生认为："影响所及，迄于隋唐，文则悉成四六，诗则别为近体，不可谓非声律论开其先也。"④ 从中古的文学批评实践来看，对于声律的重视，改变了之前文气研究中仅仅重视作者之气的状况，促使研究者的目光逐渐向文本音律、字句、章法等内部批评领域转变，从而实现了真正意义上文学批评的自觉。这种影响既内在又深远。譬如明代的许学夷，推崇"风人之诗"，重视"声气之和"。《诗源辩体》卷1："风人之诗既出乎性情之正，而复得于声气之和，故其言微婉而敦厚，优柔而不迫，为万古诗人之

---

① 罗根泽：《中国文学批评史》，第 165—167 页。

② （南朝梁）沈约：《宋书·谢灵云传论》，载郁沅等编选《魏晋南北朝文论选》，人民文学出版社 1996 年版，第 297 页。

③ （南朝梁）萧子显：《南齐书》卷 52，中华书局 1972 年版，第 898 页。

④ 刘师培：《中国中古文学史讲义》，人民文学出版社 1957 年版，第 98 页。

经。"① 许学夷所言"正声"的代表作是《诗经》。在他看来，《诗经》兼有"性情之正"和"声气之和"，故能温柔敦厚、优游不迫。他认为："风人之诗，其性情、声气、体制、文采、音节，靡不兼善。"② 所谓"声气"之"声"，主要指向用韵、声调、节奏方面；"气"主要指向气格、体气方面。许氏倡导的诗歌五要素，兼有内容、形制两个方面的要求，在作者之气和文本之气两个面向的论述上更为圆融稳妥。

对于声气的理解，除了声律的角度，亦不乏按照传统五声发声方式进行理解的，齐梁时期的刘勰是其中的代表。《文心雕龙·声律》："夫音律所始，本于人声者也。声合宫商，肇自血气……夫徵羽响高，宫羽声下；抗喉矫舌之差，攒唇激齿之异，廉肉相准，皦然可分。"③ 所谓"喉舌之差""唇齿之异"，是就血气借助身体器官发出声音时的方式、形状而言的。对于声与气之间的关系，明人王廷相将其归结为"声气自然"的机理。他认为："故凡人呼而出声，不论歌唱言说，必自宫而徵，而商，而羽，而角。角者，气平之声，音之终者也。故宫音始而浊，羽音极而清，落而收于角，清浊平焉。此声气自然之妙，非人力强而能为者。"④ 王氏此论，依旧是沿袭了传统五声的解释模式。谢榛认为："诗法，妙在平仄四声而有清浊抑扬之分。试以东、董、栋、笃四声调之，东字平平直起，气舒且长，其声扬也；董字上转，气咽促然易尽，其声抑也；栋字去而悠远，气振愈高，其声扬也；笃字下入而疾，气收斩然，其声抑也。夫四声抑扬，不失疾徐之节，惟歌诗者能之；而未知所以妙也。非悟何以造其极，非喻无以得其状。"⑤ 谢氏以平仄四声解释"象人之声

---

① （明）许学夷：《诗源辩体》，杜维沫校点，人民文学出版社1998年版，第2页。
② （明）许学夷：《诗源辩体》，杜维沫校点，第6页。
③ 詹锳：《文心雕龙义证》，第1209—1213页。
④ （明）王廷相：《与范以载论乐书》，《王廷相集》，王孝鱼点校，中华书局2009年版，第500页。
⑤ （明）谢榛：《四溟诗话》卷3，人民文学出版社1961年版，第77页。

气"。他认为"气舒""气振"则"声扬","气咽""气收"则"声抑",据此区别"气舒""气咽""气振""气收"在自然机理上的不同,以此阐发诗法之妙,这就兼有上古乐学和中古声律学的思想因子了。

三

一般来看,声气以"可闻"之听觉特质,与"可见""可感"等视觉、触觉特质相同,被古人视为探究事物本质的一种有效途径。譬如首倡"为政公廉"的明儒曹端认为:"所谓无极而太极,无谓无形象、无声气、无方所……天地间凡有形象、声气、方所者,皆不甚大,如此极者,虽无声气,而有形象、方所焉。惟理,则无形象之可见,无声气之可闻,无方所之可指,而实充塞天地,贯彻古今。"[①] 曹氏学宗朱子,精于太极之学,躬行实践,被誉为"明初理学之冠"。他认为太极即理、即道,乃万物之本源,为体;凡形象、声气、方所者,均为用,这是从形上的角度谈论声气的问题。

明代嘉靖年间,"唐宋派"代表唐顺之的声气论,值得关注。《董中峰侍郎文集序》是一篇专论声气的重要文章,如云:"喉中以转气,管中以转声。气有湮而复畅,声有歇而复宣。阖之以助开,尾之以引首,此皆发于天机之自然,而凡为乐者,莫不能然也。最善为乐者,则不然。其妙常在于喉管之交,而其用常潜乎声气之表。气转于气之未湮,是以湮畅百变而常若一气;声转于声之未歇,是以歇宣万殊而常若一声。使喉管声气融而为一,而莫可以窥,盖其机微矣。然而其声与气之必有所转,而所谓开阖首尾之节,凡为乐者,莫不皆然者,则不容异也。使不转气与声,则何以为乐? 使其转气与声而可以窥也,则乐何以为神? 有贱工者,见夫善为乐者之若无所转,而以为果无所转也,于是直其气与声而出之,戛戛然一

---

① (明)曹端:《曹端集》,王秉伦点校,中华书局 2003 年版,第 11 页。

往而不复，是击腐木湿鼓之音也，言文者，何以异此?"① 唐氏断言，只有"气转于气"为"一气"，"声转于声"为"一声"，方能"声气融而为一"。在他看来，以声气论乐与以乐喻文，声气之道与文辞之道，异曲同工、殊途同归。又云："汉以前之文，未尝无法，而未尝有法，法寓于无法之中，故其为法也，密而不可窥。唐与近代之文，不能无法，而能毫厘不失乎法，以有法为法，故其为法也严而不可犯，密则疑于无所谓法，严则疑于有法而可窥。然而文之必有法，出乎自然而不可易者，则不容异也，且夫不能有法，而何以议于无法? 有人焉见夫汉以前之文，疑于无法，而以为果无法也，于是率然而出之，决裂以为体，饾饤以为词，尽去自古以来开阖首尾经纬错综之法，而别为一种臃肿俚涩浮荡之文。其气离而不属，其声离而不节，其意卑，其语涩，以为秦与汉之文如是也，岂不犹腐木湿鼓之音。"② 在唐氏的声气论中，声与气的关系乃是"喉中以转气，管中以转声"的关系。所谓声与气之相转，有迹可求，"气有湮而复畅，声有歇而复宣。阖之以助开，尾之以引首"。与此同时，其迹也难求，"气转于气之未湮，是以湮畅百变而常若一气，声转于声之未歇，是以歇宣万殊而常若一声"。唐氏据此认为，唐宋之文有迹可求，从"开阖首尾经纬错综之法"，可知古人的气势和神态；秦汉之文，无迹可求，"法寓于无法之中"，只能从词句、字面求之。如此一来，两者高下，自然分明。唐顺之论文，提倡文从字顺，强调规矩法度。这种重视技巧的文学观念，在传统文学思想中具有独特的价值。

重视声气，到清代桐城派时，达到鼎盛。桐城之学延续了唐代古文家重文与宋代理学家重理的思想倾向。罗根泽先生的《中国文学批评史》和钱锺书先生的《管锥编》中，有着极为精辟的论述。

---

① （明）唐顺之：《董中峰侍郎文集序》，载蔡景康编选《明代文论选》，人民出版社1999年版，第160页。
② （明）唐顺之：《董中峰侍郎文集序》，载蔡景康编选《明代文论选》，第160—161页。

为文学韩、欧，论文主气，讲究"义理"，讲求法度。譬如倡导神气论的刘大櫆认为："一句之中，或多一字，或少一字。一字之中，或用平声，或用仄声。同一平字仄字，或用阴平、阳平、上声、去声、入声，则音节迥异，故字句为音节之矩。积字成句，积句成章，积章成篇，合而读之，音节见矣。歌而咏之，神气出矣。"[1] 刘氏坐实了方苞所谓"义法"之"法"，从音节、字句入手，探讨文章神气的由来，被桐城弟子视为不传之密，影响极大。对此，其弟子姚鼐进一步概括形成了系统的古文理论。姚鼐强调文辞、格律、声色之美，《答翁学士书》："文字者犹人之言语也，有气以充之，则观其文也，虽百世而后，如立其人而与言于此……意与气相御而为辞，然后有声音节奏高下抗坠之度、反复进退之态、采色之华。故声色之美，因乎意与气而时变者也。"[2] 在他看来，构成文章的要素有八种。《古文辞类纂序目》："凡文之体类十三，而所以为文者八，曰神、理、气、味、格、律、声、色。神、理、气、味者，文之精也；格、律、声、色者，文之粗也。然苟舍其粗，则精者亦胡以寓焉？"[3] 在姚氏八要素中，属于文章精神的有"神、理、气、味"，即所谓"文之精"，乃无迹可寻；属于文章形貌的有"格、律、声、色"，即所谓"文之粗"，乃有迹可考。对于两者的关系，姚氏分析得颇为透辟，所谓"文之精"体现于"文之粗"中，离开"文之粗"，则"文之精"无所依；同时，"文之精"的"神、理、气、味"，必须求诸"文之粗"的"格、律、声、色"，而"文之粗"的"格、律、声、色"，也必须服务于"文之精"的"神、理、气、味"。在他看来，文章有气，百世之后，读其文，仍然栩栩如生，如见其人；文章无气，则只是字句的堆砌而已。姚氏关于文章要素的分析，兼顾文章内外两个层面，建构了一个颇为完整的思想体系。

---

① （清）刘大櫆：《论文偶记》，人民文学出版社1959年版，第6页。
② （清）姚鼐：《惜抱轩全集》卷6，中国书店1991年版，第64页。
③ （清）姚鼐：《古文辞类纂》，中国书店1986年版，第26页。

20 世纪 20 年代，郭绍虞先生在写作《文气的辨析》一文时，仍然是从姚氏的上述分类说开的。①

声本于气，欲得古人之文气，就不得不求之于声律，而求之于声律，又常常从诵读入手。作为桐城一派的重要传统，对于声气的重视是一以贯之的，因而诵读也就成为作诗的必修功课。关于这一点，曾国藩就极为看重。《咸丰八年八月二十日书于弋阳军中》载："凡作诗最宜讲究音调……须熟读五古、七古、各数十篇。先之以高声朗读以昌其气；继之以密咏恬吟以玩其味；二者并进，使古人之声调拂拂然若与我之喉舌相习，则下笔为诗时，必有句调凑赴腕下，诗成自读之，亦自觉琅琅可诵，引出一种兴会来。"②《咸丰十一年十二月廿四日日记》载："是日酉刻温苏诗，朗诵颇久，有声出金石之乐。因思古人文章，所以与天地不敝者，实赖气以昌之，声以永之，故读书不能求之声气两者之间，徒糟粕耳。"③ 诸如此类的论述，在"桐城中兴"中，屡见不鲜。譬如曾国藩的弟子张裕钊，《答吴挚甫书》云："文以意为主，而辞欲能副其意，气欲能举其辞。譬之车然，意为之御，辞为之载，而气则所以行也。欲学古人之文，其始在因声以求气，得其气，则意与辞往往因之而并显，而法不外是矣。"④ 如此，"因声求气"的说法，便明确地成为桐城古文家论文的抓手，并且对于尔后的文学创作和批评鉴赏产生了一定的影响。近人夏丏尊先生《文章讲话》、唐弢先生《文章修养》，偏于对文章气势和技巧的探讨，依旧沿袭了"因声求气"的路数。

对于桐城派"因声求气"的说法，钱锺书先生认为："姚范《援鹑堂笔记》卷四四：'朱子云：韩昌黎、苏明允作文，敝一生之

---

① 参见郭绍虞《照隅室古典文学论集》上编，第 115 页。

② （清）李翰章编纂：《足本曾文正公全集》第 8 部，李鸿章校勘，宁波等校注，吉林人民出版社 1995 年版，第 5515 页。

③ （清）曾国藩：《曾国藩全集》，岳麓书社 1994 年版，第 698 页。

④ （清）张裕钊：《答吴挚甫书》，载舒芜等编选《近代文论选》上，人民文学出版社 1959 年版，第 297 页。

精力，皆从古人声响处学；此真知文之深者'（《朱文公集》卷七十四《沧洲精舍谕学者》：'老苏但为学古人说话声响，极为细事，乃肯用功如此'）；吴汝纶《桐城吴先生全书·尺牍》卷一《答张廉卿》：'承示姚氏论文，未能究极声音之道……近世作者如方姚之徒，可谓能矣，顾诵之不能成声'；均指散文之音节，即别于'文韵'之'笔韵'矣，古罗马文家谓'言词中隐伏歌调'，善于体会，亦言散文不废声音之道也。"① 虽然在我们今天看来，一篇成功的文学作品，并不能完全归于音节、语句等文本之气上，但不可否定的是，精于"声音之道"，的确能够赋予文学作品巨大的感染力。诚如桐城派最后一位代表人物林纾所言："盖天下之最足动人者，声也。"② 林氏所译的西方小说，颇具文采，风靡一时，应该与他对"声音之道"的认识，是分不开的。

对成功的文学创作而言，文字的魅力固然是一个主要原因，但行文的节奏和词语的响亮也是一个重要的因素。如果我们将文学作品分为用眼睛看和用耳朵听两类的话，那么，对于声气的强调则属于后者，这大体是因为声气形成的审美效应存在于转瞬之际，确如明代宋应星《论气·气声》所云："人物受气而生，气而后有声，声复返于气。是故形之化气也，以积渐而归，而声之化气也，在刹那之顷。"③ 只有具有高度艺术感受力、想象力的人，才能于声气的聆听中获得审美快感。譬如法国作家夏多布里昂的《墓中回忆录》，长期以来被视为法国散文的典范，其用词响亮而有节奏，最宜于高声朗诵，有天风海雨惊心动魄之感。晚年的埃德蒙·德·龚古尔在《日记》中表示，他愿意拿人之初以来的所有诗篇换取《墓中回忆录》的头两卷。对此，福楼拜甚至认为，评价一本书，要看它能否大声朗读，能就是好书，否则就一文不值，因为"没有节奏"。他一

---

① 钱锺书：《管锥编》第 4 册，中华书局 1979 年版，第 1278 页。
② 林纾：《春觉斋论文》，范先渊校点，人民文学出版社 1959 年版，第 78 页。
③ （明）宋应星：《论气》，上海人民出版社 1976 年版，第 64 页。

日朗读了夏多布里昂的《殉道者》，竟然从中听见了"长笛小提琴二重奏"①。在"声音之道"中获得的暗示与想象，带有古典时代的和谐感、均衡感与高贵气质，因而具有长久的审美效应。

四

值得一提的，还有一个重要的艺术范畴：气韵。今人对此的研究多有不同，有从神韵及精神气质的角度解释，有从元气及人物品鉴的角度解释，也有从气运、气化的角度解释。相关论述，徐复观先生的《中国艺术精神》、叶朗先生的《中国美学史大纲》、王迎先生的《古画鉴赏》、袁济喜先生的《六朝美学》等书以及张锡坤先生的论文《"气韵"范畴考辨》，多有透彻的论述。对于这一问题，笔者认同宗白华先生的说法。他说："韵，就是宇宙中鼓动万物的'气'的节奏、和谐。绘画有气韵，就能给欣赏者一种音乐感。六朝山水画家宗炳，对着山水画弹琴，'欲令众山皆响'，这就说明山水画里有音乐的韵律。"② 虽然他并没有展开进一步的论述，但理论直觉还是很敏锐的。这也是本文将气韵纳入声气家族系列研究的原因所在。

韵源于声，声源于气，"气→声→韵"的推衍，秉承了气化宇宙生成论的路子，是古代学者普遍接受的一种运思逻辑。对此，明代人陆时雍"韵生于声……韵动而气行"③的说法，最为典型。如果我们将"声"的因素放进去，那么气（声）韵范畴，在本质上体现的是气之节奏、声之韵律。对于这一点，与谢赫同时代刘勰的说法，

---

① ［法］夏多布里昂：《墓中回忆录》，郭宏安选译，生活·读书·新知三联书店1997年版，第10—11页。

② 宗白华：《美学散步》，上海人民出版社1981年版，第44页。

③ （明）陆时雍：《诗镜总论》，载丁福保辑《历代诗话续编》下，中华书局1983年版，第1415页。

也可佐证。《文心雕龙·声律》："异音相从谓之和，同声相应谓之韵。"① 刘勰认为"韵"为"同声相应"，"和"为"异音相从"。以此来看，所谓气（声）韵，应该是当时一种较为正统的说法。当然，六朝时期，对于气韵的理解，也是丰富多义的。譬如谈文学之缘起，萧子显认为："文章者，盖情性之风标，神明之律吕也。蕴思含毫，游心内运，放言落纸，气韵天成，莫不禀以生灵，迁乎爱嗜，机见殊门，赏悟纷杂。"② 对于诗文评来说，这是较早论及"气韵"一词的，这里既可以指作者之气，也可以兼指文本之气、文章气象。

对于气韵的解释，我们还可以参照苏门弟子李廌的说法。他认为"凡文章之不可无者有四"，即体、志、气、韵。释"气"："充其体于立意之始，从其志于造语之际，生之于心，应之于言，心在和平则温厚尔雅，心在安敬则矜庄威重，大焉可使如雷霆之奋，鼓舞万物，小焉可使如脉络之行，出入无间者，气也。"③ 释"韵"："如金石之有声，而玉之声清越，如草木之有华，而兰之嗅芬香，如鸡鹜之间而有鹤，清而不群；犬羊之间而有麟，仁而不猛；如登培□之丘，以观崇山峻岭之秀色；涉潢污之泽，以观寒溪澄潭之清流。如朱弦之有余音，太羹之有遗味者，韵也。"④ 从他对"气"和"韵"的解释路数来看，虽然脱胎于传统诗教、乐教的话语系统，也带有明显的言志说、感物说痕迹，但他将"韵"的来源归于声、音的这层意思，还是非常清楚的。

顺便提一下，为何谢赫在画论"六法"中首标"气韵生动"？关于谢赫本人的资料，我们现在知道得很少。他大约活动在齐梁时期，是当时有名的宫廷画家，擅长人物画的创作，没有现存的作品。

---

① 詹锳：《文心雕龙义证》，第 1228 页。
② （南朝梁）萧子显：《南齐书》卷 52，第 907 页。
③ （宋）李廌：《答赵士舞德茂宣义论宏词书》，《济南集》卷 8，景印文渊阁《四库全书》本。
④ （宋）李廌：《答赵士舞德茂宣义论宏词书》，《济南集》卷 8，景印文渊阁《四库全书》本。

由于古代"诗画同源""书画同源"的观念相当深入人心，所以后人常常根据宫廷诗的风格进行推测，认为宫廷画大多专注于女性的衣饰、舞姿、睡态、身体、神态等内容。由此产生的问题便是：为什么这样一个宫廷画家要在"六法"中首标"气韵生动"呢？对于这个问题，如果我们要用"文如其人"的套路来解释，恐怕有些困难。那么，换一个思路来看，在中国古代艺术理论中，较之乐论、诗论，画论出现的时间较晚。作为一种绘画理论的奠基者，同时是当时主流画派的引领者，谢赫借用其他艺术领域业已成熟的理论话语，移用到绘画理论的体系建构上，也不是不可能。对于一种理论形态成熟较晚的艺术门类来说，首先标明与其他艺术理论的关系，也是立宗立派的头等大事。因此，在画论中首先拈出"气韵"这个与乐论、诗论颇为贴近的范畴，也不是没有可能性的。

在气学家族阐释的历史上，关于声气的解释及其蕴含的问题意识，虽受制于文学自觉及文体成熟等因素，但依然建构了文气阐释中"内在路径"的一个重要面向。作为文本之气的统一体，声气、辞气、神气在不同的历史时期、不同的经典阐释者眼里呈现出不同的历时性特质。就声气的阐释而言，脱胎于气学、乐学，经历了从早期对礼乐政教、宇宙自然等外在世界的关注转向对声律、音韵、声调、诵读等文本世界的重视。对于声气的重视，在桐城派"因声求气"的"义法"中，达到顶峰。在中国古代源远流长的经典阐释传统中，文气话语系统经由生成、衍化、完善到自成体系，历经了一个长时间复杂的历史过程，其中有关声气的部分，值得我们更加深入地研讨。

"神气"论

在气学阐释的历史上，有关神气的资料颇为丰富，其中的一些著名观念，譬如清代刘大櫆"以字句音节求神气"的说法，在经典阐释史上产生过很大的影响。除作者之气、文章气象等阐释维度外，古人同样看重神气、辞气、声气等文本之气，讲究文本在语言、技巧、章法以及结构展开方面的诸多问题。姚鼐就认为："凡文之体类十三，而所以为文者八，曰神、理、气、味、格、律、声、色。神、理、气、味者，文之精也；格、律、声、色者，文之粗也。然苟舍其粗，则精者亦胡以寓焉？"① 他确定了构成文章的八种要素，属于文章精神层面的有"神、理、气、味"，即所谓"文之精"，所谓无迹可寻者；属于文章形貌层面的有"格、律、声、色"，即所谓"文之粗"，所谓有迹可考者。姚氏强调"神""气"诸要素对于文章格局、精神境界方面的重要意义。在他看来，文章有"神"、有"气"，百世之后，读其文，仍然栩栩如生，如见其人；文章无"神"、无"气"，则只是字句的堆砌而已。姚氏之论，虽然是就散文而言的，但仍然适用于一般意义上的文论言说。

一

古人对神气的认识，经历了一个漫长的历史衍变过程。从早期医家、道家生理和心理层面的阐发以及诸子形上层面的理论整合，

---

① （清）姚鼐：《古文辞类纂》，第26页。

到中古时期在书论、画论、诗论领域的全面展开，逮至清人在文本层面的理论构建。相对而言，如果说早期的辞气侧重于君子精神品格，声气侧重于礼乐政教，那么，神气问题的探讨，则体现了古人在形上形下层面的重要突破，体现了古人在精神认识领域的旨趣与追求。

历时性地看，较早对神气问题进行探讨的，有医家和道家。在内经学的理论中，对于神气的理解，采用的是——坐实的方法。《内经》认为神气来自五谷，乃血气中的一种精气。《素问·八正神明论篇》："血气者，人之神，不可不谨养。"① 《灵枢·营卫生会》："营卫者，精气也；血者，神气也。故血之与气，异名同类焉。"② 神气的主要作用有三：一是通过营卫赋予脏器生命的活力，二是主宰人的精神活动，三是调节全身脏器的活动。如《素问·离合真邪论篇》："候吸引针，气不得出，各在其处，推阖其门，令神气存，大气留止，故命曰补。"《素问·调经论篇》："神有余有不足，气有余有不足，血有余有不足，形有余有不足，志有余有不足。凡此十者，其气不等也。"③ 在早期医家看来，"神""气""血""形""志"五者，均呈现出"有余"和"不足"两种状态，其中阴阳之气虚实不等、各有不同。至于如何使血气和谐，《内经》则专设《调经论》一篇加以研讨。在内经学的思想体系中，阴阳协调乃治疗的基本原则和最终目的，因此，卫外阳气和脏腑阴气之间的相互作用，以及这种相互作用对于人体生理、心理活动的意义，得到了特别的揭示。《素问·阴阳应象大论篇》："清阳发腠理，浊阴走五藏。清阳实四肢，浊阴归六府……阳为气，阴为味。味归形，形归气，气归精，精归化……阴胜则阳病，阳胜则阴病，阳胜则热，阴胜则寒。"又《生气通天论篇》："阴者，藏精而起亟也；阳者，卫外而为固也。

---

① （清）张志聪集注：《黄帝内经集注》，第204页。
② （清）张志聪集注：《黄帝内经集注》，第155页。
③ （清）张志聪集注：《黄帝内经集注》，第208、416页。

阴不胜其阳，则脉流薄疾，并乃狂。阳不胜其阴，则五藏气争，九窍不通……阴平阳秘，精神乃治，阴阳离决，精气乃绝。"① 正是基于这样的理解，明清之际的王夫之在评价齐梁文学的弊病时，以营卫之气的失调为例来加以阐释，也就不难理解了。②

　　在道家著作中，较早出现"神气"的说法。《庄子·天地》："汝方将忘汝神气，堕汝形骸，而庶几乎!"③ 庄子运思的前提在于形神并举、神气互通，如《在宥》："抱神以静，形将自正。"④《知北游》："夫昭昭生于冥冥，有伦生于无形，精神生于道，形本生于精，而万物以形相生。"⑤ 在神与气相通的理论假设下，我们比较容易理解庄子讲的故事，譬如"梓庆削木为镰"。《达生》："臣将为镰，未尝敢以耗气也，必斋以静心。斋三日，而不敢怀庆赏爵禄；斋五日，不敢怀非誉巧拙；斋七日，辄然忘吾有四枝形体也。当是时也，无公朝，其巧专而外骨消；然后入山林，观天性；形躯至矣，然后成见镰，然后加手焉；不然则已。则以天合天，器之所以凝神者，其是与。"⑥ 这里的"凝神"与"耗气"相对而言，"神"为神气，是指人的精神气质。庄子的养神之道，在于顺天而行，在他看来，只有恬淡专一、邪气不入，方能"德全而神不亏"(《刻意》)⑦，这就类似于《列子》中的说法。《黄帝》："夫至人者，上窥青天，下潜黄泉，挥斥八极，神气不变。"⑧ 虽然《列子》未必是先秦时期的论著，但其思想也应该有所本。就目前较为可信的资料来看，魏晋时期，神气范畴的使用已经较为普遍了。嵇康《养生论》："外物以累心，不存神气，以醇泊独著。"《答难养生论》："不荡喜怒，平

① （清）张志聪集注：《黄帝内经集注》，第36—38、21—23页。
② 参见（清）王夫之《古诗评选》卷5，《船山全书》第14册，第762页。
③ （清）郭庆藩：《庄子集释》，第435页。
④ （清）郭庆藩：《庄子集释》，第381页。
⑤ （清）郭庆藩：《庄子集释》，第741页。
⑥ （清）郭庆藩：《庄子集释》，第658—659页。
⑦ （清）郭庆藩：《庄子集释》，第538页。
⑧ 杨伯峻：《列子集释》，中华书局2012年版，第52页。

神气，而欲却老延年者，未之闻也。"① 神气的含义，已经基本定格在主体的精神气质方面了，这与《世说新语》中常常以气来品评人物，譬如以神气言顾雍、王戎、嵇康、裴楷等人在才性气质方面的卓然超群，在审美取向与价值判断上大体也是相同的。

学界一般认为，形神观念是原始宗教文化的产物，源自先民灵魂不死的思想，在春秋以来的魂魄观、生死观中已显露端倪，逮至战国以后各家各派的思想整合中，已经极为常见了。典型的有荀子"形神一体"的观点。《荀子·天论篇》："形具而神生，好恶、喜怒、哀乐臧焉，夫是之谓天情。"② 荀子就是从生成论意义上讲形神的先后问题。所以杜正胜先生认为，战国时期的思想家，分析生命的起源和本质不以"气"为满足，进而提出"精"或"神"，以说明它们与"形"的关系。肉体之"形"、成形之"气"、气之精华的"精"和精气之极的"神"，四者构成一个系列。"气""精""神"同属一个范畴，与"形"合而为人，形式上虽为二元，其实是不可分割的一体。尽管各家各派有学术差异，但一般来说，"形""气""精""神"合为一体的假定，是基本一致的。③ 至于东汉以后的无神论思潮中，桓谭提出"以烛火喻形神"，王充强调"精神依倚形体"，揭示出物质与精神孰为第一性的问题，近世以来被视为中国古代唯物论思想的代表。尔后范缜在《神灭论》中，引入体用范畴，主张"形神相即""形质神用"，反对"形神相异"，则具有较为明显的形神一元论倾向。

二

就主导倾向而言，"形神相即"以及"神""气"高于"形"的

---

① 戴明扬：《嵇康集校注》卷 4，第 156、193 页。
② （清）王先谦：《荀子集释》，中华书局 1988 年版，第 309 页。
③ 杜正胜：《从眉寿到长生——中国古代生命观念的转变》，载《"中研院"历史语言研究所集刊论文类编 历史编·先秦卷》，中华书局 2009 年版，第 2683 页。

思想，是历代研究者的基本共识。在"形"和"神"关系上，表现出较为明显的重神轻形的价值倾向，譬如见于《世说新语》，多以"神姿离彻、神理隽彻、神矜可爱、精神渊著、神清明秀、神姿朗彻、器朗神俊"之类赞誉，就体现了此一特点。在"形""神""气"三者之间，"神""气"虽寓于形骸，但"形"受制于"神""气"；在"神""气"两者之间，"气"乃万物之本原，"神"为"气"之凝聚与升华。就目前所见的文献来看，意义完整的"形""神""气"思想表述，见于汉初的《淮南子》。《原道训》："形神气志，各居其宜，以随天地之所为。夫形者生之舍也，气者生之充也，神者生之制也，一失位则三者伤矣。是故圣人使人各处其位，守其职，而不得相干也。故夫形者，非其所安也而处之则废，气不当其所充而用之则泄，神非其所宜而行之则昧。此三者，不可不慎守也。"①《淮南子》的作者认为，生命是由"形""神""气""志"诸元素构成的，在这个多元结构中，"形"是"神"与"气"的物质载体，"气"是"形""神"显现的本源，而"神""志"的显现要以"气"的充实来达到。由此观之，"形—神—气—志"这个多元结构的建构，有利于辨析具象之气与精神之气的不同层次，并且使天地人的整体解释体系更加精致圆融了。

在理学家的话语系统中，对于"形—神—气—志"的辨析更加深入细致，一言以蔽之，可以通道。譬如在《正蒙·太和篇》中，张载据《易传》"阴阳不测之谓神"，认为："散殊而可象为气，清通而不可象为神。"又云："太虚为清，清则无碍，无碍则神；反清为浊，浊则碍，碍则形。"②《乾称篇》："气之性本虚而神，则神与性乃气所固有，此鬼神所以体物而不可遗也。"③ 对张载而言，万物"一于气而已"，"神"乃"气"之化，是一种神妙莫测的化迹，因

---

① 何宁：《淮南子集释》，第82—84页。
② （宋）张载：《张载集》，第7、9页。
③ （宋）张载：《张载集》，第63页。

而具有优先性与超越性。当然，问题的另一方面还在于，"神""形"须经由"气"，方能保持运化的贯通性与连续性。譬如在《北溪字义·鬼神》中，朱子高足陈淳认为，"形""神"源于气，"形既生""神发知"①，将形神关系建立在气本的基础上。对于形神问题，明代何瑭有不少的见解。《阴阳管见》："造化之道，阳为神，阴为形。形聚则可见，散则不可见。神无聚散之迹，故终不可见。"② 他一方面将"形""神"分属阴阳二元，又兼顾两面，主张"形"为用、"神"为体，体现出较为圆融的阴阳互为体用的观念。

见于文学思想领域，论者大多主张"神气合一""神合气完"。譬如明代王慎中认为："大抵气厚要神完，神完要心纯。"③ 王世贞认为："篇法之妙，有不见句法者；句法之妙，有不见字法者，此是法极无迹，人能之至，境与天会，未易求也。有俱属象而妙者，有俱属意而妙者，有俱作高调而妙者，有直下不对偶而妙者，皆兴与境谐，神合气完使之然。"④ 又《徐汝思诗集序》："盛唐之于诗也，其气完，其声铿以平，其色丽以雅，其力沉而雄，其意融而无迹，故曰：盛唐其则也。"⑤ 张实居论律诗云："诗家此体最难，求其神合气完，代不数人，人不数首。"⑥ 所谓的"神合气完"，大抵是古来造艺者追求的最高境界了。晚清邓绎认为："由太始而为太虚，由太虚而为太素，絪缊化融，浩乎其不可测也，必有所以为天地日月星辰山川者，而天地人物之文乃其象与迹耳。所以为天地人物之文者，气也；所以为气者，神也；所以为神者，道也。"⑦ 他将天地万

---

① （宋）陈淳：《北溪字义》，熊国祯、高流水点校，中华书局1983年版，第58页。
② （清）黄宗羲著，全祖望补修：《明儒学案·文定何柏斋先生》，《黄宗羲全集》第8册，第480页。
③ （明）王慎中：《寄道原弟书三》，《遵岩集》卷24，景印文渊阁《四库全书》本。
④ （明）王世贞：《艺苑卮言》卷1，载丁福保辑《历代诗话续编》中，第961页。
⑤ （明）王世贞：《徐汝思诗集序》，载蔡景康编选《明代文论选》，第217页。
⑥ （清）王士祯等：《师友诗传录》卷7，载丁福保辑《清诗话》上，第133页。
⑦ （清）邓绎：《藻川堂谭艺·日月篇》，载王水照编《历代文话》，复旦大学出版社2007年版，第6168页。

物归于"气",又将"气"归于"神","神"归于"道",逐层一一推衍,秉承的仍然是"神气合一"的体用不二路数。

比较而言,在"形、神、气"关系中,"形"偏于实,"神""气"偏于虚,而较之"气","神"更虚,更不可见、更不可知,故《管子·内业》:"精也者,气之精者也……一物能化谓之神。"又云:"抟气如神,万物备存。"[①]"气"乃"神"之基础,"神"乃"气"之升华。譬如《溪山琴况》的著者,明末清初的琴家徐上瀛提出"二十四字琴学要诀",包括:和、静、清、远、古、澹、恬、逸、雅、丽、亮、采、洁、润、圆、坚、宏、细、溜、健、轻、重、迟、速。徐氏逐条加以阐述,如比较"远"与"迟"云:"远与迟似,而实与迟异。迟以气用,远以神行。故气有候,而神无候。会远于候之中,则气为之使。达远于候之外,则神为之君。至于神游气化,而意之所之,玄之又玄。时为岑寂也,若游峨眉之雪。时为流逝也,若在洞庭之波。倏缓倏速,莫不有远之微致。盖音至于远,境入希夷,非知音未易知,而中独有悠悠不已之志。吾故曰:求之弦中如不足,得之弦外则有余也。"[②] 所谓"候",乃征候与表象,即诉诸感觉的可感、可见、可知。徐氏将"远"和"迟"两种习琴境界,与"神"与"气"联系起来,通过人们熟知的"远"和"迟"感受,来诠释"神"和"气"的层次与特性。在他看来,"远"和"迟"之所以相似而实异,在于"迟"以"气"为用,而"远"以"神"为行,"气"有候而"神"无候,"气"为使而"神"为君。"远"的状态便是"神游气化",达致所谓"者至于远,境入希夷"的境界。徐氏此论的一个重要前提就是,"神"的层次高于"气",是一种更灵性、更虚幻、更超越的艺术境界。所谓"神气",也就是一种由高妙的指法造诣而带来的精粹灵动之气。传统琴艺中那种空灵悠远艺术氛围的形成,大概也得益于古琴家对于神气境界的追求。

---

① 黎翔凤撰,梁运华整理:《管子校注》,第 937、943 页。

② (清)徐上瀛:《溪山琴况》,《续修四库全书》子部艺术类。

三

有关神与气在层级意义上的分梳，是先秦以来形上学领域的重要思想传统。参之古代文献，"神"是一个颇为抽象难言的语素，泛指精神、神采、灵魂。在古人看来，凡物之所生，均内蕴有神，譬如"凡人所生者，神也；所托者，形也。神大用则竭，形大劳则敝，形神离则死"[①]；又如"诗不难乎起而难乎气，不难乎结而难乎神"[②]，因而在主流的审美意识中，凡人物、花鸟、鱼虫、山水、景物，均是形神具备、虚实结合的统一体，于外在形体中体现出深层的生命意蕴，而这种生命意蕴的内核便是气、便是神。可以说，有关神的意义界定，在相当程度上依赖于形与气等语素的烘托与关联，就像汉末荀悦认为的那样："凡言神者，莫近于气。有气斯有形，有神斯有好恶喜怒之情矣。故人人当作神有情，由气之有形也。"[③] 在他看来，"神"与"气""形"分不开，无"气"则无"形"，无"形"则无"神"，无"神"则无"情"。在这里，荀悦对"形—神—气—情"关系作了颇为有序的推导，但是对于"神"与"气"之间的层级意义，并没有明晰的判定。

探究历代有关气的言论，我们常常可以看见这样一种倾向，就是在谈论为文之道，或作家作品鉴赏时，一方面秉承以气为主的基本原则，另一方面又认为气中有所主，或道、或理、或神、或诚、或意，各有不同。譬如宋人王柏主"道"："学者要当以知道为先，养气为助……道苟不明，气虽壮，亦邪气而已，虚气而已，否则客气而已。不可谓载道之文。"[④] 宋末元初的王构主"诚"："文章以气

---

① （汉）司马迁：《史记》卷130《太史公自序》，中华书局1959年版，第3292页。
② （清）黄子云：《野鸿诗的》，载丁福保辑《清诗话》下，第856页。
③ （汉）荀悦：《申鉴》卷5《杂言下》，景印文渊阁《四库全书》本。
④ （宋）王柏：《题碧霞山人王公文集后》，《鲁斋集》卷11，景印文渊阁《四库全书》本。

为主，气以诚为主。"① 稍后的刘将孙，虽然主张作家创作时"以气为主"，但仍然认为"非主于气，乃其中有所主"②。明代刘基认为："文以理为主，而气以摅之。理不明为虚文，气不足则理无所驾。"③ "理"与"气"互为体用的问题，是宋明以后文论家谈文论艺时常常关注的一个话题。清代恽敬论"作文之法"，主张"理实气充"，如云："作文之法，不过理实气充，理实先须致知之功，气充先须寡欲之功。"④ 在"理"与"气"之间，文论家大多能够秉持一种中庸的立场。在历代的文论主张中，也有"以意为主"的观点，譬如唐人杜牧主"意"："凡为文以意为主，以气为辅，以辞采章句为之兵卫。"⑤ 明代王世贞认为主"意"和主"气"不同，他将唐绝句之前后风格裁为两截。他认为："七言绝句，盛唐主气，气完而意不尽工；中晚唐主意，意工而气不甚完；然各有至者，未可以时代优劣也。"⑥ 与此相似，清人厉志则认为古今"意""气"各执一端："今人作诗，气在前，以意尾之。古人作诗，意在前，以气运之。气在前，必为气使，意在前，则气附意而生，自然无猛戾之病。"⑦ 至于更为著名的，便是以"神"为主的桐城刘大櫆。

用之于艺术批评领域的神气范畴，常常与造艺者的整体精神状态及其内在的人生观、价值观密切相关，充分地显示了造艺者的人格力量、审美情趣和精神意志。在古人看来，有无神气，这是作品优劣成败之关键所在。元代杨维桢认为："诗之情性神气，古今无间也。得古之情性神气，则古之诗在也。"⑧ 清代袁枚认为："近见海

---

① （元）王构：《修辞鉴衡》卷2，景印文津阁《四库全书》本。

② （元）刘将孙：《谭村西诗文序》，载陶秋英编选《宋金元文论选》，第552页。

③ （明）刘基：《苏平仲文集序》，载蔡景康编选《明代文论选》，第25页。

④ （清）恽敬：《答来卿》，载王运熙、顾易生主编《清代文论选》下，人民文学出版社1999年版，第668页。

⑤ （唐）杜牧：《答庄充书》，载周祖譔编选《隋唐五代文论选》，人民文学出版社1999年版，第308页。

⑥ （明）王世贞：《艺苑卮言》卷4，载丁福保辑《历代诗话续编》中，第1007页。

⑦ （清）厉志：《白华山人诗说》卷2，载郭绍虞编《清诗话续编》，第2283页。

⑧ （元）杨维桢：《赵氏诗录序》，载陶秋英编选《宋金元文论选》，第581页。

内所推博雅大儒，作为文章，非序事噂沓，即用笔平衍，于剪裁、提挈、烹炼、顿挫诸法大都懵然。是何故哉？盖其平素神气沾滞于丛杂琐碎中，翻撷多而思功少；譬如人足不良，终日循墙扶杖以行，一旦失所依傍，便怅怅然卧地而蛇趋，亦势之不得不然者也。"[1] 厉志认为："学古人最难，须以我之性情学问，暗暗与古人较计，所争在神与气，貌袭者不足道也。"[2] 方东树认为："凡诗、文、书、画，以精神为主。精神者，气之华也。"又云："大约古文及书、画、诗，四者之理一也。其用法取境亦一。"又云："凡古人所为品藻此四者之语，可聚观而通证之也。"[3] 在他看来，古文与书、画、诗，不仅同源共生，互证互通，而且法则相同，均以精神境界为重。古人、古诗之所以难以超越，大多在于情性神气层面。

在传统的书画理论中，对神气亦是相当重视的。究其根源，在于体现在书法、绘画中的文本之气更为直观可感，与造艺者自身的情感、意志、趣味、力道等精神底蕴，即作者之气常常能够同步共振。

见于历代画论中神气的论述，譬如东晋顾恺之"传神写照"之说，其《画云台山记》中有"画天师瘦形而神气远"之语，这是早期绘画艺术理论化的标志。其后以倡导"气韵生动"而闻名的南齐谢赫也强调神气，如评晋明帝云："虽略于形色，颇得神气。笔迹超越，亦有奇观。"[4] 唐人张怀瓘评顾恺之云："顾公运思精微，襟灵莫测，虽寄迹翰墨，其神气飘然在烟霄之上，不可以图画问求。"[5] 宋代的董羽对画龙理论颇有研究，如云："画龙者得神气之道也。神犹母也，气犹子也，以神召气，以母召子，孰敢不致？"[6] 明代董其

---

[1] （清）袁枚：《与程蕺园书》，载王运熙、顾易生主编《清代文论选》下，第526页。

[2] （清）厉志：《白华山人诗说》卷1，载郭绍虞编《清诗话续编》，第2272页。

[3] （清）方东树：《昭昧詹言》卷1，人民文学出版社1961年版，第30页。

[4] （南齐）谢赫：《古画品录》第五品，载俞剑华编《中国画论类编》，人民美术出版社1986年版，第365页。

[5] 引自［日］冈村繁译注：《历代名画记译注》卷5，俞慰刚译，上海古籍出版社2002年版，第271—272页。

[6] （宋）董羽：《画龙辑议》，载俞剑华编《中国画论类编》，第1018页。

昌《画禅室随笔》："文要得神气，且试看死人活人，生花剪花，活鸡木鸡，若何形状，若何神气。"① 清代恽格在《南田画跋》中，提出以神气为首要标准判定优劣，如云："凡观名迹，先论神气。以神气辨时代，审源流，考先匠，始能画一而无失矣。"② 恽氏以神气为"辨时代，审源流，考先匠"的标准，不仅提升了神气的理论地位，而且将其内涵由单一的主体精神气质拓展到广阔的时代风貌与复杂的学术源流，可谓独树一帜。他据此认为南唐山水画大家释巨然"行笔如龙"，"无迹可寻"，"神气森然洞目"，在五代两宋以来的画坛独树一帜。

有关神气的论述，历代书论中也颇为常见。譬如唐人张怀瓘提出书法的标准，《书议》："风神骨气者居上，妍美功用者居下。"③ 这里的"风、神、骨"三者，从本质上来看，均源于"气"。这种标准的提出，对于后世书法理论的影响极为深远。宋人欧阳修认为："作字要熟，熟则神气完实而有余，于静坐中自是一乐事。"④ 蔡襄主张书贵神气，学贵尚法。在《评书》中，他认为："学书之要，唯取神气为佳。若模象体势，虽形似而无精神，乃不知书者所为耳。"⑤ 在谈及写字经验时，米芾认为："世人多写大字时用力捉笔，字愈无筋骨神气，作圆笔头如蒸饼，大可鄙笑。"⑥ 姜夔认为："迟以取妍，速以取劲。必能先速，然后为迟。若素不能速而专事迟，则无神气。若专事速，又多失势。"⑦ 他以"迟"和"速"对举来把捉神气，别开一路，颇多新意。王澍认为："作字如人然，筋、骨、

---

① （明）董其昌：《画禅室随笔》卷3《评文》，景印文渊阁《四库全书》本。

② （清）恽格：《南田画跋》，朱季海、施立华校勘，上海人民美术出版社1987年版，第57页。

③ （唐）张怀瓘：《书议》，《历代书法论文选》，上海书画出版社编，上海书画出版社1979年版，第146页。

④ （宋）欧阳修：《试笔·作字要熟》，《欧阳修全集》卷130，李逸安点校，中华书局2001年版，第1978页。

⑤ （宋）蔡襄：《评书》，《端明集》卷34，景印文渊阁《四库全书》本。

⑥ （宋）米芾：《海岳名言》，《历代书法论文选》，第361页。

⑦ （宋）姜夔：《续书谱·迟速》，《历代书法论文选》，第393页。

血、肉、精、神、气、脉，八者备而后可为人。"① 在古人"天人合一""文如其人"的理念中，论文、论书与论人，取法相同或者相似，并无本质上的不同。

四

显而易见的是，刘大櫆以字句、音节为核心的神气论，与我们所熟知的上古以来的思想传统——文学的、哲学的或艺术的观念——相去甚远。学者一般认为，刘大櫆的神气音节观念受法于方苞的"义法"论，并对其进行了具体的规定与完善。方苞认为，"义"是《易》之谓"言有物"，"法"乃《易》之谓"言有序"，两者的关系"义以为经而法纬之，然后为成体之文"②。对于"义法"与气的关系，方氏认为："依于理以达乎其词者、则存乎气。气也者，各称其资材，而视所学之浅深以为充歉者也。"③ 方氏所确立的"义法"最高楷模，乃是儒家的"四书"及《易》《诗》《书》《春秋》等典籍，虽然他并没有进一步明确"义法"的内涵，但业已显露出将理学思想融入诗文理论的意图，其论大体限于道学之性理领域，对此进一步完善的，则是刘大櫆。

刘大櫆论文，强调神气。《论文偶记》："神者，文家之宝。文章最要气盛。然无神以主之，则气无所附，荡乎不知其所归也。神者气之主，气者神之用。神只是气之精处。"④ 在此，他明确地将神与气的关系视为体用关系，神为体，气为用，神乃是"气之最精处"，两者不可离分。这种观念仍然是传统神气思想的延续，但刘氏的论述并没有止步于此。对于神与气的关系，《论文偶记》认为：

---

① （清）王澍：《论书剩语·结字》，《淳化秘阁法帖考正》卷12，景印文渊阁《四库全书》本。

② （清）方苞：《又书货殖传后》，《方望溪全集》卷2，中国书店1991年版，第29页。

③ （清）方苞：《进四书文选表·凡例》，《方望溪全集》卷2，第288页。

④ （清）刘大櫆：《论文偶记》，第4页。

"行文之道，神为主，气辅之。曹子桓、苏子由论文，以气为主，是矣。然气随神转，神浑则气灏，神远则气逸，神伟则气高，神变则气奇，神深则气静，故神为气之主。"① 他认为神行气行、气到神到，因而，神主气辅，乃是二者浑然一体的最佳状态。

那么，如何求得神气呢？他提出于音节中求神气："音节高则神气必高，音节下则神气必下，故音节为神气之迹……合而读之，音节见矣；歌而咏之，神气出矣。"② 那么，又如何求得音节呢？他又进一步提出于字句中求音节的方法："神气者，文之最精处也。音节者，文之稍粗处也。字句者，文之最粗处也。然论文而至于字句，则文之能事尽矣。盖音节者，神气之迹也。字句者，音节之矩也。神气不可见，于音节见之，音节无可准，以字句准之。"③ 在刘氏的层层推导中，神气的内涵得以不断清晰起来，由"神气（最精处）→音节（稍粗处）→字句（最粗处）"，可以顺着推导；由"字句（最粗处）→音节（稍粗处）→神气（最精处）"，亦可逆向推导。经由音节、字句为中介的意义转换，神气这个难以把捉的范畴，一下子被具体且简单地呈现出来了，这不能不说是刘氏论神气的高明之处。我们知道，上古以来的神气观念中，神气常常被视为"气之精"，虚之又虚，玄之又玄，乃一种神妙莫测的至境。学者唯恐不能用最玄妙、最虚无的方式来描述，而绝少有将其证实的。刘氏的路数正好与之相反，在一步一步的推导下，他最终把神气的问题归结到字句上。从神气范畴阐释的历史来看，刘大櫆最大的贡献，大约就在于坐实了神气，让玄虚的神气变得具体可感，且易于探究辨析了。

刘氏不重义理，重义法。他认为古人文章可告人者，唯有文法。只有文法高妙，始能论文。在他看来，义理、书卷、经济属于匠人之材料，而属于义法的神气与音节，乃是"匠人之能事"。正是基于

---

① （清）刘大櫆：《论文偶记》，第3页。
② （清）刘大櫆：《论文偶记》，第6页。
③ （清）刘大櫆：《论文偶记》，第6页。

"音节"以求神气的主张，故而刘氏最为赞赏韩昌黎之文，《论文偶记》："一集之中篇篇变，一篇之中段段变，一段之中句句变，神变、气变、境变、音节变、字句变，惟昌黎能之。"① 当然，问题的另一面还在于，他把理论体系的基石全部依托在音节、字句之上，撤开作者之气的诸多因素，撤开了社会人生、历史文化的复杂状况，局限也就很明显了。刘氏通过层层推导，最终将难以把捉的神气归结到具体可感的音节字句上，这种分析推衍的路数，将精神境界层面的问题转化为训诂音韵层面的问题，此一方法论的翻转，虽然体用倒置，但在古代文学理论中确属别开生面，自成一系。

正因为如此，与刘大櫆持相反看法的文论家，也就大有人在了，他们大抵以炼气（骨）来对抗炼字、炼句。譬如贺贻孙论炼气："诗家固不能废炼，但以炼骨炼气为上，炼句次之，炼字斯下矣。"② 稍后的薛雪认为："篇中炼句，句中炼字，炼得篇中之意工到，则气韵清高深渺，格律雅健雄豪，无所不有，诗文之能事毕矣。"③ 费锡璜认为："不知古诗浑浑浩浩，纯是元气结成，若以字句求之，真是呓语。"④ 厉志也认为："古人诗多炼，今人诗每不解炼。炼之为诀，炼字、炼句、炼局、炼意，尽之矣。而最上者，莫善于炼气，气炼则四者皆得。所谓炼气之文，《三百篇》后竟不多见。"⑤ 上述各家，有关"炼字—炼句—炼局—炼意—炼气（骨）"层层递进关系的论述，其推衍的理路，与刘大櫆是完全逆向的。又譬如黄子云借晚唐诗作与韩、柳之文的比较，来判断炼气与炼句之高下。他认为："晚唐后专尚镂镌字句，语虽工，适足彰其小智小慧，终非浩然盛德之君子也。韩、柳之文，陶、杜之诗，无句不琢，却无纤毫斧凿痕者，

① （清）刘大櫆：《论文偶记》，第 8 页。
② （清）贺贻孙：《诗筏》，载郭绍虞编《清诗话续编》，第 165 页。
③ （清）薛雪：《一瓢诗话》，人民文学出版社 1979 年版，第 134 页。
④ （清）费锡璜：《汉诗总说》，载丁福保辑《清诗话》下，第 948 页。
⑤ （清）厉志：《白华山人诗说》卷 1，载郭绍虞编《清诗话续编》，第 2275 页。

能炼气也。气炼则句自炼矣。雕句者有迹；炼气者无形。"① 对此，晚近的刘熙载，说法较为折中："文以炼神炼气为上半截事，以炼字炼句为下半截事，此如《易》道有先天后天也。"② 在他看来，炼神、炼气与炼字、炼句是互为体用的，炼神、炼气为体，炼字、炼句为用，兼顾两面，也就稳妥中庸了。

重视神气的，也不乏其人。譬如与刘大櫆同时代的李重华，就认为神与气为体用关系，神行气行，气到神到。《贞一斋诗说》："神与气互相为用，曷以离而二之也……诗之宗莫若李、杜。杜生气远出，而总以神行其间；李神采飞动，而皆以浩气举之。是两人得之于天，各擅其长矣。惟夫杜之妙，神行而气亦行；李之妙，气到而神亦到，此其所以未易优劣尔。"③ 李氏以神与气的关系论述李杜诗歌。在他看来，无论是李白之浩气，或是杜甫之生气，均有神贯注其间，神与气相协而动、不可离分。尔后姚门弟子方东树秉承桐城一派的宗旨，论文以义理、法式、神气为核心，故云："气之精者为神，必至能神，方能不朽，而衣被后世，彼伪者，非气骨轻浮，即腐败臭秽而无灵气者也。"又云："有章法无气，则成死形木偶。有气无章法，则成粗俗莽夫。大约诗文以气脉为上，气所以行也，脉绾章法而隐焉者也。章法形骸也，脉所以细束形骸者也。章法在外可见，脉不可见，气脉之精妙，是为神至矣。俗人先无句，进次无章法，进次无气。数百年不得一作者，其在兹乎！"④ 方氏所论，较之"全在字句音节"的说法，已经有所纠偏，但他对于法式的过分倚重，仍然有目共睹。

① （清）黄子云：《野鸿诗的》，载丁福保辑《清诗话》下，第 859 页。
② （清）刘熙载：《艺概》，上海古籍出版社 1976 年版，第 24 页。
③ （清）李重华：《贞一斋诗说》，载丁福保辑《清诗话》下，第 921—922 页。
④ （清）方东树：《昭昧詹言》卷 1，第 25、30 页。

经典阐释中的"辞气"问题

在气学阐释史上，以辞气为代表的文本之气，历来占有一席之地。相对于声势更为浩大的主体之气和本体之气，文本之气在批评史上的地位显得略轻。但文学活动终究还是要诉诸视听的外在显现方式，因而古人看重辞气一类文本之气的阐发，讲究文章在文本的语言、技巧、章法以及结构展开方面的特点。从发生意义上看，辞气源自造艺者的主体之气，与作品的整体风格气象息息相关。其中的一些著名观念，譬如春秋末曾子关于君子容貌、颜色和辞气标准的论述，中唐韩愈关于"气盛言宜"的阐发，以及桐城姚鼐对于文辞之美的强调，在经典的传承与衍生中熠熠生辉、历久弥新，在文本之气的阐释史上发挥过极其重要的作用，值得更加深入细致地探究。

一

对于辞气的理解，古今不同。近世以来的学者，多持中西合璧的观点，认为辞气指的是言语的语气。譬如马建忠先生"仿葛郎玛（grammer）"著《马氏文通》。在他看来，"华文义例"是汉语的独特性所在，辞气的研究正是这种独特性的表现。以辞气为中心的句读论是马氏语法体系的一个重要组成部分，所谓"口气决而意达，意达而句读成矣"①，这种句读论的出发点是基于对言语辞气的认

---

① 吕叔湘、王海棻编：《马氏文通读本》，上海教育出版社1986年版，第222页。

识，类似于广义的"语气"。在《中国文法要略》中，吕叔湘先生指出："'语气'可有广狭两解。广义的'语气'包括'语意'和'语势'。所谓'语意'，指正和反，定和不定，虚和实的区别。所谓'语势'，指说话的轻或重，缓或急。除去这两样，剩下的是狭义的'语气'，假如要给他一个定义，可以说是'概念内容相同的语句，因使用的目的不同所生的分别'。"① 今人读古书，最重要的是通辞气，即古人说话的语法与语气，辞气通了，也就文从字顺了。《马氏文通》所论"辞气"，承袭传统语文学，通过对言辞声气的体悟来认知言语句法和语义，其所指内涵与吕先生所说的广义"语气"，大致是相当的。近人朱自清先生《论书生的酸气》："说话注重音调和辞气，以朗畅为好。"② 苏曼殊先生《与高天梅论文学书》："甚矣译事之难也，前见辜氏《痴汉骑马歌》，可谓辞气相副。"③ 大抵都是在语气、口气层面使用的。当代学者朱荣智先生认为，文气包括作品辞气和作者才气两个方面，"作者的才气，包括作者的性情和才学，而作品的辞气，是指作品的气势和情韵"④。所谓的文气，一方面是指作者的性情，透过文字的表达，所显现出来的艺术形貌；另一方面是指作品所能反映出来的作者生命形象。

从上古文献来看，古人理解辞气，多从言辞的声气口吻、文势神情等方面来诠释。譬如《春秋穀梁传·宣公八年》："而，缓辞也，足乎日之辞也。"又《定公十五年》："乃，急辞也，不足乎日之辞也。"⑤ 所谓"缓辞""急辞"的说法，显示出古人对于辞气的舒促及语义的轻重开始有意识加以关注。关于辞气，更为人熟知的一层含义，是将其与容颜举止并举，视为理想君子精神意志和人格

① 吕叔湘：《吕叔湘文集》第 1 卷，商务印书馆 1990 年版，第 257 页。
② 朱自清：《论书生的酸气》，《朱自清古典文学论文集》上，上海古籍出版社 1981 版，第 164 页。
③ 苏曼殊：《与高天梅论文学书》，《南社丛刻》第 1 册，江苏广陵古籍刻印社 1996 年版，第 269 页。
④ 朱荣智：《文气论研究》，第 78 页。
⑤ （清）阮元校刻：《十三经注疏》，第 2413、2446 页。

品行的外在彰显。譬如见于《战国策》《史记》，有曹沫劫齐桓公"颜色不变，辞气不悖"[①]的记载，褒扬其超人的勇气。当然，影响更为广泛的，是孔门弟子曾子的临终之言。

根据《论语》的记载，曾子病之不起，临终告以君子修身之道。《泰伯》："君子所贵乎道者三：动容貌，斯远暴慢矣；正颜色，斯近信矣；出辞气，斯远鄙倍矣。"[②]依曾子之言，君子要特别注意三点：其一，能常注意"动容貌"，己身便可远离"暴慢"；其二，能常注意"正颜色"，己身便可日近忠信；其三，能常注意吐辞、发音清晰明确，己身便可远于"鄙倍"。对此，郑玄认为："此道谓礼也。动容貌，能济济跄跄，则人不敢暴慢之；正颜色，能矜庄严栗，则人不敢欺诈之；出辞气，能顺而说之，则无恶戾之言入于耳。"[③]朱子认为："辞，言语。气，声气也。鄙，凡陋也。倍，与背同，谓之背理也。"[④]在曾子看来，君子的德行修养要注意三个方面的规范，即严肃容貌、端正脸色、规范言辞，唯有如此，方能赢得他人的尊敬和信任。关于这个问题，钱穆先生认为，曾子之学，盖主谨于外而完于内，"心弥小而德弥恢，行弥谨而守弥固。以临深履薄为基，以仁为己任为量"；孟子主由中以达外，以修身为本，乃学脉相承。相较于《中庸》"喜怒哀乐未发之谓中，发而皆中节谓之和"的原则，所谓"容貌""颜色""辞气"，均为喜怒哀乐之表达。"鄙之与雅，倍之与顺，正之与邪，信之与伪，暴之与和，慢之与庄，即中节、不中节之分……曾子此章，有据有守，工夫平实，病危临革而犹云云，可见其平日修养之诚且固。"[⑤]

源自儒学一系对辞气的推崇，在尔后理学家的眼里，这种"动容貌""出辞气"，旨在培养庄整齐肃的"主敬"境界，故而圣人辞

---

① （汉）司马迁：《鲁仲连邹阳列传》，《史记》卷83，第2468页。
② （清）阮元校刻：《十三经注疏》，第2486页。
③ （清）阮元校刻：《十三经注疏》，第2486页。
④ （宋）朱熹：《四书章句集注》，第104页。
⑤ 钱穆：《论语新解》，《钱宾四先生全集》第3册，第284、288页。

气，也就等同于圣人气象。譬如二程曾经有过一番讨论："问：'出辞气，莫是于言语上用工夫否？'曰：'须是养乎中，自然言语顺理。今人熟底事，说得便分明。若是生事，便说得蹇涩。须是涵养久，便得自然。若是慎言语不妄发，此却可著力。'"① 在理学家以"养"为核心的身心修养论中，强调"养乎中""涵养久"。在他们看来，通往本体之路，需要一番"养"的工夫，方能"言语顺理""慎言语不妄发"。换言之，人欲立本体，求得本心的超凡脱俗，在风云际会中始终保持内心的平静与自由，就必须在这个世界上作一番圣贤工夫，人格才能由此得以完善，精神境界亦可由此得以充实。圣人全身内外均为流行的道德心气所贯通，圣人气象就是内在所养之气外显的结果，而言语辞气和行为举止便是圣人气象的重要彰显方式。

在更为宽阔的文化视野中，古人所言辞气，大体上等同于言辞、语气、口气、谈吐，并且衍生出文章的辞锋、辞采、风格诸义。譬如《韩诗外传》载："传曰：孔子过康子，子张子夏从。孔子入座，二子相与论，终日不决。子夏辞气甚隘，颜色甚变。子张曰：子亦闻夫子之议论邪？徐言闽闽，威仪翼翼，后言先默，得之推让，巍巍乎，荡荡乎，道有归矣！小人之论也，专意自是，言人之非，瞋目扼腕，疾言喷喷，口沸目赤。一幸得胜，疾笑嗌嗌。威仪固陋，辞气鄙俗，是以君子贱之也。"② 此处谓子夏"辞气甚隘，颜色甚变"，带有贬义。子张以夫子与小人之辞气、颜色进行比较，虽然是就二子争论而言的，但所指显然并不在辞气、颜色本身，而是其背后的精神状态与人格品行。又如南朝宋刘义庆《世说新语·文学》记载北来道人与林公辩答，如云："此道人语，屡设疑难，林公辩答清析，辞气俱爽。"③ 此处"辞气"，是指语言文辞的机敏。又如《文心雕龙·诸子》："斯则得百氏之华采，而辞气文之大略也。"

---

① （宋）程颢、（宋）程颐：《二程遗书》卷18，第258页。
② 许维遹校释：《韩诗外传集释》卷9，中华书局1980年版，第333页。
③ 徐震堮：《世说新语校笺》，中华书局2001年版，第119页。

《总术》："按部整伍，以待情会，因时顺机，动不失正。数逢其极，机入其巧，则义味腾跃而生，辞气丛杂而至。"《封禅》："秦皇铭岱，文自李斯。法家辞气，体乏弘润。"①在刘勰看来，掌握文章的写作方法，是通才的基本要求，为文若能以术驭篇，那文章的义理韵味便会油然而生，文辞便会源源涌出，风格气势自然不同。稍后的《南齐书·谢超宗传》："超宗既坐，饮酒数瓯，辞气横出，太祖对之甚欢。"②《北史·屈遵传》："道赐善骑射，机辩有辞气，太武甚器之。"③均指言谈中的辞锋、辞采。再如唐人皎然曾评价"建安七子"的刘桢，认为他的辞气、气格与《古诗十九首》同属一流。《诗式》："邺中七子，陈王最高。刘桢辞气，偏正得其中，不拘对属，偶或有之，语与兴驱，势逐情起，不由作意，气格自高，与《十九首》其流一也。"④此处"辞气"，表现为"语与兴驱""势逐情起"，所指则偏于文章的气格、气势乃至兴味、情趣等义。

二

有关辞气与文章整体风貌、精神气象关系的论述，是历代辞气论者所关注的一个话题。譬如曾巩的学生刘弇，曾历数孔子以降尤其是汉唐诸家的诗文风格。《上运判王司封书》："孔子之气，周天地，该万变，故六经无余辞焉，而其小者犹足以叱夹谷之强齐。孟子芥视万钟，小晏婴管仲，而其自养则有所谓浩然者，故其书卒贻后世。语赋者莫如相如，相如似不从人间来者，以其慕蔺也。语史者莫如子长，瑰玮豪爽，视古无上者，以其上会稽，探禹穴，窥九疑，浮沅湘，以作其气也。唐之文章固无出退之者，其入王庭凑军也，视若轩渠乳儿，则足以知其气矣。若夫持正褊中，禹锡浮躁，

---

① 詹锳：《文心雕龙义证》，第 653、1645、803 页。
② （南朝梁）萧子显：《南齐书》卷 36，第 636 页。
③ （唐）李延寿：《北史》卷 27，中华书局 1974 年版，第 972 页。
④ （唐）皎然：《诗式》，载（清）何文焕辑《历代诗话》上，第 29 页。

元稹缘官人取宠，吕温茹便僻求进，而宗元戚嗟于放废之湘南，皆其气之不完者，故其文章终馁于理，亦其势然也。"① 他在论及"气完""气盛""气壮""气贯"诸种状况后，强调辞气相副，反之"气之不完者"，则"馁于理"。在他眼里，凡诗赋、史论，莫不恃气而行。再如金人王若虚曾盛赞苏轼才情横溢，他认为："公雄文大手，乐府乃其游戏。顾岂与流俗争胜哉！盖其天资不凡，辞气迈往，故落笔皆绝尘耳。"② 东坡"辞气迈往"源于"天资不凡"，常常于不经意间，写出与众不同的作品来。古代文论家谈论辞气问题时，并没有就辞气而论辞气，也不仅仅局限于作品文本本身，而是更加喜好于探究文本背后的因由，这种知人而论世、知言而知气的言说亦是颇为常见的论证策略。

推而广之，古人亦将辞气的不同特质与文学思想各个时期的阶段特征乃至作者的寿夭、身份品行等，一一比附起来。其中极致的做法，如明代陈谟《答或人》："朱子论风雅颂部分，盖曰辞气不同，音节亦异……时异事异，故辞气亦异，然而以声相附者，声犹后世所云调，若腔也。盛唐中唐晚唐律同则音同，谓其辞气不同可、谓其音不同不可，况盛唐亦有辞气类晚唐者，晚唐复有类盛唐者乎？尝欲取盛唐诸家，和平正大高明俊伟者，不分古体律绝类为盛唐诗，其辞气颇类晚唐者类为晚唐之祖，合为一卷。中唐晚唐各为一卷，其辞气颇类盛唐者则类为各卷之首，中唐晚唐盛唐所谓系一人之本者，诗之正变，则诗人之性情，而辞气不同耳，使学习之审如是，晚唐可入盛唐，不如是，盛唐则至晚唐，靡靡而后已，亦少补也。"③ 陈氏以辞气为标准，区分盛唐、中唐、晚唐的诗歌风格，在文学批评史上是比较独特的。究其根源，在古人的文化视野中，从大处看，社会历史文化的变迁影响辞气的变化；从小处看，个体年

---

① （宋）刘弇：《上运判王司封书》，《龙云集》卷18，景印文渊阁《四库全书》本。
② （金）王若虚：《滹南诗话》卷2，载丁福保辑《历代诗话续编》上，第517页。
③ （明）陈谟：《海桑集》卷10，景印文渊阁《四库全书》本。

龄体貌的变化乃至身份职业也会影响辞气的特质。譬如明代李时勉认为：“常闻前辈言，文章亦可以卜人之寿夭，何也？夫人年少之时，辞气清俊，如朝霞映日光彩流丽；及其壮也，辞气峥嵘，如龙腾霄云汉雨意满空；其既老也，辞气苍古，如岁寒松柏不改其操，此皆寿征也。”① 文中所列三类“辞气”，少之清俊、壮之峥嵘、老之苍古，皆长寿之兆。尔后的徐祯卿，将辞气特质与个人身份品行一一比附，并就辞与气之间的对应关系进行了若干分类，其论独树一帜，颇多激愤之辞。他认为：“诗之词气，虽由政教，然支分条布，略有径庭。良由人士品殊，艺随迁易。故宗工巨匠，词淳气平；豪贤硕侠，辞雄气武；迁臣孽子，辞厉气促；逸民遗老，辞玄气沉；贤良文学，辞雅气俊；辅臣弼士，辞尊气严；阉童壶女，辞弱气柔；媚夫倖士，辞靡气荡；荒才娇丽，辞淫气伤。”② 古人认同文如其人，辞和气是一一对应的关系。所谓的辞气，也就兼有血气、志气、文气、气象、气势等多重意蕴了。

从儒学一以贯之的谱系来看，中唐韩愈“气盛言宜”的提出，将对辞气问题的重视提升到一个全新的层面，将传统辞气论带到一个理论新高度。韩愈重辞。在他看来，辞之所以重要，在于可以贯道。对于辞，昌黎先生不仅在创作实践中身体力行，而且在理论上倍加推崇。《答李秀才书》：“愈之所志于古者，不惟其辞之好，好其道焉尔。”③ 又《题欧阳生哀辞后》：“学古道则欲兼通其辞，通其辞者，本志乎古道者也。”④ 又《答尉迟生书》：“体不备不可以为成人，辞不足不可以为成文。”⑤ 虽然这种经由文达于道的理想，囿于偏重“文学、言语、声响之工”，缺乏修为与实现方法而被朱子批

① （明）李时勉：《题夏氏所收诗字后》，《古廉文集》卷8，景印文渊阁《四库全书》本。
② （明）徐祯卿：《谈艺录》，载（清）何文焕辑《历代诗话》下，第768页。
③ 马其昶校注：《韩昌黎文集校注》卷3，上海古籍出版社1986年版，第176页。
④ 马其昶校注：《韩昌黎文集校注》卷5，第305页。
⑤ 马其昶校注：《韩昌黎文集校注》卷2，第145页。

评,① 但在古文家浓厚的"文以载道"氛围中，辞气是其中的一个重要言说范畴，是联结道与文的中介，缺少此一中介，文与道便无法贯通，"文以载道"也就无所傍依了。

对于辞气，昌黎先生极为重视。《答张籍书》："及聆其音声，接其辞气，则有愿交之志。"② 又《与汝州卢郎中论荐侯喜状》："辞气激扬，面有矜色。"③ 韩愈以恢复道统、文统为己任，挽狂澜于既倒。他的气学思想，虽源自思孟学派，但更偏于文本之气，按照真德秀的说法，韩愈"平生用力深处，终不离乎文字言语之工"④，尤为关注文章写作中文气随言辞、形式的具体展开及其传达效果，因而特别看重文章句式与语言声响。有关"气盛言宜"的说法，见于《答李翊书》。韩愈认为："气，水也；言，浮物也。水大而物之浮者大小毕浮，气之与言犹是也，气盛则言之短长与声之高下者皆宜。"⑤ 他以水喻气，将气与言的关系等同于水与浮物的关系。在他看来，文章之精神气质，在于文气充沛、气势浩荡。创作主体的德行，不仅内化于道德操守、精神追求，且由内而外，神化而不自知，外显为文章的风格气象。气盛者之道德境界、人格气象流露于笔端，文章自然生机盎然、气象万千，无论是用词之长短，还是声调之高下，皆能得宜。

所谓的"气盛言宜"，不过是借助气之流行往复，内养为主体之气，外化为文本之气，在主客之间形成一个完整的辞气运行过程。如此，运气以驭辞，铸辞以凝气，也是有唐一代古文运动的传统。关于这一点，古文运动的先驱梁肃认为："故文本于道。失道则博之以气，气不足则饰之以辞。盖道能兼气，气能兼辞，辞不当则文斯败矣……若乃其气全、其辞辨，驰骛古今之际，高步天地之间，则

① 参见（宋）黎靖德编《朱子语类》卷121、137，第2918、3255、3276页。
② 马其昶校注：《韩昌黎文集校注》卷2，第131页。
③ 马其昶校注：《韩昌黎文集校注》卷8，第585页。
④ （宋）真德秀：《韩子之学》，《西山读书记》卷30，景印文渊阁《四库全书》本。
⑤ 马其昶校注：《韩昌黎文集校注》卷3，第171页。

有左补阙李君。"① 梁氏秉持"文道合一"的观点，将"道""气""辞""文"的逐层推衍关系，分辨得颇为清晰。致力于辞气的辨析，也成为韩门的传统。对此，李翱也曾有过极为细致地推衍，如《答朱载言书》："故义深则意远，意远则理辩，理辩则气直，气直则辞盛，辞盛则文工。"② 文公此论，运思缜密、层级清晰，逐层推导义深、意远、理辩、气直、辞盛、文工之间的关系，是对韩愈辞气论的进一步细化和推衍。李翱曾从韩愈学古文并推进古文运动，理论上高屋建瓴，文章亦平实流畅。清人章学诚在批评皇甫湜时，就曾将李氏之文作为正面例子加以褒扬。《皇甫持正文集书后》："真气不足，于学盖无所得。袭于形貌以为瑰奇，不免外强中干，不及李翱氏文远矣。"③ 在章实斋看来，皇甫之文"真气不足"，仅仅流连于形貌之"瑰奇"，于学无所得，只是"外强中干"。这种轻气重辞，乃为文一大弊病。

三

在辞气的内在结构和张力上，历代论者大多在辞和气之间保持一种折中的立场，这也成为明清以后文论家的一般价值取向。譬如明代宋濂认为："所谓相师者，或有异焉。其上焉者师其意，辞固不似而气象无不同；其下焉者师其辞，辞则似矣，求其精神之所寓，固未尝近也。"④ 言辞与气象，有形似与神似的高下之别，仅有言辞而无意义，则无法求得"精神之所寓"。尔后周忱认为："文以理为主，而气以发之。理明矣，而气或不充，则意虽精，辞虽达，而萎

---

① （唐）梁肃：《补阙李君前集序》，载周祖譔编选《隋唐五代文论选》，第179—180页。
② （唐）李翱：《答朱载言书》，载周祖譔编选《隋唐五代文论选》，第223页。
③ （清）章学诚：《章学诚遗书》卷8，文物出版社1985年版，第69页。
④ （明）宋濂：《答董秀才论诗书》，《文宪集》卷28，景印文渊阁《四库全书》本。

苶不振之病有所不免。"① 既主理，又强调"气之充"对于辞、意的意义。尔后的李梦阳，曾论及辞气的审美标准，如云："辞之畅者，其气也。中和者，气之最也。夫然，又华之以色，永之以味，溢之以香，是以古之文者，一挥而众善具也。"② 李氏论文，重气、重辞，其风格"多北方之音，以气骨称雄"，这一特征与其诗学主张是一致的。谢榛认为作诗要免去陈套，需要处理好辞与气之间的关系，孰轻孰重，灵活运用，不可偏执一端。《四溟诗话》："学选诗不免乎套子，去套子则语新而句奇。务新奇则太工，辞不流动，气乏浑厚。如辞胜气，气胜辞，套子用否之间，善作者不堕于一隅也。"③ 稍后的归有光重视辞气在文章中的作用，是明代辞气论的重要论述者。《辞气委婉则》："秦汉以下，去圣人渐远，故其辞气往往有迫切之病。惟左氏所载诸国往来之辞与君臣相告谋之语，辞不迫切而意有独至。今录吕相绝秦论，兼取其文也。乐毅《报燕王书》，味其辞气，亦庶几者，故并录之。"④ 将辞气迫切与文意独到结合起来，独推崇《左氏春秋》辞气优游不迫，故而独具意味。他视辞气迫切为文病，归之于去圣渐远，是颇为典型的征圣路数。

古人对于辞气的理解，与强调文辞之美以及关注文章要素细分的内在研究路径，密不可分。桐城之学重文、重理，讲究义理、法度，故而重视辞气、声气在文章中的作用。"桐城三祖"之一的姚鼐，强调文辞、格律、声色之美，如《答翁学士书》："文字者，犹人之言语也，有气以充之……意与气相御而为辞，然后有声音节奏高下抗坠之度、反复进退之态、采色之华。故声色之美，因乎意与气而时变者也。"⑤ 在他看来，文字、言辞皆源于气之充盈。文章有气，则栩栩如生，如见其人。尔后"桐城中兴"的张裕钊，强调为

① （明）周忱：《高太史凫藻集序》，《高太史凫藻集》卷首，《四部丛刊》本。
② （明）李梦阳：《驳何氏论文书》，载蔡景康编选《明代文论选》，第100页。
③ （明）谢榛：《四溟诗话》卷3，第93页。
④ （明）归有光：《归震川先生论文章体则》，载王水照编《历代文话》，第1720页。
⑤ （清）姚鼐：《惜抱轩诗文集》卷6，上海古籍出版社1992年版，第84、85页。

文要意、辞、气、法浑然一体。《答吴挚甫书》："文以意为主，而辞欲能副其意，气欲能举其辞。譬之车然，意为之御，辞为之载，而气则所以行也。"[1] 他认为要学习古人的文章，始于因声而求气，得气则意，辞因气而显。又云："吾所求于古人者，由气而通其意，以及其辞与法，而喻乎其深。及吾所自为文，则一以意为主，而辞气与法胥从之矣。"[2] 正是基于对辞气的重视，张氏提出"因声而求气"，并视之为桐城义法的重要内容。这是桐城古文家论文之要义，对辞气与声气关系的认识，对于当时文学创作和批评鉴赏的转向有一定的引导作用，并对近代语言学产生了一定的影响。

历史地看，古人围绕辞气的论述，脉络清晰、内蕴丰厚，构成了气学话语形态的重要一翼。就主体之气而言，既有"内游""外游""主敬"等构成的养气、炼气理论，也有灵感、虚静、应感、神思、意会等具体的方式方法；就文本之气而言，有"辞根于气""气形于言""气畅辞达""气盛言宜""随物赋形""气殊格异""阴阳刚柔"诸说法；就文章气象而言，亦不乏气骨、气势、气象、气脉、气韵、风骨等范畴论及对艺术生命品相与整体精神风貌的论述，由此构成了极具民族特质的、蔚为壮观的文气话语体系景观。

值得注意的是，还有"气骨"一说。在早期的论述中，其既有指向作者才气的，也有指向文本辞气的，典型的例子如《诗品》。钟嵘评诗，颇为重气，在《诗品》中，气多指气骨、风力。譬如列为上品的曹植，评云："其源出于《国风》。骨气奇高，词彩华茂，情兼雅怨，体备文质，粲溢今古，卓尔不群。嗟乎！陈思之于文章也，譬人伦之有周孔，鳞羽之有龙凤，音乐之有琴笙，女工之有黼黻。俾尔怀铅吮墨者，抱篇章而景慕，映余晖以自烛。"又如评刘桢云："其源出于《古诗》。仗气爱奇，动多振绝。真骨凌霜，高风跨俗。

---

① （清）张裕钊：《答吴挚甫书》，载舒芜等编选《近代文论选》上，第297页。
② （清）张裕钊：《答吴挚甫书》，载舒芜等编选《近代文论选》上，第298页。

但气过其文，雕润恨少。然自陈思已下，桢称独步。"① 曹、刘均以气骨取胜，钟嵘这里说的"气"，是指作家的才气。再如评张华云："其源出于王粲。其体华艳，兴托不奇，巧用文字，务为妍冶。虽名高曩代，而疏亮之士，犹恨其儿女情多，风云气少。"评刘琨、卢谌云："其源出于王粲。善为凄戾之词，自有清拔之气。"评郭泰机、顾恺之、谢世基、顾迈、戴凯五人："观此五子，文虽不多，气调警拔。"② 这里所谓"气"，兼有骨意，是指作品的风格、气象。

在古代批评家的价值取向上，气和骨之间的理想状态，应该是保持着一种中和适度，秦汉之文的"敛气于骨"和唐宋之文的"运骨于气"，是古人倍加推崇的。对于两者的关系，胡应麟的看法颇为辩证。他认为："肉不可使胜骨，而骨又不可太露；词不可使胜气，而气又不可太扬。"③ 无论是"胜气"，还是"胜骨"，都不是上佳的选择，"太露""太扬"也不是最佳的取向。"清初三大家"的侯方域，对气骨问题颇为关注，明确辨析了秦汉文章的"敛气于骨"和唐宋文章"运骨于气"的不同特质。方氏强调气对于文章的重要性，《答孙生书》："文之所贵者，气也。"④ 他以"主气""主骨"为分类标准，辨析先秦之文与汉代以后文章的不同。《与任王谷论文书》："大约秦以前之文主骨，汉以后之文主气。秦以前之文，若六经，非可以文论也，其他如《老》、《韩》诸子、《左传》、《战国策》、《国语》，皆敛气于骨者也；汉以后之文，若《史》、若《汉》、若八家，最擅其胜，皆运骨于气者也。"⑤ 我们知道，秦汉之文和唐宋之文的区别，历来是古文家关注的话题。在侯氏看来，先秦之文，乃"敛气于骨"，汉以后文章，包括唐宋八大家，乃"运骨于气"；前者"主骨"，后者"主气"，故而论文，主张由"唐宋八大家"入手，

---

① （南朝梁）钟嵘：《诗品》，载（清）何文焕辑《历代诗话》上，第 7 页。
② （南朝梁）钟嵘：《诗品》，载（清）何文焕辑《历代诗话》上，第 11、12、13 页。
③ （明）胡应麟：《诗薮》卷 5，上海古籍出版社 1979 年版，第 82 页。
④ 王树林校笺：《侯方域集校笺》卷 3，中州古籍出版社 1992 年版，第 125 页。
⑤ 王树林校笺：《侯方域集校笺》卷 3，第 126 页。

而后秦、汉，以达先秦"敛气于骨"的境界。"姚门四子"的方东树，论文也颇为强调气骨。《通论五古》："古人皆于本领上用工夫，故文字有气骨。今人只于枝叶上粉饰，下梢又并枝叶亦没了。文字成，不见作者面目，则其文字可有可无。诗亦然。"① 这里所谓的"气骨"，已经并不仅仅局限在文本的辞气层面，而是兼有作者之气、文本气象的意味了。

就文本之气的理解及其蕴含的问题而言，受制于文学自觉与文体成熟，从辞气的维度考察文气话语形态，成为古人经典解释之内在路径的一个重要面向，也是当代学者研究文气的一个重要问题。作为文本之气的统一体，辞气的阐释及其衍生诸问题，在不同时代阐释者眼里，分别呈现出不同的特质。值得关注的是，在经典阐释传统中，阐释者对于作者之气、本体之气的重视远远超过本文之气。文本之气不同于血气、浩然之气、正气、阴柔之气等造艺者的主体之气，也不同于冲气、精气、真气、卦气等形上的本体之气，而是指语言法则之体势声调、字句章法，包括文本之辞、字、句、音、韵、声、调，等等。其中涉及的原因很复杂，既与古人的文学实践活动有关，也与先秦以来重质轻文的传统有关。历代阐释者多从言辞、语气、文势、辞采等角度阐发，并形成将辞气的不同特质与文学思想史的阶段性特征相比附的解释模式。源于儒学一系的推崇，圣人辞气与圣人气象均指向言行举止中流露出的整体气质与人格力量。韩愈的"气盛言宜"，将辞气视为文与道贯通的中介，运气以驭辞，铸辞以凝气，阐释了一个完整的辞气运行过程。有关辞气的论述，在古代文学理论中确属别开生面，自成一系，值得更加深入的研讨。

---

① （清）方东树：《昭昧詹言》卷1，第2页。

"一气贯注"的审美体验

　　"一气贯注"的说法多见于古代的诗文评。文气充沛、气势浩荡的作品，带给人的审美感受，就是一气贯注，这是艺术创作和批评鉴赏中审美快感的重要来源。类似的说法，还有一气如话、一气写出、一气直下、一气连属、清空一气、生气贯注等。这类气学话语的言说方式，是我国古代诗文评中独具民族文化特质的部分，散发着诗性与智慧的光芒。

　　为了教育孙辈学习写古诗，近代诗词名家俞陛云写了《诗境浅说》一书。俞氏幼承家学，精于诗词，在文学、书法方面造诣颇深，他喜好以气论诗，深谙传统气学之精义。《诗境浅说》一书于1936年由上海开明书店出版，全书专论唐诗、唐律作法，作者将精力悉数放在分析每首唐诗、每副名联的声调、格律、句法乃至意蕴之深、诗境之妙上，书中常以"一气贯注"论诗，读来令人印象深刻。

　　在评王勃《送杜少甫之任蜀川》时，俞先生认为前两句叙明题旨，"与君离别意"六句，"皆送友之词，一气贯注，如娓娓清谈，极行云流水之妙"。他强调作律诗忌枝节横断，认为唐人律诗无不气脉流通，此诗即为代表。在比较崔颢《黄鹤楼》和刘禹锡《西塞山怀古》之后，他认为两者有异曲同工之妙。崔诗从黄鹤仙人入手，前四句皆言仙人乘鹤之事；刘诗从西塞山铁锁横江入手，前四句皆言王濬平吴之事，两诗皆为一气贯注之作。在比较贾岛《渡桑干》和李商隐《夜雨寄北》之后，他认为两诗在作法上，皆首尾相应、同一机轴。前者"作七绝者，或四句一气贯注，或曲折写出，而仍能一气，最为难到之境。学诗之金针也"；后者"清空如话，一气循环，绝句中最为擅胜。诗本寄友，如闻娓娓清谈，深情弥见"。全书深入浅出、雅俗共赏，特别适合于初学诗者，乃大家写小书的典范。

此外，《诗境浅说》一书，频繁使用浩瀚之气、气盛言宜、逸气凌云、清劲气、以气运之、一气旋转、纯以气行、义烈之气、气脉流通、浩气流行、一气挥洒、气厚力透、劲气直达、气象宏阔、清空一气、一气奔放、一气循环、一气写出，等等。如评张乔《书边事》一诗，"高视阔步而出，一气直书，而仍有顿挫，亦高格之一也"；评杜甫《登高》一诗，"有一泻千里之势，纯以气行，而意自见"；评李白《下江陵》一诗，"诗笔亦一气奔放，如轻舟直下"；评王维"君自故乡来，应知故乡事"一句，"复清空一气，所谓妙手偶得也"；评马戴"孤云与归鸟，千里片时间"一句，"诗有作意，而能以气运之，律诗之枕中秘也"。纵观全书，以"一气贯注"为代表的气学家族系列命题和范畴，是俞氏谈诗论艺的重要话语资源，也是传达诗歌审美感受的不二之选。

"一气贯注"的说法，也多见于清人的画论、书论。乾嘉时期的沈宗骞，画山水人物，传神精妙。在他看来，烟岚云树、村落平原，曲折可通，总有一气贯注之势，"密不嫌迫塞，疏不嫌空松，增之不得"。他看重泼墨。泼墨的目的，是使山石林木照映联络，在交接虚实处，以淡墨落定，蘸湿墨一气写出，从而呈现出一气相通之势，（《芥舟学画编》卷2《用墨》）。道光时期的朱和羹，习书四十载，寂寞一生，著有《临池心解》一书。他认为习书贵在一气贯注，执笔如枪法，凡左右、前后、偏锋、正锋，必随势转之，操纵在心。"凡作一字，上下有承接，左右有呼应，打叠一片"，方能尽善尽美。稍后的陈其元，出身名门望族，宦游四方，见多识广。晚年娱情翰墨，著《庸闲斋笔记》十二卷。在解释结体法时，他强调学书者，须每笔三折、一气贯注。无论从有笔墨处求之，还是从无笔墨处求之，都要疏密长短、轻重疾徐，参差中见整齐。清代学者的这些看法，理论思维活跃，既是对传统艺术鉴赏理论中审美感受的精彩总结，也开辟了传统气学理论的新境界。正如梁启超《中国近三百年学术史》的判断，清代学术鼎盛，画论、书论带有集大成的时代特征。

为了理解"一气贯注"这类古人的审美感受，还应该对"气学"话语体系的其他问题略加探讨，譬如与之意义关联极强的古人有关"气势"的说法。古人看重气势，诗文佳品，气势为先。气顺则语畅，语畅则势足，势足则感人。历史上的《孟子》七篇、贾谊《过秦论》、文天祥《指南录后序》等，气势磅礴，被广为称道。势源于气，气必生势，两者同源共生。曾国藩说："有气则有势，有识则有度，有情则有韵，有趣则有味。古人绝好文字，大约于此四者之中必有一长"。（《同治四年六月初一日家训》）气势、气运、气象构成气场，强大气场带来的审美感受极为震撼。唐僧皎然曾言"气势腾飞"来描述高手之作在诗境传达上的千变万态与精妙绝伦（《诗式·明势》）。因此，论文先论气，论气必论势，大抵是古人的共识。

当然，问题的另一面还在于，气势太甚，亦非佳作。度的把握，极为重要。对此，古人的认识极为透彻。唐代的李德裕曾提出两个命题："气不可以不贯"和"势不可以不息"（《文章论》）。前者强调要一气贯通，后者强调要留有余味。若单单讲求气壮而文无余味，便会令人有冗长泛滥、瞋目短后之感。更早"建安七子"中的刘桢曾提出"辞已尽而势有余"（《文心雕龙·定势》），意思是，无论壮言慷慨，还是娓娓清谈，话说完了，但气势还留在听众印象内，令人回味无穷。也正因为如此，清代桐城"姚门四杰"的方东树，曾经评价苏轼作品，认为言太尽、一览无余，应"济以顿挫之法"（《昭昧詹言》卷1）。今人傅庚生先生谈论"势度与韵味"时，推崇《孟子》之文是有气有势之典范。他视气势为文章之本，"无其气者无其势，无其势者无其文"（《中国文学欣赏举偶》）。凡外强中干、色厉内荏者，皆属无本。只有襟怀开豁、志气充沛者，才能气势宏伟。由此可见，古今学者眼中的上乘之作，是生气贯注、顺势而为之作，而非奄无生气、剑拔弩张之作。凡此种种，我们方可真正理解"一气贯注"之精髓，也更能领会古代诗文评传统的折中之道。

情深而文明，气盛而化神

——养气对为文的影响

我国古代有丰富的养气思想资源。在传统的修养论中，养气既是一种身心修炼与欲望治疗，也是一种生活方式与精神寄托。在天人、物我之间，无论是内在的精神化，还是外在的具象化，养气的工夫最终落实到为人的气象、为文的风格上，经由养气完成的身心修炼是意义世界转换的基础。自孟子善养"浩然之气"发端，在古代艺术理论领域，历代关于养气与为文的论述极为浩瀚，理论家对于养气与为文者之间的内外、出入、吐纳关系，多有认同发挥，成为传统文艺思想中极具民族特质的一部分。

古人养气的理论，建立在万物一体、知行合一的前提下。气之涵养，包括知、情、意、行诸多方面，经由"养"的实践路径，在宇宙万物的知识体系和主体实践的价值体系之间，搭建起主客、心物之间的互动相生，从而把宇宙世界、人伦世界精神化、价值化了。养气的问题，在本质上体现了主体的价值理想与精神追求，最终涉及主体的自我理解和自我实现。通往本体之路，需要一番"养"的工夫，事实上，"知言养气"的重要性，就在于从知识和经验中去认识世界和完善自我。换言之，人欲立本体，以求本心的超凡脱俗，必须在这个世界上作一番圣贤工夫，其人格才能得以完成，精神境界亦可由此得以充实。这就是孟子的"知言养气"。

道德标准：崇尚浩然正气。古人养气，崇尚浩然正气的价值取向，这是为文的最高道德标准。孟子的"浩然之气"，是一种弥漫于天地之间的精神存在，集知识、信仰、价值、情操于一体，是长期德性累积、情感约束与道义自觉而达至的一种内外交辉的天地境界。宋代苏轼在评价中唐韩愈的意义时，对此加以阐发。在他看来，"浩然之气"的形成是一个道德提升与境界培育的过程，生理层面的气须经由道德层面的转化，才能"塞于天地之间"，践行于人之"四体"，方能挽救"道之丧""文之弊"，从而"参天地""关盛衰"，实现精神化、价值化的转换，成为超越生理层面的精神之气。古人强调正气的培养。天地之气有阴有阳、有中有正，故而音乐有正声、中声，正声得正气，中声得中气，这是三代以来天人学、律历学的共识。正气是古人对精神世界理想状态的一种自我设定，核心是仁、义、礼、智、信等德性质素。在古人看来，正气是后天教化的产物，气正，人正，方能文正。所以南宋的陆游认定"人之邪正，至观其文则尽矣"；明清之际的李渔也认为，文章之所以流传，并非由于文字，而是"一念之正气使传也"。古人对正气的颂扬，不乏国人耳熟能详者。譬如宋元之际文天祥著名的《正气歌》："天地有正气，杂然赋流形。下则为河岳，上则为日星。于人曰浩然，沛乎塞苍冥。"文氏被囚于阴暗潮湿的土室，其间充满七种污秽之气，但他能够凭借正气的巨大力量加以抵御。同样，在正气熏陶下的气节、气骨、英气、豪气，也是为人称道的君子品行。在古人的价值视野中，浩然正气犹如一个巨大的信仰支柱，成为历代人物品鉴、文艺批评的理想标杆。宋代的辛弃疾"以气节自负，以功业自许"，清代的魏禧"养气之功在于集义，文章之能事在于积理"，均洋溢着浓厚的浩然正气色彩。

审美标准：追求尚中致和。古人养气，追求"尚中致和"的精神境界，这是为文的最高审美标准。中和是一种遍布时空，充溢于天、地、人的普遍和谐关系。《中庸》认为："中也者，天下之大本也；和也者，天下之达道也。"在汉代董仲舒的《春秋繁露·循天之道》中，记载了公孙尼子的养气思想。公孙尼子分析了造成身内之气失常的十类因素：一类是形体上的失衡，如太实、太虚、太劳；另一类是情感上的失衡，如怒、喜、忧等。在他看来，"凡此十者，气之害也，而皆生于不中和"，气之所以"高""散""狂""慑"，是因为"反中"，即偏离了中和的价值取向。因此，养气之正或不正、完美或不完美，标准在于能否中和。作为道德判断的一个极高的标准，中和具有主导多元、异质协调、对立消解以及事物间相应互涵、各适其位等特质，自三代以来便成为君子阶层的传统，积淀成为中华民族的文化基因，广泛地体现在古人关于自然宇宙和社会人生的认识与理解中，也成为古代文学思想形成的一种主导价值理性。古代文论家们无论是主张养阳刚之气，还是主张养阴柔之气，都是在天道性命贯通的大格局下提出的，"尚中致和"是共同的审美价值理想。就一般意义上而言，养气与为人、为文的整体关联，便是为文者的价值实现过程。对于阴阳调和而生和气、而为文章的理想景况，《礼记·乐记》归结为"情深而文明，气盛而化神"，这种观念对于传统时代艺术创作、审美意识的发生发展产生了深刻的影响。对此，明代宋濂阐发为："人能养气，则情深而文明；气盛而化神，当与天地同功也。"他认为善养气者，"攻内不攻外，图大不图小"，此气与天地之气、文章之气循环往复、交相辉映，因而意义广大，影响深远。

阅历储备：强调内外兼济。古人养气，强调内外兼济的方法路径，这是为文的知识阅历储备。作为一种实践，养气在实现途径上强调内养和外养、"内游"和"外游"的结合。先秦诸子的养气思想，对后世的影响很大。孟子高扬主体性，确信气与知、情、意、行等质素的整体融合，在他看来，养气乃是本心由内而外的自我不断提升。荀子强调"治气养心之术"，对于内在的身心修养也颇为重视。荀子并不认为养气可以由内而外地自我主宰，在他看来，礼才是价值的本源，因此，养气必须施以礼法的外在约束。汉代以后的养气思想，强调主体的学习修养与社会人生阅历。所谓人生阅历，包括外在的社会阅历和内在的读书学识两方面，也即"外游"与"内游"。就"外游"的思想资源来看，司马迁读万卷书、行万里路的知识阅历，成为激发后世理论家想象的不竭源头，而其所禀受的江山大川之助，也成为"外游"思想的重要来源。齐梁之际的刘勰认为屈原"所以能洞监《风》、《骚》之情者，抑亦江山之助乎?"宋代的苏辙认为司马迁"行天下，周览四海名山大川，与燕赵间豪俊交游，故其文疏荡，颇有奇气"。在他们看来，增广社会阅历以开阔胸襟是极为重要的养气途径。养气的核心，在于提升为文者的内在修为。因此，读圣贤书也是主要的途径之一。古人认为"畅游"于《河图》《洛书》《周诰》《商盘》《禹谟》《舜典》等典籍，以及尧、舜、禹、汤、文、武、周等史迹中，便能有助于主体心性之气的培育。凡此强调广泛涉猎经、史、子、集及其对于道德境界、文章修养的意义，便是典型的"内游"思想。"外游"和"内游"是不同的养成方式，由此也产生了内外兼济的养气方式。元代郝经认为:"游于内而不滞于内，应于外而不逐于外。"明代谢榛也认为:"自古诗人养气，各有主焉。蕴乎内，著乎外。"便道出了这一层意思。

养气之重，重在养德。养气既是血气的生理存养，也是情志的心理培养，更是知性的积累与德性的提升。养气是一种途径，通向多元的价值本体，无论是偏于德性修养的养气、养性，还是偏于求知问学的养生、养体，除了知识追求、道德修养外，还体现在养情、养威等艺术、诗歌、礼乐等饱含情性的精神创造活动里。在《儒道两家思想在文学中的人格修养问题》一文中，徐复观先生认为:"由修养而道德内在化，内在化为作者之心，'心'与'道德'是一体，则由道德而来的仁心与勇气，加深扩大了感发的对象与动机，能见人之所不及见、感人之所不能感、言人之所不能言……古今中外真正古典的、伟大的作品，不挂道德规范的招牌，但其中必然有某种深刻的道德意味以作其鼓动的生命力。"[1] 如何在知识世界的基础上张扬意义的世界，从而达至知识理性与道德理性的完满结合，是历代知识分子自我超越的重要方面，这既是古人养气之最终目的，也是古来为文之价值旨归。

---

[1] 徐复观:《中国文学精神》，第19页。

传统的养气思想

在传统的工夫论中，养气是一种身心修炼与欲望治疗，也是一种生活方式与生活艺术，更是一种精神寄托与价值信仰。古人有关养气的理论，建立在万物一体、知行合一的前提下，经由"养"的实践路径，在宇宙世界和人伦世界之间搭建起互动相生的整体关联，因而具有复杂多面的意义脉络与思想空间。先秦以来的养气理论影响深远，在后世形形色色的养生、养性、养精、养神乃至所有的养生术和神仙术中得以不断阐发，成为传统思想文化中极具民族特质的一个部分。

在价值取向上，古人的养气，崇尚浩然正气的培育。孟子善养"浩然之气"，这是一种弥漫于天地之间的精神存在，集知识、信仰、价值、情操于一体，是长期德性累积、情感约束与道义自觉而达至的一种内外交辉的天地境界。宋代苏轼在评价中唐韩愈的意义时，对此加以阐发。在他看来，"浩然之气"的形成是一个道德提升与境界培育的过程，生理层面的气须经由道德层面的转化，才能"塞于天地之间"，践形于人之"四体"，方能挽救"道之丧""文之弊"，从而"参天地""关盛衰"，实现精神化、价值化的转换，成为超越生理层面的精神之气。古人强调正气的培养。天地之气有阴有阳、有中有正，故而音乐有正声、中声，正声得正气，中声得中气，这是三代以来天人学、律历学的共识。正气是古人对精神世界理想状态的一种自我设定，核心是仁、义、礼、智、信等德性质素。在儒家一系的正统文化视野中，正气是后天教化的产物，气正，人正，方能文正，所以南宋陆游认为"人之邪正，至观其文则尽矣"，明清之际李渔也认为，文章之所以流传，并非由于文字，而是"一念之正气使传也"。古人对正气的颂扬，不乏国人耳熟能详者，譬如宋元之际文天祥著名的《正气歌》："天地有正气，杂然赋流形。下则为河岳，上则为日星。于人曰浩然，沛乎塞苍冥。"文氏被囚于阴暗潮湿的土室，其间充满七种污秽之气，但他能够凭借正气的巨大力量，抵御各种污秽之气。同样，在正气熏陶下的气节、气骨、英气、豪气，也是为人称道的君子品行。在古人的价值视野中，浩然正气犹如一个巨大的信仰支柱，成为历代人物品鉴、文艺批评的理想标杆。宋代辛弃疾所谓"以气节自负，以功业自许"，清代魏禧所谓"养气之功在于集义，文章之能事在于积理"，均洋溢着浓厚的浩然正气色彩。

在精神境界上，古人的养气，以"尚中致和"为追求目标。中和是一种遍布时空、充溢于天地人的普遍和谐关系，所以《中庸》认为"中也者，天下之大本也；和也者，天下之达道"。在汉代董仲舒的《春秋繁露·循天之道》中，记载了公孙尼子的养气思想。公孙尼子分析了造成身内之气失常的十类因素：一类是形体上的失衡、如太实、太虚、太劳；另一类是情感上的失衡，如怒、喜、忧等。在他看来，"凡此十者，气之害也，而皆生于不中和"，气之所以"高""散""狂""慢"，是因为"反中"，也即偏离了中和的价值取向。因此，养气正或不正，完美或不完美，标准在于能否中和。作为道德判断的一个极高的标准，中和所具有的主导多元、异质协调、对立消解以及事物间相应互涵、各适其位等特质，自三代以来便成为君子阶层的传统，作为一种集体无意识积淀为中华民族的文化基因，广泛地体现在古人关于自然宇宙和社会人生的认识与理解中，也成为传统养气思想形成的一种主导价值理性。无论是主张养阳刚之气，或是主张养阴柔之气，在价值取向上仿佛相左右，在审美内涵上仿佛对立，但都是在天道性命贯通的大格局下提出的，两者同源共生，常常相互为济，"尚中致和"是共同的审美价值理想。就一般意义上而言，养气与为人、为文的整体关联，便是造艺者的价值实现过程。对于阴阳调和而生和气、而为文章的理想景况，《礼记·乐记》归结为"情深而文明，气盛而化神"，这种观念对于传统时代艺术创作、审美意识的发生发展产生了深刻的影响。明代宋濂进一步阐发为"人能养气，则情深而文明，气盛而化神，当与天地同功也"，他看来，善养气者，"攻内不攻外，图大不图小"，此气与天地之气、文章之气循环往复、交相辉映，意义广大。

在方式途径上，古人的养气，强调内外兼济。作为一种实践功夫，在实现的途径上，强调合内外之道，内养与外养、"内游"与"外游"结合。在儒学一系的传统中，一般认为，孟子偏于内圣的规范，荀子偏于外王的规范，互相弥补，共同发挥了孔子在道德实践上内外并重的传统。在养气问题上，两者也是各有侧重。荀子重视礼法等外在制度的建设，但对于内在的身心修养，也并没有忽视，荀子提出的"治气养心之术"，与孟子的"知言养气"并无根本的对立。孟子高扬主体性，确信气与知、情、意、行等质素的整体融合，在他看来，儒者的养气乃是本心由内而外的自我不断提升；荀子并不认为养气可以由内而外地自我主宰，在他看来，礼才是价值的本源，因此，养气必须施以礼的外在规范与法的外力约束。先秦诸子的养气思想，对后世影响很大。汉代以后的养气思想，强调主体的学习修养与社会人生阅历，所谓人生阅历包括了外在的社会阅历和内在的读书学识两个方面，也即"外游"与"内游"。就"外游"的思想资源来看，司马迁读万卷书、行万里路的人生阅历，成为激发后世理论家想象的不竭源头，而其所禀受的江山大川之助，也成为"外游"思想的重要来源。齐梁之际的刘勰认为"屈平所以能洞监风骚之情者，抑亦江山之助乎"；宋代苏辙认为太史公"行天下，周览四海名山大川，与燕赵间豪俊交游，故其文疏荡，颇有奇气"。在他们看来，增广社会阅历以开阔胸襟是极为重要的养气途径。养气的核心，在于提升内在修为，因此，读圣贤书是主要途径之一，古人认为畅游于《河图》《洛书》《周诰》《商盘》《禹谟》《舜典》等典籍，以及尧、舜、禹、汤、文、武、周等史迹中，便能有助于主体心性之气的培育。这种强调广泛涉猎经、史、子、集对于道德境界、文章修养的意义，这是典型的"内游"思想。"内游"和"外游"是不同的养成方式，由此也产生了内外兼顾的养气方式，譬如元代郝经认为"游于内而不滞于内，应于外而不逐于外"，明代谢榛认为"自古诗人养气，各有主焉。蕴乎内，著乎外"，便道出了这一层意思。

中国古代有着丰富的养气思想资源，涉及精神追求实现的过程、方面与层次等各个方面的问题，对于我们的精神文化建设，仍然具有很强的借鉴价值。首先，养气是一个长期的、艰苦的实践积累过程。人欲立本体，以求本心的超凡脱俗，必须在这个世界上作一番圣贤工夫，因此，必须心志专一、持之以恒，既不能像宋人那样"闵其苗之不长而揠之者"（《孟子·公孙丑上》），也不能像弈秋学棋时，不专心致志的那人一样（《孟子·告子上》）。同时，养气的工夫，不仅是一种知性活动，还是一种德性活动，必须付诸实践活动。养气的直接对象，无论是接受传统文化遗产，还是借助"学""行"的方式，譬如德行、修行甚或"江山之助"式的涵养，注重的是知行合一。只有伴随着时时着意、事事留心的实践工夫的深入，才会逐渐成为一种自发、无意识的行为，达到孔子"从心所欲不逾矩"的境界，在任何境况均能对周遭的人事、物事做出最恰当、最得体的回应。其次，我们今天理解养气的问题，必须放在社会文化的脉络中进行。在后天的社会文化属性培养中，依据古人人心、社会与宇宙同源共构的逻辑，养之以气、养之以礼、养之以孝、养之以信等方式，皆可以"变化气质"，在人的主体结构成分中，增加更多的社会约束和文化印记，其人格中也必然会体现更多的社会价值与人文意蕴，承袭更多的历史文化传统，从而引发人内在精神世界的根本转变。儒家内圣外王的社会理想中,"独善其身"的目的,还在于"兼济天下",养气思想所内蕴的仁、义、礼、智、信等核心价值,经由个体潜能的培养提升,展示出自觉的人文价值的引导与塑造,最终呈现为可行可见的移风易俗的社会行为,营造出天下安宁、井然有序的和谐局面,这应该是我们对于养气所寄予的更高的价值期待。

"养"的意义脉络与诠释维度

在传统的工夫论中，所谓的"养"，既是一种生活方式与生活艺术，也是一种身心修炼与欲望治疗，还是一种精神寄托与价值信仰。中国古代有着丰富的养生、养性、养气、养胆的思想资源，古人围绕"养"展开的意义建构，不只在于知识的建立，亦在于价值的印证与信仰的确立，其范围至广、影响至深让人叹服。[①] 在古典学的理论视野中，"养"是一个功能性、关联性的语素，有着复杂的意义关联与价值指向。就近几十年的研究状况而言，不同于"心""性""天""德"等实体性语素丰硕的研究成果，作为功能性、关联性的语素，如"养""化""变"等问题的研究，明显不足。因此，对于此一类过程性语素的研究，不仅有助于加深对实体性语素的理解，也可以更为充分地呈现出中国古代文学思想的复杂性与丰富性。

作为一个关联性语素，"养"的意义脉络，建立在天、地、人整体关联的基础上，在万物一体、知行合一的预设下，经由"养"的认识路径，在宇宙万物的知识体系和主体实践的价值体系之间，搭建起主客、心物之间的互动相生，从而把宇宙世界、人伦世界精神化、价值化了。作为一个过程性语素，"养"的诠释维度，建立在人文化成的基础上。儒家理想人格的内在超越，经由"养"的实践路

---

① 在谈论"养"与中国古代社会制度、医学和文学的关系时，周策纵先生认为，"养"字，无论是饮食和冠昏之事，还是辞让和早聘之事，均以保持个体本身生存和个体后代延续为目的。因此，从"养"的概念，即从经济生产和生育两方面出发，来看中国古代社会制度和文学科学的发展，或许有新的发现。参见周策纵《古巫医与"六诗"考：中国浪漫文学探源》"序"，上海古籍出版社 2009 年版。

径，不断完成自我的更生与创新，并潜移默化地影响到社会风尚与文化传承。"养"是起源与终点的合一，也是过程与目标的统一，具有复杂多面的意义脉络与诠释维度，在主体实践、社会文化、历史传统的脉络中，可以较为全面地展示"养"的含义与理解，也可以对中华传统文化的思想谱系与传承脉络有更加深入的了解。

一

对于"养"的理解，必须在主体的实践性、超越性脉络中进行。"养"源自主体的意义需求与目标感，是主体存在与自我实现的重要甚或是唯一方式。儒学传统强调主体思想与心性修养，视人的道德活动为生活世界唯一的重要内容，因而极为重视价值的实践性与主体践行，如修身养性、收拾精神、培养本原，等等。从孟子的"知言养气"到程朱的"涵养用敬"，经由"豁然贯通"的质的飞跃，达到全体开显的境界，是儒家追求的圣贤气象的必经之路。有关"养"的工夫，充分显示了主体实践性的一面，如何成己成人，如何尽心知性，养之以礼、养之以气，在儒家的成德之学中一向具有优先性。因此，强调理论付诸践行，注重知行合一，也就成为传统价值观的核心内容，

富于理想主义的孟子对于"养"的思想极为重视，相关内容见于《孟子》七篇。其中有关"养"的文字，大约具有两方面的意思：一是生理性、生命性的存养，如"养生""养弟子""养公田""养口体""养老"；二是心理性、精神性的修养，如"养勇""养吾浩然之气""养君子""养志""养其性""养心"。这种对于"养"的强调，体现了孟子在实践心性的问题上，确有相当的创见。《孟子·告子上》："故苟得其养，无物不长；苟失其养，无物不消。"[①] 此"养"，是针对"人之情"而言的，此"情（性）"之形成，在于前

---

① （清）阮元校刻：《十三经注疏》，第2751页。

文所言"仁义之心",能否"养"此"仁义之心",也就是人之为"善"或"不善"的关键所在。不同于孔子追求个体道德人格的完善以及社会完美的伦理秩序与德性政治,孟子所肯定的"养",旨在真正的自我发展和人格实现,而非仅仅在于获得社会的认同或政治的提升。

作为传统体验之学的核心,"养"的问题,最终涉及人性的自我理解和自我实现。通往本体之路,需要一番"养"的工夫。事实上,"知言养气"的重要性,也在于从知识和经验中去认识世界和完善自我,换言之,人欲立本体,以求本心的超凡脱俗,必须在这个世界上作一番圣贤工夫,一个人的人格才能得以完成,精神境界亦可由此得以充实,这就是孟子的"知言养气"。养气的问题,在本质上体现了主体的价值理想与精神追求,这是古代思想家关注的共同话题。气之涵养,包括知、情、意、行诸多方面,养气的过程既是血气的生理存养,也是情志的心理培养,更是知性的积累与德性的提升。《孟子·尽心上》:"君子所性,仁义礼智根于心,其生色也,睟然见于面,盎于背,施于四体。四体不言而喻。"[1] 在孟子的身心观中,作为内外宇宙与身心转化的便捷渠道,养气的工夫最终落实到为人的气象、为文的风格上。无论是内在向度的精神化,还是外在向度的具象化,经由养气完成的身心修炼是意义世界转换的基础。因此,自孟子"吾善养浩然之气"发端,在古代艺术理论领域,历代关于养气与为文的论述极为浩瀚,理论家对于养气与造艺之间的内外、出入、吐纳关系,大都认同。

在荀子倡导的"全粹"之学中,"养"是至为关键的环节。从"诵经"出发,《荀子·劝学》篇有极为清晰的论述。首先,荀子论述"五经"的特质及其对圣人之学的重要性,所谓"真积力久则入,学至乎没而后止也",强调学经重在长久的体验,且验于己身,方能"学之全",所云:"全之尽之,然后学者也。君子知夫不全不

---

① (清)阮元校刻:《十三经注疏》,第 2766 页。

粹之不足以为美也，故诵数以贯之，思索以通之，为其人以处之，除其害者以持养之。"① 这里论及为学修养的两个阶段：首先是"诵数以贯之""思索以通之"，这是为学修养的第一阶段，目的在于"贯""通"各种繁多复杂的知识，"善学"之后，经由"持养"，也即"为其人以处之""除其害者"的阶段，而达至"学之全"，这是"全粹"之学的精髓所在。这种主体的修养提升，强调今人与古人在精神视野上的合一，必须建立在身体力行、知行合一的知识积累之上，荀子肯定在"养"与身心之间有一种内在的相互发明、相互照应关系。在认识的过程中，心与物、知与理之间的沟通，需借助"养"的工夫，这既是儒家获得"知"的全体性和"理"的特殊性的内在思考逻辑，也是主体自我发现、自我实现的必然过程。

在古人看来，养生之大，在于养德。源于三代以来的人文化成传统，自"周孔"以来的儒家道德理性预设中，人的任何活动总是朝向各种价值。"养"的观念，先行肯定价值，以"成人"为目的，因而有关"养"实施的手段、方式、工具等，均以实现价值理想或目标为逻辑前提。在《春秋繁露·身之养重于义》篇中，董仲舒认为"天之生人"，便"生义与利"，其中，"利以养其体，义以养其心"，"义者心之养也，利者体之养也"。在他看来，两者皆人生之必须，缺一不可，"心不得义不能乐，体不得利不能安"。但是，他又反复强调"义之养生人大于利"，因为"人有义者，虽贫能自乐""无义者，虽富莫能自存"②，各种羞辱、罪恶、祸患会接踵而至，所以"义之养大于利而厚于财"。经由董仲舒的推导，可以看到，儒家价值观与关于基本需求和基本情绪的种种人生经验关联密切。"养"所培育的道德情愫，是在人生的具体情境中实现的，也就保证了在人生的实践中，自始至终都与直接经验和价值理性相联结。与之相应，儒家之谓"养"，必须在历史文化链条中确立个体安身立命

① （清）王先谦：《荀子集解》，第18—19页。
② （清）苏舆：《春秋繁露义证》，钟哲点校，第263—264页。

的位置，而此一目标的实现，除具有自身的主体超越性外，还必须在社会实践和历史传承的脉络中，才能得以顺利地实现。

二

对于"养"的理解，必须在社会文化的脉络中进行。在儒家内圣外王的理想中，结合了个体与群体、一己之性与全体之情，也为个人完善与社会实践的相互发用、个人价值的实现与社会政治理想的实施、个体的完善与群体的至善提供了价值尺度与价值典范。在后天的社会文化属性培养中，依据人心、社会与宇宙同源共构的逻辑，通过养之以礼、养之以孝、养之以信等方式，人皆可以"变化气质"。在人的主体结构成分中，儒家增加了更多的社会约束与文化基因，其人格也必然会体现更多的社会价值与人文理想，并承袭更多的民族历史传统印记。

强调"养"的多元性，是荀子思想的一大创见。在解释"礼"的起源时，荀子有"养欲"之论。从人之所欲出发，荀子强调"养"在其间的作用，《荀子·礼论》开篇明言："礼起于何也？曰：人生而有欲，欲而不得，则不能无求。求而无度量分界，则不能不争；争则乱，乱则穷。先王恶其乱也，故制礼义以分之，以养人之欲，给人之求。使欲必不穷于物，物必不屈于欲。两者相持而长，是礼之所起也。故礼者，养也。"① 在此基础上，荀子全面地论述了有关"养"的思想，诸如五味之"养口"、椒兰之"养鼻"、文章之"养目"、琴瑟之"养耳"、越席之"养体"。同时，还要重视贵贱、长幼、贫富之差别等级，故而"天子大路越席"之"养体"，"侧载睪芷"之"养鼻"，"前有错衡"之"养目"，"和鸾之声"之"养耳"，"龙旗九斿"之"养信"，"寝兕持虎"之"养威"，"大路之马，必信至教顺"之"养安"，乃至"养生""养财""养情"，等

---

① （清）王先谦：《荀子集解》，第346页。

等。荀子论"养",涉及生理、物理、心理各个方面,以及礼乐政教、人伦道德等丰富内容。他强调"礼义"与"情性"并重,并以此作为儒、墨区别之所在。

类似的论述,也见于《礼记》。其中《礼运》篇假孔子之口谈礼的缘起:"饮食男女,人之大欲存焉。死亡贫苦,人之大恶存焉。故欲恶者,心之大端也。人藏其心,不可测度也,美恶皆在其心,不见其色也,欲一以穷之,舍礼何以哉。"进而谈到礼的作用:"夫礼必本于天,动而之地,列而之事,变而从时,协于分艺,其居人也曰养,其行之以货力、辞让、饮食、冠昏、丧祭、射御、朝聘。"① 郑玄认为,"养"字为"义"字之误,并以《孝经》"义由人出"为证,尔后注家大多从郑说。譬如孔颖达认为上云"义之修,礼之藏",下云圣人"陈义以种之",又云"义者,艺之分,仁之节",故知"养当为义"也,并引《孔子家语》为佐证。②

在儒家所强调的父子、君臣、长幼、夫妇和朋友的人伦关系中,有关"养礼""养威""养孝""养信"的思想,构成了身心修养的基本实践向度。每一种关系均需要履行不同的人伦准则,譬如父子之间要"亲"、君臣之间要"义"、长幼之间要"序"、夫妇之间要"别"、朋友之间要"信",而贯穿于"亲""义""序""别""信"之中的是一种社会关系的相互关联性,即作为普遍性原则的"忠恕"之道。因此,有关"养"的思想,构成儒家社会实践的基本脉络和框架。荀子主张以"恭敬辞让"来"养安","礼乐文理"来"养情"。在他看来,政治的目的,在于养民、教民,而"礼"之养民、教民的功能尤其重大,故君主不可不察。《荀子·富国》"为人主上者不美不饰之不足以一民也,不富不厚之不足以管下也",表达的就是这层意思。③

---

① (清)阮元校刻:《十三经注疏》,第 1422、1426 页。
② (清)阮元校刻:《十三经注疏》,第 1426 页。
③ (清)王先谦:《荀子集解》,第 186 页。

见于经学中的命题，《论语》的"九思"、《礼记》的"九容"，对于理解古人的"存养"之功，是很有价值的。《论语·季氏》："君子有九思，视思明，听思聪，色思温，貌思恭，言思忠，事思敬，疑思问，忿思难，见得思义。"①《礼记·玉藻》："足容重，手容恭，目容端，口容止，声容静，头容直，气容肃，立容德，色容庄。"② 对此，朱子的理解，就很具有启发性："问：'《礼记》九容，与《论语》九思，一同本原之地，固欲存养。于容貌之间，又欲随事省察。'曰：'即此便是涵养本原。这里不是存养，更于甚处存养？'"③ 在儒学传统中，一种真正意义的"养"有赖于人际的沟通与互动，绝非一种个人的自我行为，必须置放在人与人、人与社会的关系中，通过身心交关、知行合一的践行，方能得以实现。因此，对儒者而言，成功的"养"，便是如何在风云际会中始终保持内心的平静与自由，所导向的是终极性的自我转化与提升，而这种转化与提升，也正是根植于一个广泛的人与人、人与社会的关系脉络之中。

无论是通过"学"的方式，还是借助"行"的方式，譬如修行、修炼，甚或"江山之助"式的涵养，"养"的最终指向还在于道德实践与审美境界。在《春秋繁露·玉杯》中，董仲舒解释"圣化"时，列举了"六艺"的"赡养"之功，如《诗》《书》的"序其志"、《礼》《乐》的"纯其美"、《易》《春秋》的"明其知"，他提出"兼得其所长"，方能"大成"。④ 不同于董仲舒道德提升式的"内养"，受业于董仲舒的司马迁，更为强调社会阅历式的"外养"。太史公行天下，周览四海名山大川，与燕赵豪俊交游，从而成就其"通古今之变，成一家之言"的宏愿，这种"读万卷书，行万里路"的"外养"之法，也是备受后人推崇的。自六朝以来，有关"养"

---

① （清）阮元校刻：《十三经注疏》，第 2522 页。
② （清）阮元校刻：《十三经注疏》，第 1485 页。
③ （宋）黎靖德编：《朱子语类》卷 87，第 2246 页。
④ （清）苏舆：《春秋繁露义证》，钟哲点校，第 35—38 页。

的动静、内外之分，便成为古代思想文化领域关注的重要话题。在古人看来，"养"不仅是一种知性活动，更是一种德性活动，必须付诸社会实践，因此，养气、养性、养心，作为重要的修养工夫，在君子成人中的社会意义，也就异常重大了。对于古往今来的儒者而言，不离日用伦常的"事上磨炼"，是极为紧要的工夫。从早期的教育、教化到尔后自觉、有意识的身心修炼，伴随着这种实践的深入，便会逐渐成为一种自发、无意识的行为，且在举手投足、动容周旋的日常生活中时时刻刻显露出来，最终达到孔子所谓"从心所欲不逾矩"的境界，在任何境况均能对周遭的人事、物事作出最恰当、最得体的回应，从而与所处的环境保持高度的和谐融洽。

三

对于"养"的理解，必须在历史传统的脉络中进行。"养"意谓享用和利用前人在文化传统中所赋予的意义，只有在古今共有的意义世界中，传统才能得以延续，孔子"养孝"、荀子"持养"，均有此意。历史传统具有一以贯之的脉络，这是经典诠释得以进行的理论前提，也是对"知人论世""为其人以处之""设身处地""知音"等问题进行诠释的思想场域。历代儒家围绕"养"的价值建构，也正是基于这样一个既联系着现实世界又蕴藉着历史传统的人文理想。

在个体的社会化过程中，儒家强调"教"和"养"。所谓"教"，即立人、达人之事；所谓"养"，即立己、达己之事。"教"的含义，外显于人的实现，关注于个体摆脱个别性、自然性，臻于人我交融的和谐秩序；"养"的含义，内在于人的修为，关注于个体内在本性的实现与完成。因此，"教"与"养"，内与外，如同一面之两体，个体由内而外的转化，必然见诸群体与世界的行为，儒家所阐明的仁、义、礼、智、信诸种德行，经由个体潜能的培养提升，从而呈现为可行可见的移风易俗的社会行为。

"养"的实现，借助于"学"的途径、"化"的方式。就主体的价值实现而言，"养"包含了"学""化"。"学"是向外的，"化"是向内的。在解释《论语·学而》首句"学而时习之"时，李明辉先生认为，"学"的直接对象是古代的文化遗产，其目的是道德实践。"学"不仅是一种知性活动，还是一种实践活动，包含一种文化传承的关系。"学"必须不断地重复，文化传承才能持续下去，而这种重复也就是创造。① 比较而言，"化"既是一种状态，也是一个过程，包含"化"这一语素在内的范畴（如气化、物化、教化、感化、生化等），均呈现出过程性的特征。譬如易学的"乾道变化"，《横渠易说》释云："变，言其著，化，言其渐。"② 在张载看来，"化"就是由微到著的积累渐变过程。究其根本，"学""化"与"养"是相通的，"学"的过程，是"化"的过程，也是"养"的过程。在历史的、文化的、社会的脉络中，如何发挥经典诠释者的主观性，这是成人成圣、优入圣域所必修的，也是"养"的思想所包含的丰富内涵与复杂关联。

"知言养气"所强调的是价值主体的超越性，在对经典的诠释中，孟子提出"以意逆志""知人论世"的解经方法。在他看来，在经典诠释者和经典文本之间，存在一种互动相生、互为主体的关系。正是倚仗于这种主体超越性，解经者能够超越时间和空间的阻隔，即便百世之下，亦能上溯千载，遥契圣人之意。在论及"知人论世"时，孟子强调"读其书"是不够的，重要的是"知其人""论其世"，即理解文本的作者、文本中的人物以及他们所处的时代。换言之，后世对于经典的诠释，仅仅关注文本本身是不够的，必须延伸到"其人""其世"，才能充分理解文本。当然，这种理解必定

---

① 李明辉：《儒家视野下的政治思想》，北京大学出版社 2005 年版，第 5 页。
② （宋）张载：《张载集》，第 70 页。

是在解经者的古今视野融合中展开的，因而所谓的"论"，虽然立足于"其人""其世"的客观史实，但也必定融入了解经者的主观态度与思想情感，而不会是纯粹历史主义的态度。换言之，所谓的"知人论世"，用施莱尔马赫的话讲，那就是在经典诠释中，读者应该追求"设身处地（Einlebem）"的理解。[①]

与此相似，荀子则提出"为其人以处之"。要达到荀子所设定的"全而粹"的君子标准，就要"善学"。那么，如何"善学"呢？在荀子看来，需要"诵数以贯之""思索以通之""为其人以处之""除其害者"。对于"为其人以处之"，历代注家颇为留意，刘台拱释云："虽诵数思索而不体之于身，则无以居之。故必自为其人以居其道也。"郭嵩焘释云："言设身处地，取古人所已行者为之程式，而得其所处之方也。"王先谦案曰："刘、郭说是。"[②] 上述注家皆为确解，均点出"持养"之要害所在。所谓"诵数以贯之""思索以通之"，是较为客观纯粹的学习阶段，这种"持养"重在向外；而"为其人以处之""除其害者"则带入了主观设身处地的理解，以及趋利避害的价值判断，这种"持养"重在向内。换言之，所谓的"为其人以处之"，用伽达默尔的话讲，那就是解释学的"根本理解"，必定是解释者把自身所处的"具体的诠释学境遇"与文本联系起来而产生的。[③]

当然，谈论"养"的问题，我们不可避免地要回溯到孔子。《论语》中有大量孔子回答弟子问"孝"的语录，如《里仁》篇："三年无改于父之道，可谓孝矣。"《为政》篇："今之孝者，是谓能养。至于犬马，皆能有养。不敬，何以别乎。"[④] 在孔子看来，对

---

① 洪汉鼎：《何谓诠释学》，《理解与解释——诠释学经典文选》，东方出版社2001年版，"编者引言"第15页。

② （清）王先谦：《荀子集解》，第19页。

③ ［德］伽达默尔：《真理与方法——哲学诠释学的基本特征》，洪汉鼎译，上海译文出版社1999年版，第396页。

④ （清）阮元校刻：《十三经注疏》，第2471、2462页。

"孝"的培养是一个过程，也就是一个"养"的过程，此一过程，不仅需要设身处地的理解，还需要贯注全部的情感。这种投入情感的理解，既是"养孝"的方式，也是解经者"优入圣域"的历程。在孔子这里，凡道德、伦理、政治与文化等问题，皆一以贯之，遵循同样的价值原则。孔子的重要性就在于，他坚信人能够成为一个充分的价值主体，在内外两个向度，通过礼之实践和仁之提升，达至尽善尽美的境地。孔子强调价值主体的自我完善与自我实现，《论语·宪问》曰："古之学者为己，今之学者为人。"① 所谓"古"是孔子心目中的上古黄金时代，所谓"今"是"礼坏乐崩"的春秋乱世；"为己"之学是强调自我道德的内在完善，"为人"之学则是强调获得外在群体的认可。在孔子这里，人的存在，既是自然和社会的存在，更是历史与文化的存在。因此，他以托古的形式指明了价值主体自我实现的逻辑归宿，在这种古今对照中，"养孝"的价值取向也就鲜明地呈现出来了。

以"养"为核心衍生的家族系列范畴、命题，多从修养论层面立论，对此，近世以来的论者往往将其与道德伦理等同起来，认为仅仅具有单一的价值属性，从而使得今人的理解也狭隘化了。在《儒道两家思想在文学中的人格修养问题》一文中，徐复观先生认为："由修养而道德内在化，内在化为作者之心，'心'和'道德'是一体，则由道德而来的仁心与勇气，加深扩大了感发的对象与动机，能见人之所不能见、感人之所不能感、言人之所不能言……古今中外真正古典的、伟大的作品，不挂道德规范的招牌，但其中必然有某种深刻的道德意味以作其鼓动的生命力。"② 这一见解是平实公允的。"养"是一个通道，通向多元的价值本体，其间既有孟子式的养气、养性，偏于德行修养的面向；也有荀子式的养生、养体，偏于求知问学的面向。同时，除了道德修养、知识追求外，还表现

---

① （清）阮元校刻：《十三经注疏》，第 2512 页。
② 徐复观：《中国文学精神》，第 19 页。

在养情、养威等艺术、诗歌、礼乐之类饱含情性的创造活动里。如何在知识世界的基础上，张扬意义的世界，从而达至知识理性与道德理性的完满结合，是历代知识分子自我超越的重要方面，也是"养"的最终目的所在。

"随物赋形"与气化为文

关于艺术创作中的"随物赋形",苏轼《自评文》有一段精彩论述:"吾文如万斛泉涌,不择地皆可出,在平地滔滔汩汩,虽一日千里无难。及其与山石曲折,随物赋形,而不可知也。所可知者,常行于所当行,常止于不可不止,如是而已矣。其他虽吾亦不能知也。"① 在总结自己的创作经验时,苏轼描绘了一幅在创作激情驱使下,情不自禁、不可阻挡的灵感喷薄景象,这是艺术创作中一种典型的以气化为文的表现。从观念史的角度追根溯源,六朝谢赫《古画品录》有"应物象形""随类赋彩"的论画主张,陆机《文赋》有物"多姿"、体"屡迁",刘勰《文心雕龙·物色》有"随物以宛转"等论文主张,但明确提出"随物赋形"主张的是苏轼。根植于多方面的艺术创作实践以及深厚的易学理论背景,苏轼在论文、论画时,从理论到实践全方位地诠释了"随物赋形"多重意蕴,使之成为艺术创作中形象构思的普遍性法则,受到后世学者的普遍认同和广泛呼应。

一

"随物赋形"的审美宗旨,在于追求作者之气、物象之气、形象之气的完美合一,强调构思与行气的理想效果。譬如金代王若虚评白居易诗云:"乐天之诗,情致曲尽,入人肝脾,随物赋形,所在充

---

① (宋)苏轼:《苏轼文集》卷66,孔凡礼点校,第2069页。

满，殆与元气相侔。"① 元好问评杜甫诗云："如元气淋漓，随物赋形，如三江五湖，合而为海，浩浩瀚瀚，无有涯矣；如祥光庆云，千变万化，不可名状。"② 清人邓绎认为："'万斛泉源，随地涌出'，其文心之盛乎？'因方成硅，遇圆成璧'，其文心之巧乎？二者皆出于自然，故神于艺者近乎道。"③ 邓氏论文重视文气的浩荡，追溯从孔子"辞达"到孟子"浩然之气"逮至唐宋古文家论文重气的传统，对于明以后主情不主气的倾向，颇不以为然，认为这是读书少而不能"知言养气"的结果，故而对东坡的"随物赋形"，尤为赞赏。

在论画和论文中，苏轼多次论及"随物赋形"。譬如在对"死水"和"活水"画法进行比较后，他认为"古今画水，多作平远细皱，其善者不过能为波头起伏。使人至以手扪之，谓有洼隆，以为至妙矣。然其品格，特与印板水纸争工拙于毫厘间耳"，这是"死水"；而"唐广明中，处士孙位始出新意，画奔湍巨浪，与山石曲折，随物赋形，尽水之变，号称神逸"，这是"活水"④。这一段话中，值得探究的问题有二：一是"随物赋形"的本义与引申义是什么？二是"死水"与"活水"的区别为什么在于"尽水之变"？

所谓"随物赋形"，实则指创作中的行气、运气。"物"是指事物的本然状态，"形"则是指创作的应然状态，这是一个由本然而应然、形似而神似的过程，也是一个自然而然、率性而为的过程。在东坡眼里，好的作品应该如《与谢民师推官书》所言："大略如行云流水，初无定质，但常行于所当行，常止于所不可不止，文理自然，姿态横生。"⑤ 又如《跋刘景文欧公帖》："此数十纸皆文忠公冲

---

① （金）王若虚：《滹南诗话》卷1，载丁福保辑《历代诗话续编》，第511页。
② （金）元好问：《杜诗学引》，《遗山先生文集》卷36，上海书店1989年版，第615页。
③ （清）邓绎：《藻川堂谭艺·比兴篇》，载王水照编《历代文话》，第6117页。
④ （宋）苏轼：《画水记》，《苏轼文集》卷12，孔凡礼点校，第408页。
⑤ （宋）苏轼：《苏轼文集》卷49，孔凡礼点校，第1418页。

口而出，纵手而成，初不加意者也。其文采字画，皆有自然绝人之姿，信天下之奇迹也。"① 亦如周紫芝《竹坡诗话》引："'衡口出常言，法度法前轨。人言非妙处，妙处在于是。'乃知作诗到平淡处，要似非力所能。"② 所谓的"冲口而出"与"随物赋形"，均为主体创作时心理状况的一种描述。在东坡看来，只有"冲口而出"、无有阻碍之时，方能"随物赋形"，两者如影随形、随影换步，可互为印证。

至于苏轼为什么喜欢用水的意象来诠释画法、文法，我们认为，这既与儒道思想传统中对水意象的重视有关，更与东坡本人对气的认识有关。在东坡看来，水处于有无、动静之间，兼具"柔外""刚内"的特征，这种内外刚柔的统一，就是水所象征的"圣人之德"："阴阳一交而生物，其始为水。水者，有无之际也。始离于无而入于有矣。老子识之，故其言曰'上善若水'，又曰'水几于道'。圣人之德，虽可以名，而不囿于一物，若水之无常形。此善之上者，几于道矣，而非道也。若夫水之未生，阴阳之未交，廓然无一物，而不可谓之无有，此真道之似也。阴阳交而生物，道与物接而生善，物生而阴阳隐，善立而道不见矣。"③ 在这种思想的指导下，东坡为文，常常以水为喻，意在描摹文气灵动鲜活的动态美感，两者不仅在于形似，更在于神似，具有精神上的一致性，如《滟滪堆赋》《赤壁赋》《天庆观乳泉赋》等，均有关于水的经典描述。东坡善用水为喻，正是因为水具有"无常形"而"随物赋形"的物理属性，并由此引申出形上意义与审美特质，使之在解释宇宙本原与变化法则、文学创作中的审美态度与审美情感等问题时，显得相当圆融自如。

对于中国古代思想家擅长以水为喻，艾兰先生认为："气概念是以水的各种样态为原型。在自然界，它的字义指出水的循环往复，溪水下流，上升为雾，下降为雨，给植物以生机。作为人的呼吸，

---

① （宋）苏轼：《苏轼文集》卷69，孔凡礼点校，第2198页。
② （宋）周紫芝：《竹坡诗话》，载（清）何文焕辑《历代诗话》上，第348页。
③ （宋）苏轼：《东坡易传》卷7，景印文渊阁《四库全书》本。

给我们以活力。而作为心的动能，它控制思想与情欲，是我们道德感的源泉。"① 正因为水具有本体论、生成论层面的多种意蕴，因此精于易学、徘徊于儒道之间的苏轼，视水为道与万物相通的媒介，自由穿行于本体世界、精神世界、物质世界、心灵世界之间，追求"行云流水""文理自然""冲口而出""随物赋形""身与竹化""合于天造"的审美境界，这种随性、随意、率真、天成的创作风格，自然也就成为心灵自由与精神超越的象征。

二

古人认为，凡创作造诣深者，大多精于物我合一、情景相融、浓淡相宜之创设。因此，文学创作和欣赏中的"随物赋形"，就是以有形之文字描摹出无形之情愫，有无互立、虚实相生。对此，清人沈德潜的一段话，可以形象地为之作注："诗贵性情，亦须论法。乱杂而无章，非诗也。然所谓法者，行所不得不行，止所不得不止，而起伏照应，承接转换，自神明变化于其中；若泥定此处应如何，彼处应如何（如碛沙僧解《三体唐诗》之类），不以意运法，转以意从法，则死法矣。试看天地间水流云在，月到风来，何处著得死法！"② 在古代诗文评作者看来，天地间风云变化，皆遵循自然之道，诗家创作同样要遵循"法"，即"行所不得不行，止所不得不止"。诗家明了此理，便能下笔如神，自有一片化机，否则，纵然是精益求精，亦无生趣。

对于苏轼这种率性而作、无意而工的"随物赋形"，学者评价不一。魏叔子对苏轼之文，极为赞赏，他认为古今文章之工，分有意之工和无意之工两种，东坡之文，本无心传世，乃自然天成，故云："然而风之行于空也，草木为之传其声；水行于地，而山石曲折写其

---

① ［美］艾兰：《水之道与德之端》，张海晏译，第 102 页。
② （清）沈德潜：《说诗晬语》，载丁福保辑《清诗话》下，第 524 页。

形。故曰，风水相遭而文生焉……风期自然，无意而极工，虽寻常凌杂之言，无不可深味而久传者，为韩、欧诸家所未有。"① 究其根源，在于文气浩荡，生气灌注，又《论世堂文集序》云："圣人之气如天之四时，分之而为十有二月，又分之而为二十有四气，得其一气，则莫不可以生物……而世之言气，则惟以浩瀚蓬勃，出而不穷，动而不止者当之。于是而苏轼氏乃以气特闻。子瞻之自言曰：'吾文如万斛泉源，不择地皆可出，在平地一日千里无难，及其与山石曲折，随物赋形而不自知也，行乎其所当行，止乎其所不得不止。'而乃以气特闻。"② 不过，近世学者林纾的看法却不同，他认为："吾生平不嗜读苏东坡文，以其为文往往不能极意经营。然善随自救弊，则由东坡天才聪敏。无其天才者，不可学也。"③ 先天禀赋不同，后天文才自然迥别，行文运气，实难强求。林氏所言，大抵也是平实之论。

对于"随物赋形"的阐发，历代学者大体上取两个维度：一是深究气运本质，二是提升神运境界。譬如探究创作主体运气、行气的实质，清人袁枚认为："混元运物，流而不注。迎之未来，揽之已去。诗如化工，即景成趣。逝者如斯，有新无故。因物赋形，随影换步。彼胶柱者，将朝认暮。"④ 这不仅点出"诗如化工"的特质，而且将运气、行气所具有的转瞬即逝、似幻似真的"入物"特性，说得生动形象。清人廖燕看重行气、运气对于创作主体个性气质的培育，云："借彼物理，抒我心胸，即秋而物在，即物而我之性情俱在，然则物非物也，一我之性情变换而成者也。性情散而为万物，万物复聚为性情，故一拈毫搦管，即能随物赋形，无不尽态极妍，

---

① （清）魏禧：《研邻偶存叙》，《魏叔子文集》卷8，胡守仁、姚品文、王能宪校点，中华书局2003年版，第422页。
② （清）魏禧：《论世堂文集序》，《魏叔子文集》卷8，胡守仁、姚品文、王能宪校点，第396页。
③ 林纾口授：《文微·唐宋元明清文评》，载王水照编《历代文话》，第6553页。
④ （清）袁枚：《续诗品·即景》，载丁福保辑《清诗话》下，第1034页。

活现纸上。"① 廖氏重视物我、主客之间的情景交融，因而在"随物赋形"的创作过程中，尤其强调主体情性的"妙物"作用。

在清人李重华的"作诗五法"中，将"神运"列为第一。李氏认为："以神运者一，以气运者二，以巧运者三，以词运者四，以事运者五。"② 对于其间的缘由，他是这样解释的："神与气互相为用，曷以离而二之也？曰：诗品云：'行神如空，行气如虹。'夫神妙物于不知，气入物于无间，固各有当也。诗之宗莫若李、杜。杜生气远出，而总以神行其间；李神采飞动，而皆以浩气举之。是两人得之于天，各擅其长矣。惟夫杜之妙，神行而气亦行；李之妙，气到而神亦到，此其所以未易优劣尔。若历代名家，或凝神以发英，或振气以舒秀，尤了然可指者。诗之尤贵神也，惟其意在言外也；若气，则凡为文无不贵之，岂独诗然乎哉？我之微分其等者此也。"③ 在古人的审美视野中，大抵神运的境界高于气运的境界。神与气之"微分"，在于互为体用，神与气均为气化的产物，气之"入物于无间"，神之"妙物于不知"。前者示其质；后者显其神，均呈现出大化流行、无形有境的特点。从行文运思的角度看，无论是"凝神"之"神行而气亦行"，还是"振气"之"气到而神亦到"，神与气相协而行、自然天成。所谓"神行而形随"，旨在"应物象形""写气图貌""随物赋形"，二者须臾不可离分。

三

苏轼的"随物赋形"，是一种典型的以气化为文的表现。关于文学艺术创作所具有的气化特征，古人有很多生动形象的说法，譬如陆机"应感之会"、韩愈"气盛言宜"、苏轼"随物赋形"等，均涉及艺

① （清）廖燕：《李谦三十九秋诗题词》，《二十七松堂文集》卷5，屠友祥校注，上海远东出版社1999年版，第119页。

② （清）李重华：《贞一斋诗说》，载丁福保辑《清诗话》下，第921页。

③ （清）李重华：《贞一斋诗说》，载丁福保辑《清诗话》下，第921—922页。

术创作前状态的物我、主客、心物之间的互动关系。至于其间的关联，"湘中五子"之一的邓绎认为："陆机《文赋》：'来不可遏，去不可止。'东坡所云'行乎其所不得不行，止乎其所不得不止'也。又云：'思风发于胸臆，言泉流于唇齿。'东坡所云'如万斛泉源，随地涌出'者也。不惟东坡，虽彦和之《文心雕龙》亦多胎息于陆。"① 与此相关的文论命题，如物感说、感兴说、物化说、教化说等，大抵而言，与人文创作中的气化、气感、气场均有一定的关联。

所谓化者，生也。郑玄注《礼记·乐记》"和故百物皆化，序故群物皆别"云："化，犹生也。"② 从宇宙万物的人文化成看，气化是自然世界到人文世界的重要环节，如王廷相认为："有太虚之气而后有天地，有天地而后有气化，有气化而后有牝牡，有牝牡而后有夫妇，有夫妇而后有父子，有父子而后有君臣，有君臣而后名教立焉。"③ 气化有前、后之分，戴震认为："道，犹行也；气化流行，生生不息，是故谓之道。"又云："气化之于品物，则形而上下之分也。形乃品物之谓，非气化之谓。"④ 戴震不满于宋儒的理气二分，反对朱子以阴阳为形而下、理为形而上的观点，他认为形而上之气是本体层面的阴阳二气，"形以前"未成形质，生生不息；形而下之气是生成层面的，"形以后"化生万物，以气化形。

气化的过程，必然表现为聚散、显微、动静的动态过程。王廷相认为："有聚气，有游气。游聚合，物以之而化。化则育，育则大，大则久，久则衰，衰则散，散则无；而游聚之本，未尝息焉。"⑤ 气化的过程，还表现出聚散有序、动静相衔、渐化有章的辩证关系，王夫之认为："聚者聚所散，散者散所聚，一也，而聚则显，散则微，其体分矣……使无一虚一实，一动一静，一聚一散，

① （清）邓绎：《藻川堂谭艺·日月篇》，载王水照编《历代文话》，第6153页。
② （清）阮元校刻：《十三经注疏》，第1530页。
③ （明）王廷相：《慎言·道体篇》，《王廷相集》，王孝鱼点校，第752页。
④ （清）戴震：《孟子字义疏证》，何文光整理，中华书局1961年版，第21—22页。
⑤ （明）王廷相：《慎言·道体篇》，《王廷相集》，王孝鱼点校，第753页。

一清一浊，则可疑太虚之本无有，而何者为一。惟两端迭用，遂成对立之象，于是可知所动所静，所聚所散，为虚为实，为清为浊，皆取给于太和缊缊之实体。"① 所谓聚散、显微、动静构成对待的两极，两者相对而言，具有互换性，且正是在这种相对与互换中显示出气化的整体意义。

气化不同于气感。古人认为，气化是阴阳相感产生新质或发生变化，而非阴遇阴或阳遇阳产生新的形或新的象。② 柳宗元认为："山川者，特天地之物也。阴与阳者，气而游乎其间者也。自动自休，自峙自流，是恶乎与我谋？自斗自竭，自崩自缺，是恶乎为我设？彼固有所逼引，而认之者不塞则惑……又况天地之无倪，阴阳之无穷，以澒洞轇轕乎其中，或会或离，或吸或吹，如轮如机，其孰能知之？"③ 这一段话形象地描绘了气化过程。阴阳二气弥散交错于天地之间，于"会""离""吸""吹"的变换中，"如轮""如机"般运转不息，三川的形成与崩裂，正是借助阴阳二气"自动自休，自峙自流""自斗自竭，自崩自缺"的"逼引"（排斥和吸引）而产生的。

以气化为道，视气化过程为道之载体的观点，亦是不少儒者的一贯立场。比如王廷相认为："气者造化之本，有浑浑者，有生生者，皆道之体也。生则有灭，故有始有终；浑然者充塞宇宙，无迹无执，不见其始，安知其终？"④ 在这里，他指出气化的两种形态，"浑浑者"乃是元气的存在，充塞宇宙，无迹无执，无始无终，这是形而上之气化；"生生者"是气化生万物，有始有终，有生有灭，这是形而下之气化，两者乃体用互依的关系。又如戴震认为："生生

① （清）王夫之：《张子正蒙注·太和篇》，《船山全书》第 12 册，第 36 页。
② 关于"感"和"遇"的区别，参见（清）王夫之《读四书大全说》卷 10、《张子正蒙注·太和篇》。
③ （唐）柳宗元：《非国语上·三川震》，《柳宗元集》卷 44，中华书局 1979 年版，第 1269 页。
④ （明）王廷相：《慎言·道体篇》，《王廷相集》，王孝鱼点校，第 755 页。

者，化之原；生生而条理者，化之流。"① 这就明确指出气化的源流特征，所谓的"气化流行，生生不息"，也旨在强调天地人的世界处于一个循环往复、永无止境的运动化生过程之中。

古人对气化状态及特征的认识，经历了从混沌到清晰的过程，从先秦的阴阳二气化生、人体气机运行到汉魏以后独立的气化理论，成为古代知识分子宇宙观、自然观以及创作观、批评观的哲学基础。所谓气化无形可感，处于有无、动静、虚实、形神之间，是天地、物我之间的一种互为关联，有生于无，形源于神，静生动，虚生实，由此构成的气象、气运、气场，作为一种心物关联，渗透在古代人文创造的各个方面。作为一种创化过程，气化为理解审美对象与创作主体的互动相生奠定了理论基础，也影响到古人关于情与景、情与理、虚与实、物与我、古与今、真与伪、刚与柔、师心与师物之间审美特性的思考，以及在对待立义、中和等问题上的认识深化。在古人的审美文化视野中，气化在艺术创作中所呈现的特征，常常表现为生气贯注、空灵蕴藉、变化莫测，介乎似是而非、虚实相生、有无相济的形神、动静之间。在具体的艺术创作中，灵感、天机、神气总是相伴而行。以气为本，以气化为形，艺术构思阶段常常伴随着偶发性际会、瞬间性感发等心理活动。

四

苏轼的气化思想，不仅深受老学本体论的影响，而且有着深刻的庄学痕迹，还体现在对易学传统的再诠释、对孟子"浩然之气"的再发挥上，其思想资源可谓混杂而广博。②

---

① （清）戴震：《孟子字义疏证》，何文光整理，第 175 页。
② 关于苏轼哲学思想与文艺思想的复杂状态，学者多有关注。譬如余敦康先生《内圣外王的贯通——北宋易学的现代阐释》、冷成金先生《苏轼的哲学观与文艺观》、王启鹏先生《水的特征：苏轼氏文艺美学的精髓》、程刚先生《健与随：苏轼易学影响下的人格理想与文艺理想》，均有精彩论述。

苏轼深受庄子"天地与我并生，而万物与我为一"的影响，对于庄子所谓人之生死、气之聚散、万物一也的法则深信不疑。在他看来，人与万物本于一气，人的物质生活和精神生活均为气之创化，无论是生死之自然法则，还是美丑之审美法则，均为气化使之然，主体只有进入无为自然、万物自化的状态，"天下为量，万物一家。前圣后圣，惠我光华"①，不知物之为物，"吾与物俱不得已而受形于天地之间，其孰能有之？而或者以为已有，得之则喜，丧之则悲"②，方能真正进入物我合一的境地，获得独与天地精神往来，"通天下一气耳"（《庄子·知北游》）的心灵超越境界。对于这种超越境界，东坡颇有体会："居士之在山也，不留于一物，故其神与万物交，其智与百工通。虽然，有道有艺，有道而不艺，则物虽形于心，不形于手。"③ 得道即"神与万物交"，得艺即"智与百工通"，所谓"神与物游"，即与道合一、德艺双馨，这种道技合一的境界是文学艺术创作的至高境界。按照冯友兰先生《新原人》中的说法，这是达至天地境界的预备状态："得到此等境界者，不但是与天地参，而且是与天地一。得到此等境界，是天地境界中底人的最高底造诣。亦可说，人惟得到此境界，方是真得到天地境界。知天事天乐天等，不过是得到此等境界的一种预备。"④

苏轼一生对于养气养生之道极为信奉，特别是居于黄州、岭海时期，更是服药练气，对"布气""胎息"等养生之术津津乐道。⑤在他眼里，气之道与文之道、书之道、画之道，是融会贯通的，如

---

① （宋）苏轼：《广心斋铭》，《苏轼文集》卷19，孔凡礼点校，第576页。
② （宋）苏轼：《书六一居士传后》，《苏轼文集》卷66，孔凡礼点校，第2049页。
③ （宋）苏轼：《书李伯时〈山庄图〉后》，《苏轼文集》卷70，孔凡礼点校，第2211页。
④ 冯友兰：《三松堂全集》卷4，第633页。
⑤ 参见《苏轼文集》卷73《杂记》，孔凡礼点校，第2333、2337页。苏轼关于养生养气的著作颇多，有《养生诀》《续养生论》《广心斋铭》《养生偈》《日喻》等，清康熙年间王如锡汇编成《东坡养生集》，共12卷，一千零四十余条。

《论书》："书必有神、气、骨、肉、血，五者阙一，不为成书也。"①
对于各种艺术之道的融会贯通，古代学者多有认同，尤其是在各艺术门类中有跨界特长者，对于这一问题的认识尤为深刻。譬如清人薛雪《一瓢诗话》就认为："独往山人黄遵古与余同客武林幕府，朝夕观其作画，其正处精神，多在侧处渲染；近处位置，又从远处衬贴，浓不伤痴，澹不嫌寂，气运蓬勃而出，一时笔墨都化。微乎微乎！画之道，诗之道，文之道也。"② 医家出身的薛氏，对于天地人一气流行的道理，应该是了然于心的，所以能够明确地将画道、诗道、文道贯通。在古人看来，自然之气，只要得一气皆可成文，由此形成的文气与自然之气一样，自然而然、无目的、无意识，作者无法自知，亦不能自持，此一状态，如同苏辙所言："其气充乎其中而溢乎其貌，动乎其言而见乎其文，而不自知也。"③ 亦如邓绎所言："'行乎其所不得不行，止乎其所不得不止'，斯境非独文章有之，凡天下人事之往复万变而不可度思者皆是也。故凡为文章之阖辟奇纵而树立宏远者，必达于道，然后能不朽焉。"④ 在他们看来，行气之道与为文之道，乃至万事万物之道都是相通的，非"奇纵""宏远"不能弘道，惟弘道方能不朽。

苏轼以气论人，常常能够生出新意来，譬如他对韩愈的评价，在中国古代文学思想史上，具有相当重要的地位。《潮州韩文公庙碑》："独韩文公起布衣，谈笑而麾之，天下靡然从公，复归于正，盖三百年于此矣。文起八代之衰，而道济天下之溺，忠犯人主之怒，而勇夺三军之帅，此非参天地，关盛衰，浩然而独存者乎！"⑤ 苏轼从孟子的"浩然之气"说起，罗列历代文气特盛的文人、才士，由

---

① （宋）苏轼：《苏轼文集》卷69，孔凡礼点校，第2183页。
② （清）薛雪：《一瓢诗话》，第103页。
③ （宋）苏辙：《上枢密韩太尉书》，《栾城集》卷22，《苏辙集》，陈宏天、高秀芳校点，中华书局1990年版，第381页。
④ （清）邓绎：《藻川堂谭艺·唐虞篇》，载王水照编《历代文话》，第6125页。
⑤ （宋）苏轼：《苏轼文集》卷17，孔凡礼点校，第509页。

此归结出韩愈文章的历史意义和当代价值，具有鲜明的道统意识与文统色彩。苏轼善于以气论人，譬如他评价黄庭坚："则见足下之诗文愈多，而得其为人益详，意其超逸绝尘，独立万物之表，驭风骑气，以与造物者游，非独今世之君子所不能用，虽如轼之放浪自弃，与世阔疏者，亦莫得而友也。"① 又如《书唐氏六家书后》："永禅师书，骨气深稳，体兼众妙，精能之至，反造疏淡。如观陶彭泽诗，初若散缓不收，反覆不已，乃识其奇趣。"② 对于为文气象与年龄的关系，东坡有很精彩的论述，《与二郎侄一首》："凡文字，少小时令气象峥嵘，采色绚烂，渐老渐熟乃造平淡；其实不是平淡，绚烂之极也。汝只见爷伯而今平淡，一向只学此样，何不取旧日应举时文字看，高下抑扬，若龙蛇捉不住，当且学此。"③ 所谓"乃造平淡""绚烂之极"的说法，大约也只有苏轼这样的天才，方能有如此深切地体悟。

五

代表蜀学的"三苏"，长于文学，影响传播极广。他们的文学主张，不尽相同，譬如苏辙论气，在文学史上也颇有名气，如云："是何气也？天下之人，莫不有气。气者，心之发而已。行道之人，一朝之忿而斗焉，以忘其身，是亦气也。方其斗也，不知其身之为小也，不知天地之大，祸福之可畏也，然而是气之不养者也。不养之气横行于中，则无所不为而不自知。于是有进而为勇，有退而为怯。其进而为勇也，非吾欲勇也，不养之气盛而莫禁也。其退而为怯也，非吾欲怯也，不养之气衰而不敢也。"④ 苏辙的养气理论，企图打通

① （宋）苏轼：《答黄鲁直五首》，《苏轼文集》卷52，孔凡礼点校，第1532页。
② （宋）苏轼：《苏轼文集》卷69，孔凡礼点校，第2206页。
③ （宋）苏轼：《苏轼佚文汇编》卷4，《苏轼文集》，孔凡礼点校，第2523页。
④ （宋）苏辙：《孟子解二十四章》，《栾城后集》卷6，《苏辙集》，陈宏天、高秀芳校点，第949页。

孟子"浩然之气"与天地之道的关系，并且与孔子以来儒学一脉的传统自觉地相联系。在他看来，理想的养气状态，应该是这样的："今夫水无求于深，无意于行，得高而渟，得下而流，忘己而因物，不为易勇，不为险怯。故其发也，浩然放乎四海。古之君子，平居以养其心，足乎内，无待乎外，其中潢漾，与天地相终始。止则物莫之测，行则物莫之御。富贵不能淫，贫贱不能忧。行乎夷狄患难而不屈，临乎死生得失而不惧，盖亦未有不浩然者也。"① 这种养气的境界，"足乎内，无待乎外""与天地相始终"，源于孟子"浩然之气"，近乎于本体意义上的道德挺立。

对于东坡以气论文的思想，古来文论家大多评价很高。南宋陈善认为："文章以气韵为主，气韵不足，虽有辞藻，要非佳作也。乍读渊明诗，颇似枯淡，久久而有味。东坡晚年酷好之，谓李杜不及也。此无他，韵胜而已。"② 东坡推崇陶诗，且"晚年极好之"，大约只有历经时世沧桑后，方能体味陶诗极枯淡、极有味的特点。刘辰翁认为："词至东坡，倾荡磊落，如诗如文，如天地奇观。"③ 明代茅维认为："盖长公之文，犹夫云霞在天，江河在地，日遇之而日新，家取之而家足，若无意而意合，若无法而法随，其亢不迫，其隐无讳，澹而腴，浅而蓄，奇不诡于正，激不乖于和，虚者有实功，泛者有专诣……当其纷然而友，綮然而布，弥宇宙而亘今古，肖化工而完真气，无一不从文焉出之，而读之澹乎若无文也，长公其有道者欤！"④ 清人赵翼认为："东坡随物赋形，信笔挥洒，不拘一

① （宋）苏辙：《吴氏浩然堂记》，《栾城集》卷24，《苏辙集》，陈宏天、高秀芳校点，第409页。

② （宋）陈善：《扪虱新话》卷1，载王云五主编《丛书集成初编》，商务印书馆1939年版，第1页。

③ （宋）刘辰翁：《辛稼轩词序》，载吴文治主编《宋诗话全编》卷10，江苏古籍出版社1998年版，第9983页。

④ （明）茅维：《宋苏文忠公全集叙》，载（宋）苏轼《苏轼文集》，孔凡礼点校，"附录"第2390—2391页。

格。"① 施补华评价苏轼："东坡五古，有精神饱满才气坌涌甚不可及者，如'千山动鳞甲'、'何人守蓬莱'诸篇。"② 凡此种种，论者均注意到文气在东坡创作中所发挥的重要作用。

那么，人为什么要创作呢？在东坡看来，人的创作行为源自先天与后天的矛盾，如《邵茂诚诗集叙》云："贵、贱、寿、夭，天也。贤者必贵，仁者必寿，人之所欲也。人之所欲，适与天相值实难，譬如匠庆之山而得成镰，岂可常也哉。因其适相值，而责之以常然，此人之所以多怨而不通也。至于文人，其穷也固宜。劳心以耗神，盛气以忤物，未老而衰病，无恶而得罪，鲜不以文者。天人之相值既难，而人又自贼如此，虽欲不困，得乎？"③《送人叙》云："古之人道其聪明，广其闻见，所以学也，正志完气，所以言也。"④ 自然与人事、先天与后天、应然与本然之间的矛盾，加之文人固穷，常常劳心耗神、盛气忤物、未老先衰，由此导致的内外冲突，便是为文的心理本源。苏轼认为，孔子"辞达"的最高境界是"了然于心与手"⑤，《又跋汉杰画山二首》谓为文者要"取其意气所到"⑥，《答谢民师书》："大略如行云流水，初无定质，但常行于所当行，常止于不可不止，文理自然，姿态横生。"⑦ 故而提倡一气贯通、自然畅达的书写。对此，清人潘德舆不以为然，如云："'辞达而已矣'，千古文章之大法也。东坡尝拈此示人，然以东坡诗文观之，其所谓达，第取气之滔滔流行，能畅其意而已。孔子之所谓达，不止如是也。盖达者，理义心术，人事物状，深微难见，而辞能阐之，斯谓之达。达则天地万物之性情可见矣。此岂易易事，而徒以滔滔

---

① （清）赵翼：《瓯北诗话》卷11，载郭绍虞编《清诗话续编》，第1331页。
② （清）施补华：《岘佣说诗》，载丁福保辑《清诗话》下，第983页。
③ （宋）苏轼：《苏轼文集》卷10，孔凡礼点校，第320页。
④ （宋）苏轼：《苏轼文集》卷10，孔凡礼点校，第325页。
⑤ （宋）苏轼：《与谢民师推官书》，《苏轼文集》卷49，孔凡礼点校，第1418页。
⑥ （宋）苏轼：《苏轼文集》卷70，孔凡礼点校，第2216页。
⑦ （宋）苏轼：《苏轼文集》卷49，孔凡礼点校，第1418页。

流行之气当之乎?"① 换句话说，"辞达"不仅在意与气的表达，还在于表现事物的性情，因而决定"辞达"不仅在于意气，还在于"理义心术，人事物状"诸因素。

从气化为文的角度，苏轼辨析了化工与画工的区别。他认为："观士人画，如阅天下马，取其意气所到。乃若画工，往往只取鞭策皮毛、槽枥刍秣，无一点俊发，看数尺许便卷。"② 明代李贽则认为，化工乃"追风逐电之足，决不在于牝牡骊黄之间；声应气求之夫，决不在于寻行数墨之士；风行水上之文，决不在于一字一句之奇"，而画工"殚其力之所能工，而极吾才于既竭"，"穷巧极工，不遗余力，是故语尽而意亦尽，词竭而味索然亦随以竭"。③ 在古人看来，所谓"气盛言宜"，乃入于化工也；凡欣赏水平高者，亦长于物我相糅、悲喜与共、相通相若之共鸣，所谓"以意逆志"，入而与之俱化也，如此一来，创作方能细致入微，欣赏亦能有同情之了解。

---

① （清）潘德舆：《养一斋诗话》卷2，载郭绍虞编《清诗话续编》，第2035页。
② （宋）苏轼：《又跋汉杰画山二首》，《苏轼文集》卷70，孔凡礼点校，第2216页。
③ （明）李贽：《杂说》，载蔡景康编选《明代文论选》，第232页。

经典阐释中的文章气象问题

古人论文，看重文章气象。清人姚鼐认为文章有气象，百世之后，读其文，仍然栩栩如生，如见其人；文章无气象，则只是字句的堆积而已。^① 古人讲的文气，有三个方面的内涵：一是造艺者先天命定之气质禀赋、后天养成之心性道德，两者培育出包含情、性、才、胆、识、力等质素的作者之气，如浩然之气、血气、正气一类；二是语言法则之体势声调、字句章法等，表现为包含为辞、字、句、音、韵、声、调等质素的文本之气，如辞气、声气、语气一类；三是作者之气和文本之气共同熔铸的整体性生命形相，如气象、气势、气韵一类。批评史上为人熟知的，中唐韩愈以"光焰万丈长"喻李、杜文章之气象，四库馆臣谓"韩文如潮""苏文如海"^②，亦是指文章所烘托出的整体气象，恰如东坡词似关西大汉唱"大江东去"，柳永词似十七八岁女郎唱"杨柳岸晓风残月"一类。故而放眼古之谈文论艺者，每每在意于"先看气象""以气象胜""全在气象"等说辞。历代论者围绕文章气象的探讨，融知人与论世、为人与为文、创作与批评为一体，出新解于陈篇，历久弥新，建构了极具民族文化特质的经典阐释传统。当代学者从哲学、美学的角度有深入的研究，本文着重从气学思维与言说方式的角度，探讨经典阐释中文章气象意义的生成，以求方家指正。

---

① （清）姚鼐：《答翁学士书》，《惜抱轩诗文集》卷 6，第 84 页。
② （清）永瑢等：《四库全书总目》卷 195，中华书局 1965 年版，第 1789 页。

一

在经典阐释传统中，考察气象范畴，大体层面有二：一是认识论、方法论层面的以类相分、以象为喻的言说方式；二是价值论、境界论层面的审美风尚与精神气质。在古人的文化视野中，所谓的气象，乃气之象，气是象的原始状态，如张载所言"气之苍苍，目之所止也；日月星辰，象之著也"①；气生象，象源于气，如王廷相所论"象者，气之成"②。在今人看来，文章之气象，体现在气和象两个维度。但就现有研究成果而言，历来论者常常重视气的一面，而忽略了象的一面。这样产生的问题就是较为容易强调气所蕴含的主体精神，而基本忽视了象所蕴含的运思言说方式乃至结构意义。我们认为，就气象范畴的意义而言，或许更偏于象的一面，或者说，在气象范畴所体现的整体性与形象性上，与象的联系更为直接一些，这也许是古人常常在绘画理论中谈论气象的缘由。譬如五代荆浩《笔法记》、宋李成《山水诀》、韩拙《山水纯全集》、郭若虚《图画见闻志》、郭熙《林泉高致集·山水训》、董逌《广川画跋·书燕龙图写蜀图》、米芾《画史》，元汤垕《画鉴》，明董其昌《画禅室随笔》、沈宗骞《芥舟学画编》，等等。这样的例子不胜枚举。

从早期思想史的研究来看，古人对气象的阐释，大体是在以类相分、以象为喻的运思框架中进行的。以类相分是古人基本的思维方法，既有熟知的人以群分、物以类分的分类，也有"以类行杂，以一行万"的归类。

在后期墨学提出的"类""故""理"三段式推理中，"知类"为逻辑思辨的基础。我们知道，墨学有颇为精粹的逻辑范畴，如

---

① （宋）张载：《张子语录》（中），《张载集》，第 326 页。
② （明）王廷相：《慎言·道体篇》，《王廷相集》，王孝鱼点校，第 751 页。

"三物"，《墨子·大取》："以故生，以理长，以类行也者。"①"故"是指论断的根据与条件，墨家主张"辩故""明故""无故从有故"的论辩原则，考究事物之然与所以然。"理"是指思维的基本逻辑与规律，等同于方法、法则。譬如"三表法"之"有本""有原""有用"三条标准，就包含了归纳、演绎和实践的意味。"类"则是指对象的种属、异同关系。墨学强调"察类""知类"，自觉地将"类同"与"不类"作为认识方法和论辩手段，形成"以类行"的思维推导原则。以今人的眼光看，"类""故""理"涵盖了提出一个论断所包含的根据、理由及论证诸要素。墨学强调"三物"都必须具备，旨在明其所自、考其所由、察其所终，构成了一个颇为严密的逻辑关联与意义系统，不仅代表了早期哲学在逻辑思辨上的最高尺度，也是古代思维模式在理论总结上的突出成果。在中国早期思想史的语境中，除墨学的"知类"，还有《荀子》"以类度类""多言而类"，《礼记》"知类通达"，《韩诗外传》"缘类而有义""知则明达而类"等说法，将"知类"与认识方法论乃至与成人成圣的价值理想，有机地联系起来了。

目前所见的典籍中，气类相推是早期经典阐释的重要运思方法之一。所谓气类，既指生物意义上的同类，亦指意气相投者。譬如《三国志·蜀书·蒋琬传·与蒋斌书》："巴蜀贤智文武之士多矣，至于足下，诸葛思远，譬诸草木，吾气类也。"② 又如曹植《求通亲亲表》："至于臣者，人道绝绪，禁固明时，臣窃自伤也，不敢乃望交气类，修人事，叙人伦。"③ 在古人的运思逻辑中，气类之所以相推，在于古代万物一体、气化流行的整体宇宙观。《周易·乾·文言》："同声相应，同气相求。水流湿，火就燥，云从龙，风从虎，圣人作而万物睹，本乎天者亲上，本乎地者亲下，则各从其类也。"

---

① （清）孙诒让：《墨子间诂》下，中华书局1986年版，第413页。

② （西晋）陈寿：《三国志》，中华书局1959年版，第1059页。

③ （南朝梁）萧统：《六臣注文选》，（唐）李善等注，中华书局1987年版，第692页。

孔颖达疏："'同声相应'者，若弹宫而宫应，弹角而角动是也。'同气相求'者，若天欲雨而柱础润是也。此二者声气相感也。"[1]孔颖达认为，"水流湿，火就燥"是形象相感，"云从龙，风从虎"是同类相感，"圣人有生养之德，万物有生养之情，故相感应也"，"本乎天者""本乎地者"是指"天地之间，其相感应，各从其气类"。在孔氏看来，天地万象之所以"方以类聚，物以群分"，其根据就在于"同声相应""同气相求"，这既是古代"知类""以类取"的运思逻辑，也是中国式意会思维的理论基础。

在"轴心期"思想家的公共话语中，气并不是一个核心问题，其重要性不及天、道、命等问题，在他们的论域中，气只是一个连带的问题，而非核心论题，但这并不影响作为一般方法论原则的气之类推在思想文化领域的广泛运用。气之类推的运思方式，作为天地人之间的一致性原则，构成了中国思想发生期的一种共同假设，当思想家开始把有关宇宙人事特点进行哲理化、系统化总结时，此一假设也就自然蕴含其间，并内在于所建构的概念范畴与理论体系之中。这不仅在分析特定的概念、范畴时可以得以证明，也屡见于范畴间的动态关系建构。阴阳气化，气禀不同，则气类不同。从原质形态的"本体之气"化生为形象各异的"具象之气"，并派生出若干心灵活动与生命境界的"精神之气"，均遵循着同一法则。例如，在论及自然与宇宙存在时，气便与天、道、性、神、物等密切相通；在论及人的思想与情绪状态时，气便与情、志、心、形等紧密相连。气具有不同的层级意义，不同层级、不同种类全体相通、合如一体，且循环往复、生生不息，共同构成了整体性的气化过程。在古人看来，天地人的世界，相通相似、一气贯通，分享着有关气的类比性原则。因而在他们的世界里，对气的理解，也就意味着对天地人前生来世的理解，也正因为有了这样的理解，方能获得精神的解脱与内心的平静。

---

[1] （清）阮元校刻：《十三经注疏》，第16页。

二

以象为喻，是古典时代经典阐释与言说的重要方式，也是古代人文知识生成的重要途径之一。作为一个特殊中介，"象喻"在传达可观事物之特征时，既不舍弃思维对象之具象因子，又能保留思维主体之主观旨趣，从而使整个认识活动系统而完整地展开。考察古代思想家的运思理路，常常将象的认识置于首位，所以北宋张载《正蒙·大心篇》断言："由象识心，徇象丧心。知象者心，存象之心，亦象而已，谓之心可乎。"① 古人正是通过对象的认知，从而引导出对形、器、质、名、文、类、乐等的认识，我们以文与象、类与象、乐与象为例证之。

文象同源的传统，历史悠远。《周易·系辞上》的说法最为经典，所谓圣人仰观于天、俯观于地，近取于身，远取于物，"参伍以变，错综其数。通其变，遂成天下之文。极其数，遂定天下之象。非天下之至变，其孰能兴于此"②。在古人看来，无论是器物之文、人身之文还是文字之文、绘画之文，乃圣人据"天下之赜"而符号化的产物，因此，要追溯文的起源，首先要从象谈起。至于类，原本有象形之意。《国语·周语下》："其后伯禹念前之非度，厘改制量，象物天地，比类百则。"韦昭注："类，亦象也。"③ 意思是说，大禹认为之前治水的法子不对，遂改变方案，拟象天地的形貌，类比万物的规则，旨在以自然法则引导洪水，因此，"象物"与"比类"乃一面两体之事。虽然"乐象"一词，正式出现在《礼记·乐记》，但自春秋以来的阴阳五行思想中，与乐相关的问题，就常常与气的言说联系在一起。《礼记·乐记》认为，气之象决定乐之象，故

---

① （宋）张载：《张子语录》（中），《张载集》，第24页。
② （清）阮元校刻：《十三经注疏》，第81页。
③ （春秋）左丘明：《国语》，第105、103—104页。

有"逆气成象，而淫乐兴焉"，"顺气成象，而和乐兴焉"① 的断言。在儒学一系的传统中，乐与象并不仅仅是简单的对应关系，而是在"象喻"运思的动态平衡中构成了一个互动相生的自洽体系。《礼记·乐记》篇的"象天""象地""象四时""象风雨""象日月"等说法，与"五色成文""八风成律""百度得数"一样，为"古之制礼""政教之本"，所蕴含的政治历史、社会文化的意蕴极为深厚。

在古人的思想世界里，任何物象的形成，都经历了观念之象转化为心象再到具象的以象为喻的思维过程，一切制度的合理性皆源于人们对于宇宙万象的体验、感悟与想象。因此，从运思模式看，作为一种普遍性的知识生产方式，我们可以认为，"象喻"是古代社会真理产生的思维机制。

以气为象，是"象喻"言说的重要方式方法。谈论气象的问题，常常从象的问题开始。对此，古人看得很清楚，也有很多理论上的提炼，尤以北宋张载和清初王夫之的理论探讨最为透彻。一方面，象源于气，气无形，象有形，离气无所谓象。《正蒙·乾称篇》："凡可状，皆有也；凡有，皆象也；凡象，皆气也。气之性本虚而神，则神与性乃气所固有，此鬼神所以体物而不可遗也。"② 《张子正蒙注·可状》："使之各成其象者，皆气所聚也，故有阴有阳，有柔有刚，而声色、臭味、性情、功效之象著焉。"③ 按照古人的思维路数，象非自生成、自变化，那么，如何从本体论和生成论的角度，阐释象之所由、所本呢？所谓"象因物生"④，象到物的转化过程，即象之所感、所显的过程，必定要追溯到气。气无形而有象，象乃气所成，气涵于象中。另一方面，气生象，气为万物所本；象成形，象为万物赋形。凡声色、臭味、性情、功效等，均依象而显、而立。凡象皆有对，气与象相互对待，以阴阳、刚柔、动静的形式呈现。

---

① （清）阮元校刻：《十三经注疏》，第 1536 页。
② （宋）张载：《张子语录》（中），《张载集》，第 63 页。
③ （清）王夫之：《张子正蒙注·乾称篇》，《船山全书》第 12 册，第 358 页。
④ （南朝宋）范晔：《后汉书·律历志》，中华书局 1965 年版，第 3084 页。

《正蒙·太和篇》："气本之虚则湛无形，感而生则聚而有象。有象斯有对，对必反其为。"① 《张子正蒙注·太和》："二气之动，交感而生，凝滞而成物我之万象。"又云："以气化言之，阴阳各成其象，则相为对，刚柔、寒温、生杀，必相反而相为仇，乃其究也，互以相成，无终相敌之理，而解散仍返于太虚。"② 按照船山的意思，象实为气化的产物，阴阳各成其象，相对相成，散则入太虚，因此，离象也就无所谓气。《正蒙·神化篇》："所谓气也者，非待其蒸郁凝聚，接于目而后知之，苟健、顺、动、止、浩然、湛然之得言，皆可名之象尔。然则象若非气，指何为象？时若非象，指何为时？"③ 《张子正蒙注·神化》："健顺、动止、浩、湛之象，为乾、坤六子者皆气也，气有此象也。"④ 正所谓气有虚而实、形而不形的特征，虽无形但可感可知，以一气流行存在于天地人三界中，无有阻隔，永无停息，乃一切实象、虚象、具象产生的动因、动力与大本、大原，这大约也是气与象结合而成气象范畴的重要原因。

问题的复杂之处还在于，从观念史阐释的角度看，"象喻"话语系统中的若干核心要素，如气、象、形、质，其间存在极为复杂的意义关联。在老学知识系统中，气、道与象联系密切，万物在阴阳之气中得到统一，均通向本体之道。老子首倡"非言"，对言与名的表意功能持深刻的怀疑，认为凭借语言和概念难以穷尽道（气）的精微之处，因而对道（气）的表达只能凭借象（"大象"），于是乎，达于道、通于气，成为以象为喻的最终意义指向。老学意会式的表达方式，通过众多物象体悟"大象"，借此感悟本原性的道（气）。这种阐释路数成为古典学术研究中的一个重要传统。对此，张载认识得更为透彻。《正蒙·太和篇》："气之为物，散入无形，适得吾体；聚为有象，不失吾常。"又云："散殊而可象为气，清通而不可

---

① （宋）张载：《张子语录》（中），《张载集》，第 10 页。
② （清）王夫之：《张子正蒙注·太和篇》，《船山全书》第 12 册，第 40—41 页。
③ （宋）张载：《张子语录》（中），《张载集》，第 16 页。
④ （清）王夫之：《张子正蒙注·神化篇》，《船山全书》第 12 册，第 82 页。

象为神。"① 在他看来，象乃气的外化，具有贯通形上之道气与形下之器物的功能，因而具有本体论的意义。对于横渠先生的意思，船山先生释云："阴阳二气充满太虚，此外更无他物，亦无间隙，天之象，地之形，皆其所范围也。"② 他以为形与象虽然有区别，但均为阴阳二气所孕育，天地万物及其变化，概莫能外。与王夫之同时代的方以智也认为："气噏声而附形，形必有象，象谓之文。"③ 为此，方氏还细致地辨析了气、声、形、象、文之间的复杂关联，见识相当深刻。

三

在气学阐释史上，谈论气象的问题，还不得不牵扯出气学的若干问题，尤其是气之"一体三相"以及文气阐释的相关问题。对于气之存在，古代思想家大多是这样理解的：天、地、人的存在，乃是一种气的存在与流行。气是一种基质，这是"本体之气"，乃可知之气；此气于流行运转之中，在天地境界中渐与万物化合，凝聚成诸多物质具象，这是"具象之气"，乃可感之气；在生命境界中，此气渐与种种精神现象融合，经由一系列生命意志的转化，派生出若干心灵活动与情感趣味来，这是"精神之气"，乃可悟之气。简言之，气之"一体三相"，既能与万物融合而成为经验之具象，又能贯通天地之道而成为超越之虚相，还能拓展到人类精神生活领域，凝聚成人间万象，无所不在，无所不包。在这个大化流行、生生不息的气化循环中，如何充实"精神之气"，以迈向更高的超越境界，是儒、道、释思想家共同关注的问题，也是古代谈文论艺者聚焦的问题。

---

① （宋）张载：《张子语录》（中），《张载集》，第 7 页。
② （清）王夫之：《张子正蒙注·太和篇》，《船山全书》第 12 册，第 26 页。
③ （清）方以智著，庞朴注释：《东西均注释》，中华书局 2001 年版，第 192 页。

在基源意义上，气象范畴指自然之景象，并不包含感情色彩或审美意蕴。譬如《黄帝内经》有《平人气象论》，所谓"平人气象"，大抵是指常人所具的生命状况与精神相貌。又如《梁书·徐勉传》称引《答客喻》："春荣秋落，气象之定期。"① 此处，"气象"乃是指气候节气，与自然景象、景色密切相关。又譬如常常被人注意的晋人谢道韫《登山》："气象尔何物？遂令我屡迁。"② 唐人高适《信安王幕府诗》："四郊增气象，万里绝风烟。"③ 五代、北宋画家李成《山水诀》："气象，春山明媚，夏木繁阴，秋林摇落萧疏，冬树槎枒妥帖。"④ 宋人范仲淹《登岳阳楼记》："朝晖夕阴，气象万千。"⑤ 郭熙《山水训》："山水大物也，人之看者须远而观之，方见得一障山川之形势气象。"⑥ 南宋朱熹认为："荆襄山川平旷，得天地之中，有中原气象，为东南交会处，者旧人物多，最好卜居。但有变，则正是兵交之冲，又恐无噍类。"⑦ 以上引述，意义所指均指自然景观与山川风貌，与文学批评意义上的主体性情学识等价值判断无涉。对此。颜昆阳先生认为："气象一词，必须从单纯地对客观气氛、景象之描述，进至对主体性情学养之表现及语言形式运作之评估，才真正具有文学批评上之意义。"⑧ 这种判断是有道理的。

在古人的气化理论中，气象是人内在之气的外在呈现，内在之气并非仅仅以生理层面、精神层面为旨归，它必然会形之于外，有外在形貌、言语形体的表征，大体如陆机所言"信情貌之不差，故每变而在颜"⑨。这种"形—气—神"的整体呈现，便是人的气象。

---

① （唐）姚思廉：《梁书》卷25，中华书局1973年版，第386页。

② （明）冯惟讷辑：《古诗纪》卷47，景印文渊阁《四库全书》本。

③ 孙钦善校注：《高适集校注》，上海古籍出版社1984年版，第29页。

④ 俞剑华编著：《中国画论类编》，人民美术出版社1986年版，第617页。

⑤ （宋）范仲淹：《范仲淹全集》卷8，李勇先等校点，四川大学出版社2002年版，第194页。

⑥ （宋）郭熙：《山水训》，载俞剑华编著《中国画论类编》，第632页。

⑦ （宋）黎靖德编：《朱子语类》卷2，第30页。

⑧ 颜昆阳：《六朝文学观念丛论》，（台北）正中书局1993年版，第355页。

⑨ 张少康：《文赋集释》，第60页。

因此，在引申意义上，气象是指人之精神风貌及其与之相应的人生态度与价值信仰。譬如旧题王维《山水论》论画云："观者先看气象，后辨清浊。"① 又如《新唐书》评王丘云："气象清古，行修洁，于词赋尤高。"② 在传统论诗者看来，不同的人格气质表现在诗歌中的人生气象也大不相同，譬如在《竹林答问》中，清人陈仅评价了中唐、晚唐诗风的不同。如云："诗以气为主，此定论也。少陵，元气也。太白，逸气也。昌黎，浩气也。中唐诸君，皆清气之分，而各有所杂，为长篇则不振，气竭故也。香山气不盛而能养气，沧澜渟蓄，引而不竭，亦善用其短者。晚唐则厌厌无气矣。譬之于水，杜为东瀛，李为天汉，韩为江河，白则平湖万顷，一碧涟漪，晚唐之佳者，不过涧溪之泛滥而已。"③ 在他看来，诗以气为主，中唐与晚唐诗风之所以不同，原因就在于诗人人格气象的高下及其文气盛竭的不同状况。

在理学家身心修炼的传统中，气象是极为核心的范畴。"观喜怒哀乐未发前气象"④，《中庸》首章"中和"一说，被二程引为"知人论世"标准与静坐口诀。北宋程颐评价张载与孟子的不同，如云："子厚谨严，才谨严便有迫切气象，无宽舒之气。孟子却宽舒，只是中间有些英气，才有英气，便有圭角。英气甚害事。"⑤ 尔后以"不主一门，不私一说"为家学宗旨的吕希哲，论"气象"云："初学当理会气象，词令、容止、轻重、疾徐之间，不惟君子、小人于此分，亦贵贱、寿夭所由定。"⑥ 南宋罗大经论学者的胸襟与气象，如云："古人观理，每于活处看。故诗曰：'鸢飞戾天，鱼跃于渊。'夫子曰：'逝者如斯夫，不舍昼夜。'又曰：'山梁雌雉，时哉时

① 俞剑华编著：《中国画论类编》，第 596 页。
② （宋）欧阳修、（宋）宋祁：《新唐书》卷 129，中华书局 1975 年版，第 4481 页。
③ 郭绍虞编：《清诗话续编》，第 2235 页。
④ （清）阮元校刻：《十三经注疏》，第 1625 页。
⑤ （宋）程颢、（宋）程颐：《二程遗书》，第 246 页。
⑥ （清）朱轼：《史传三编》，景印文渊阁《四库全书》本。

哉！'孟子曰：'观水有术，必观其澜。'又曰：'源泉混混，不舍昼夜。'明道不除窗前草，欲观其意思与自家一般。又养小鱼，欲观其自得意，皆是于活处看。故曰：'观我生，观其生。'又曰：'复其见天地之心。'学者能如是观理，胸襟不患不开阔，气象不患不和平。"① 上述理学家所论气象，显然已经兼具内外修得，直呈生命境界与人生旨趣，只是偏于儒学心性道德一系，不免带有明显的价值判断意味。

对于"圣人气象"的推崇，亦是理学工夫论一派共同关注的话题。朱熹与吕祖谦合编《近思录》，便以"圣贤气象"作结。在朱子《四书或问》、张栻《癸巳论语解》《南轩集》、真德秀《西山读书记》中，多有记载。与之相类似的说法，还有"颜曾气象""儒者气象""精神气象""气象宏大"，等等。所谓"圣人气象"，乃圣人之精神境界，大体是指圣人通过为人、为学及其言行举止所流露出的一种整体气质与人格力量。古人常常以"圣人气象"喻称天地气象，所谓"观于天地，则见圣人；而观于圣人，则见天地"。在宋儒的标准中，孔子乃天地之气象，颜子乃和风庆云之气象，孟子乃泰山之气象。对此，牟宗三先生认为，"圣人气象"即天地气象，天地气象即天地生万物之气象，以天地比圣人，或以圣人比天地，这是源于《中庸》的传统。在他看来，于圣贤说气象，于英雄说气概，这是中国原有的品题词语。②

四

在历代文气阐释者的眼里，作者之气、文本之气并没有清晰的界分，对他们而言，两者是浑然一体的，共同营造出作品的整体风貌，也即文章气象。所谓整体风貌，大体是指审美主体精神气质和

---

① （宋）罗大经：《鹤林玉露》卷 3《活处观理》，中华书局 1983 年版，第 163 页。
② 牟宗三：《研究中国哲学之文献途径》，《鹅湖月刊》1985 年第 7 期。

作品风格情貌所共同烘托出的精神品相与审美趣味。换言之，文章气象是对作品之气和作者之气的一种整体性把握。作者之气与作品之气，互为表里，作者之气为作品之气的决定性要素，作品之气为主体生命性情之形迹。在具体的文学创作和批评实践中，既不可能离开主体之形神、性情而论气象，也不可能离开作品之言辞、声调、气势而论气象，一个完整的文学作品，依托于作者之气和作品之气，"或托住上文，或领入下句，转换处，必须令脉络分明"①，这种浑然一体的整体风貌呈现，则全在文章的气象。那么，在历代文气诠释者的眼里，文章气象的意义是如何生成的呢？

见于传统文论阐释领域的气象范畴，是一种内在才性禀赋与外在形式技巧有机融合而朗现的总体艺术形相。从创作主体之精神风貌延展出艺术创造之才性气质、文本风格之审美质素、艺术鉴赏之境界高下，等等，渗透在古人谈文论艺的各个方面，也体现在古人"尚阳"及对雄浑、雍容一类文章气象的崇尚，以及"尚清"及对清气、清丽一类文章气象的偏好上。

侧重于作者之气的"气象"一词，常常被视为创作主体个性气质之表征。譬如南宋周紫芝《竹坡诗话》："东坡尝有书与其侄云：'大凡为文，当使气象峥嵘，五色绚烂，渐老渐熟，乃造平淡。'余以不但为文，作诗者尤当取法于此。"②朱熹赞誉唐人韦应物之诗，如云："其诗无一字做作，直是自在，其气象近道，意常爱之。"③明代谢榛认为："赋诗要有英雄气象。人不敢道，我则道之；人不肯为，我则为之；厉鬼不能夺其正，利剑不能折其刚。"④在古代文论家的眼里，作者总体性的生命特征与人生追求可以通过诗之气象直接地体现出来，正所谓文如其人，作家的生命气质铸造了作品的个

---

① （清）王元启：《惺斋论文·论作法》，载王水照编《历代文话》，第4164页。
② （清）何文焕辑：《历代诗话》上，第348页。
③ （宋）黎靖德编：《朱子语类》卷140，第3327页。
④ （明）谢榛：《四溟诗话》卷4，第107页。

性特质。晚清刘熙载谓"诗无气象，则精神无所寓矣"①，两者是相互印证的关系。

对于这个问题，谈论得相当深入的是元代范德机。在《木天禁语》中，他专论"气象"，如云："翰苑、辇毂、山林、出世、偈颂、神仙、儒先、江湖、间阎、末学。已上气象，各随人之资禀高下而发。学者以变化气质，须使师友所习所读，以开导佐助，然后能脱去俗近，以游高明。谨之慎之。又诗之气象，犹字画然，长短肥瘦，清浊雅俗，皆在人性中流出。"② 范氏从人性的角度分析作者资质习染之异同，较之其他诗论者，在理论深度上确有优长之处。人性之不同，源自不同的先天禀赋和后天习染，由此造就的生命追求与人生境界也就不同，作品气象之呈现自然高下有别。这种气象，按照近人冯友兰先生的理解，是"人的精神境界所表现于外的，是别人所感觉的"那种"气氛"③；按照钱锺书先生的说法，这是把"文章通盘的人化或生命化"④，深刻地反映了艺术风格与作家生命形态的统一，乃是中国古代文学批评的一个固有特征。

侧重于文本之气的"气象"一词，常常被视为构成文本审美特质的基本要素，或是批评鉴赏的标准。如南宋姜夔认为："大凡诗，自有气象、体面、血脉、韵度。气象欲其浑厚，其失也俗；体面欲其宏大，其失也狂；血脉欲其贯穿，其失也露；韵度欲其飘逸，其失也轻。"⑤ 严羽云："诗之法有五：曰体制，曰格力，曰气象，曰兴趣，曰音节。"⑥ 元代杨载《诗法家数》："凡作诗，气象欲其浑厚，体面欲其宏阔，血脉欲其贯串，风度欲其飘逸，音韵欲其铿锵。若雕刻伤气，敷演露骨，此涵养之未至也，当益以学。"⑦ 明代胡应

---

① （清）刘熙载：《艺概》，第 82 页。
② （清）何文焕辑：《历代诗话》下，第 751 页。
③ 冯友兰：《中国哲学史新编》第 5 册，人民文学出版社 1985 年版，第 122 页。
④ 钱锺书：《中国固有的文学批评的一个特点》，《文学杂志》1937 年第 4 期。
⑤ （宋）姜夔：《白石道人诗说》，载（清）何文焕辑《历代诗话》，第 680 页。
⑥ （宋）严羽：《沧浪诗话》，载（清）何文焕辑《历代诗话》下，第 687 页。
⑦ （元）杨载：《诗法家数》，载（清）何文焕辑《历代诗话》下，第 736 页。

麟是以气象论诗的代表人物，在《诗薮》中常常论及。如云："至淮南《招隐》，迭用奇字，气象雄奥，风骨棱嶒，拟骚之作，古今莫迨。"又云："钱、刘诸子排律，虽时见天趣，然或句格偏枯，或音调屡弱，初唐鸿丽气象，无复存者。"又云："'明月自来还自去，更无人倚玉阑干''解释东风无限恨，沉香亭北倚栏干'，崔鲁、李白同咏玉环事，崔则意极精工，李则语由信笔，然不堪并论者，直是气象不同。"① 在胡氏的诗学主张中，"气象"一词，虽然所指偏于诗歌的整体风格，但对于达成艺术整体效果的文学要素，譬如遣词、造句、声调、句格，即文本形式、语言技巧、言辞章法等方面，他仍然是颇为看重的。

在更为广泛的层面上，气象则扩展为一个社会总体精神或时代风貌的总括，譬如习见的盛唐气象、帝王气象、时代气象等，并逐渐成为古人对文学精神、美学品格进行整体判断的标尺。作为一个时代文学整体精神的象征，古人常常在这个层面上使用气象范畴，譬如指特定时期的艺术创造风格和审美特性，如韩愈《荐士》："建安能者七，卓荦变风操。逶迤抵晋宋，气象日凋耗。"② 这是指晋宋年间缺乏建安时期的那种豪迈气概与博大胸怀。韩门弟子李汉《昌黎先生集序》："秦汉已前其气浑然，迨乎司马迁、相如、董生、扬雄、刘向之徒，尤所谓杰然者也。至后汉、曹魏，气象萎尔。"③ 李氏主张"文以载道"，他所推崇的是先秦思想家的恢宏浩然气象，这种气象是与创作主体的精神气质密切相关的。又如黄庭坚《与王观复书》："文章盖自建安以来，好作奇语，故其气象衰尔，其病至今犹在。"④ 宋人严羽认为："汉魏古诗，气象混沌，难以句摘。"又云："建安之作，全在气象，不可寻枝摘叶。灵运之诗，已是彻首尾

---

① （明）胡应麟：《诗薮》，第 5、78、109—110 页。
② （清）徐倬：《全唐诗录》卷 47，景印文渊阁《四库全书》本。
③ 马其昶校注：《韩昌黎文集校注》，第 1 页。
④ （宋）黄庭坚：《黄庭坚全集》卷 18，刘琳等校点，四川大学出版社 2001 年版，第 471 页。

成对句矣，是以不及建安也。"又云："唐人与本朝人诗，未论工拙，直是气象不同。"① 严羽以气象论作品高低，直截了当，毫不遮掩。他充分肯定汉魏古诗的整体气象，极力推崇盛唐气象，不惜扬唐贬宋。

见于经典阐释传统中文章气象及相关问题的探讨，侧重于问题意识自主性层面的诠释。在长于气类相推、以象为喻的经典阐释传统中，"同气相求"、一气贯通；象源于气，气待象立，气与象是相互对待的关系。文章气象是对作者之气与作品之气的一种整体性把握，从本文的分析之中，可以看到，在历代经典诠释者眼里，气象的意义是如何围绕"一体三相"而生成，并且在不同的艺术领域延展的。运用于古代文学思想领域的气象范畴，统摄了创作主体的精神品格、艺术创作的想象特质、文本风格的审美质素、艺术鉴赏的境界高下乃至文章总体精神与时代风貌等内涵，层次复杂，辐射广泛，意蕴丰厚。我们今天研究的兴趣，不仅在于厘清气象的思想谱系与范畴意义，更在于探究历代论者如何经由阐释文章气象而完成文本理解并实现自我理解，以及气象范畴之精神脉络如何在阐释者眼中与其原生意义体用辉映。因此，对于相关问题的探讨，值得更加深入细致地进行下去。

---

① （宋）严羽：《沧浪诗话》，载（清）何文焕辑《历代诗话》下，第696、695页。

中国古代文学批评的意会传统

　　意会是国人所熟知的思维方式，即所谓知而不言、默而识之，无法言尽、意会见之。往往心领神会，方能超乎表象、直呈深处。"意会"见于古代诗文，如北宋苏轼评陶渊明："陶潜诗'采菊东篱下，悠然见南山'，采菊之次，偶然见山，初不用意，而景与意会，故可喜也。"① 南宋章如愚认为："说诗多以意会。今人说诗，空有无限道理，而无一点意味，只为不晓此意耳。"② 宋末元初戴表元提出："耳濡目染，心领意会。"③ 明代陈白沙认为："所过之地，盼高山之漠漠，涉惊波之漫漫，放浪形骸之外，俯仰宇宙之间，当其境与心融，时与意会，悠然而适，泰然而安，物我于是乎两忘，死生焉得而相干？"④ 这种"悠然而适""泰然而安"、物我两忘的情境心境，深得古人赞赏。在现代学术视野中加以考察，意会不仅仅是一种艺术的表达方式，更是一种重要的知识生成方式。在人类已知的两大类知识构成中，"意会知识"（tacit knowledge）与"可编码化知识"（codified knowledge）不同，前者是过往积累的经验教训，隐藏在大脑深处，不可编撰，难以用语言表达；而后者能够用语言和图

---

　　① （宋）胡仔：《苕溪渔隐丛话》前集卷 3，廖德明校点，人民文学出版社 1962 年版，第 15 页。

　　② （宋）章如愚：《群书考索别集》卷 6，景印文渊阁《四库全书》本。

　　③ （元）戴表元：《剡源文集》卷 26，景印文渊阁《四库全书》本。

　　④ （明）陈献章：《湖山雅趣赋》，《陈献章集》卷 4，孙通海点校，中华书局 1987 年版，第 275 页。

形进行系统化处理。① 中国古代天地人的意义世界是典型的"意会知识"系统，与此相关的悟性思维与意会言说，自根源处便范围了古人的知识构成与审美心理。这是最具有民族文化特质的精神传统，值得我们加以深入的研讨。

一

所谓意会，"意"有创生、行为之义；"会"有关联、行动之义。因有意，而有会。在中国古代文学批评的知识生成方式中，意会是一个知识生成管道，它源自本源性的阴阳之气，通向多元的价值本体，与很多现代科学知识无法解释的现象，如直觉、灵感、顿悟、冥想等息息相关。人文知识的生成，须由意经会而明，这是中国古代知识生成的基本路径之一。其理论预设前提在于古代的气学知识系统，主客、人神、心物、灵肉之间没有绝对的分殊，自然之内化于人与人之外化于自然，乃一体两面之事。正如有学者指出的那样："每当要表达那既非具体对象亦非一己观念，既非有形质者亦非抽象道理的微妙含义时，就不期然而然地求之于'气'这个有无之间的大象，因为它提供了一种表达和理解非现成者、余意不可尽者的可能。"② 可以说，作为一个动态开放的含义无穷的意义系统，传统的气学解释系统为意会的表达方式提供了一种理解与表达的可能性。

在古代哲人看来，意者，心之所存，是能发；会者，会通融合，是所发。先来看"意"。我们不妨重温刘宗周的一段话："心无体，以意为体；意无体，以知为体；知无体，以物为体。物无用，以知为用；知无用，以意为用；意无用，以心为用。此之谓体用一源，

① 参见美国信息研究所编《知识经济：21 世纪的信息本质》，王亦楠译，江西教育出版社 1999 年版，第 5 页。
② 张祥龙：《海德格尔思想与中国天道——终极视域的开启与交融》（修订第 3 版），中国人民大学出版社 2011 年版，第 219 页。

此之谓显微无间。"① 蕺山先生这一段话，层次丰富，含义深远，对于"心、意、知、物"体用层次的分析，可谓上下互推、环环相生，"心→意→知→物"是宇宙论的坐实，"物→知→意→心"则是性命论的体认。在这个动态模式中，核心在"意"。宗周认为"意"比"心"更为根本，乃"心"之体而非"心"之用，不同于朱子、王阳明视"意"为"心"之所发，宗周此论，精微缜密，更为准确地揭示出传统思辨所具的意会特质。既然"意"为"心"之所存，那么，"心"又存何处呢？存于"气"，如谓"人心一气而已矣"②。虽然宗周在理、气、心关系上纠葛不清，但在总体上偏向张载的气本思想，故而在其著作中，随处可见"盈天地间一气而已"之类的说法。在此问题上，基本完全秉承宗周思想的及门弟子黄宗羲，说得更明白一些："天地间只有一气充周……心即气之灵处……理不可见，见之于气；性不可见，见之于心，心即气也。"③

顺着宗周的语脉推衍，"意"不仅为心之所存，亦为气之所用。所谓"以意会之"，即气化感知，使物内化于心，进而生"意"，反复内化使之独具意味，再外化为"象"。所谓体悟，体者，体证体现；悟者，觉解豁然。意会与体悟相生相融，是一种审美把握与表达方式的同步共振，涵摄人伦道德、心性信仰、艺术审美和情感想象等诸多层面。这种思维方式的最显著的特征，便是物我始终为一，万物归于一气。也因为如此，凡是切近人生的学问，如人之生死、命之祸福、心之躁宁、情之忧乐、性之善恶、文之雅俗，等等，大多可以借助意会体悟的方式得以呈现。

对于"意"的重视，不同于宋明理学家在思辨层面的辨析，唐以来的论者擅长在文学艺术领域进行理论总结，其中常常为人称引者有二：一是杜牧的诗论，二是张彦远的画论。虽然两者均有重

---

① （明）刘宗周：《学言一》，《刘子遗书》卷2，景印文渊阁《四库全书》本。
② （明）刘宗周：《学言三》，《刘子遗书》卷4，景印文渊阁《四库全书》本。
③ （清）黄宗羲：《孟子师说》卷2，《黄宗羲全集》第1册，第60页。

"意"的言论，但在理论思辨层面与审美价值取向上，却不尽相同。杜牧持"意主气辅"的观点。譬如《答庄充书》："凡为文以意为主，气为辅，以辞采章句为之兵卫……是以意全胜者，辞愈朴而文愈高；意不胜者，辞愈华而文愈鄙。"① 杜氏所谓"意"，大抵由道化生而来②，这种以"意"（道）驱使气的说法，以及对文辞质朴与华美的褒贬之意，仍然在传统文道、文气的言说框架内。在《历代名画记》中，张彦远提出"得意""立意""意不在于画故得于画""笔不周而意周"等论点，充分地发掘出"意"在艺术创作尤其是绘画中的意义，他认为："夫象物必在于形似，形似须全其骨气。骨气形似，皆本于立意，而归乎用笔。"③ 在他看来，"象物"来自"形似"，"形似"源于"骨气"，"骨气"本于"立意"、归于"用笔"，此一番推论，兼顾对象生命感（骨气）生成的内、外两面因素，可谓相当周全。比较上述两种观点，后者较之前者，在意会传统的运思、推衍以及表述上更为周全缜密。中国传统绘画以写意、表意为目的，借助笔墨，立意为象，但并不拘泥于模拟的准确性，而是强调借助象而超越象外，从而表达出情感意志、人生旨趣与精神境界来。所谓的写意、表意，实则为一种意会的传达手段，其间既有客观物象摹写，又有主观情愫融会，借助两者之间的思路同化、心灵相约，从而营造出一种带有复杂情感体验的总体性艺术感知。

二

作为知识生成方式的"以意会之"，在早期道家思想中揭示得相当明白。老学之道，从理论层面开启了古代意会传统的先河。所谓"道可道，非常道"，执着于重返整体性的意义世界，是对宇宙人生

---

① （唐）杜牧：《樊川文集》卷13，上海古籍出版社1978年版，第194—195页。
② 参见郭绍虞主编《中国历代文论选》第2册，第183页。
③ ［日］冈村繁译注：《历代名画记译注》，俞慰刚译，第59页。

的整体性体悟，这是一种典型的只可意会、不可言传境界，在此一境界中，人之物化、自然人化，物我两忘。对于此一类的体悟觉解，汉人严君平《知者不言篇》释云："达于道者，独见独闻，独为独存。父不能以授子，臣不能以授君。犹母之识其子，婴儿之识其亲也。夫子母相识，有以自然也，其所以然者，知不能陈也。五味在口，五音在耳，如甘非甘，如苦非苦，如商非商，如羽非羽，而易牙师旷有以别之，其所以别之者，口不能言也。"① 在这里，严氏举了两个例子：一是母亲与孩子相认；二是声音与味道的区别。在他看来，两者皆无标准和依据，仅凭直觉感知，即使是易牙般的大厨和师旷般的大乐师，也无法用语言说清楚。故而严氏认为"达道"的过程，乃"独见独闻，独为独存"，个人体会不同，无法传授他人，"父不能以授子，臣不能以授君"。

对于意会与言传两种知识生成方式的不同之处，庄子在理论上有精谨的论证和完整的表述。《庄子·天道》："世之所贵道者书也。书不过语，语有贵也。语之所贵者，意也，意有所随。意之所随者，不可以言传也。"② 为了把这个道理说明白，庄子举了"轮扁斫轮"的例子。工匠做车轮时，榫眼的宽紧会导致松滑或滞涩，那么，如何松紧适当呢？这种知识"得之于手而应于心，口不能言，有数存焉于其间"③ （《庄子·天道》），庄子称之为"只可意会，不可言传"的"不知之知"。这种"不知之知"，非无知之知，而是高于"知"的层面，冯友兰先生就认为："'无知'与'不知'不同。'无知'状态是原始的无知状态；而'不知'状态则是先经过有知的阶段之后才达到的，前者是自然的产物，后者是精神的创造。"④ 庄子所谓"不知之知"，无法言传，不能论辩，只能意会地"知"，由低层次的"知"到高层次的"不知之知"，最终的旨归便是知道。

---

① （汉）严君平：《道德指归论》卷4，景印文渊阁《四库全书》本。
② （清）郭庆藩：《庄子集释》，第491页。
③ （清）郭庆藩：《庄子集释》，第757页。
④ 冯友兰：《中国哲学简史》，北京大学出版社1985年版，第134—135页。

庄子举的"轮扁斫轮"这个例子，颇有说服力。其实很多传统的技能、手艺以及一些技巧性的运动（如游泳、骑车），乃至于文学活动中的想象、灵感及鉴赏等，大都需要身临其境，凭经验、直觉、技巧来把握，均呈现出只可意会，不可言传的特性，这构成了中国古代知识系统生成的一个固有特征。那么，如何解决意会与言传这一认识论难题，古代圣贤的解决之道各不相同。老子取"归根—复命—知常"的路径，庄子开出的方子是"坐忘""心斋"，也即进入一种物我两忘的澄明之境。道家的解决方案与本体论、境界论联系在一起。在这一点上，与儒家不同，譬如荀子持性恶，首要任务便是扫清欲念，"虚壹而静"、净化心灵，方能专心致志，因此，荀子的解决之道便是学习教化，这就与认识论、方法论联系在一起了。

在易学的解释传统中，"同声相应""同气相求"是理解中国式意会的学理基础。《周易·乾·文言》："同声相应，同气相求。水流湿，火就燥。云从龙，风从虎。圣人作而万物睹。本乎天者亲上，本乎地者亲下，则各从其类也。"孔颖达疏："'同声相应'者，若弹宫而宫应，弹角而角动是也。'同气相求'者，若天欲雨而础柱润是也。此二者声气相感也。"[①] 孔颖达认为，"水流湿，火就燥"是形象相感，"云从龙，风从虎"是同类相感，"圣人有生养之德，万物有生养之情，故相感应也"，"本乎天者""本乎地者"是指"天地之间，其相感应，各从其气类"。在他看来，"感"在先，"应"在后，天地万象之所以"方以类聚，物以群分"，其根据就在于"同声相应""同气相求"，这是"万物一体"的理论根基与逻辑前提之所在。

中国式的意会是自然、人生经验的自我升华，是一个完善的动态修持养成过程，与逻辑、语言、概念分析构成的知识过程无涉，可以说，两者处于知识的不同层面。在这一点上，中西思维方式上

---

① （清）阮元校刻：《十三经注疏》，第16页。

的差异很明显。① 以逻辑思辨为基本认识方法的西学传统，自古希腊时代就标举理性主义和科学精神的大旗，其基本预设在于，人有抽象和演绎的理性能力，这些能力能够为知识建立抽象和普适原则。在西方哲人看来，人的理性是先天的，理性的真理是人类知识的范本，因而逻辑是认识世界本体最有效的思维工具，如此一来，就将意义与价值摒弃于知识之外，即使是代之而起的非理性、非科学和非确定的后现代，同样也保持着此一传统。在中国的思想传统中，把握本体的方法是意会体悟，它与人的生存方式、社会实践密切联系在一起，并没有先在的逻辑范畴与预设的知识工具，不固守于既定的名理定势，而是使人在意会觉解的过程中摆脱现成的概念框架，在追求"心斋""虚静""通神""忘知""合一"中达到最高境界。同时，在体悟豁然中追求整体性的"天人合一""万物一体"，这不是对象性的物我二分，而是主客的消融，在宇宙的整体关联中与本体浑然为一。较之西学传统，中国古代并没有被理性主义视为范本的发达的逻辑学、数学、物理学，而这一点，是与历史上的儒、道、释均推崇悟性思维分不开的。

在现代中西学术的比较视野下，理解意会与言传之间的矛盾，我们不妨借鉴迈克尔·波兰尼的"意会知识"理论。在波兰尼的知识二分中，突出地强调了"意会知识"（tacit knowledge）的先在地位。在他看来，不同于显知识（explicit knowledge），"意会知识"既非可言明的感性经验，也不是非理性的冲动，而是存在于人的认识实践中。在相当大的程度上，一切讯息的沟通都得依靠唤醒我们无法明言的知识，而一切关于心理过程的知识——比如关于感觉或者有意识的知性活动的知识——也是以某种我们无法明言的知识为基础的。他认为："默会成分支配一切，以致言述实际上变得不可能的

---

① 关于中国式的体悟型审美思维与西方的思辨型美学理论思维的区别，赵仲牧先生《审美范畴与思维模式——试论中国传统审美理论的体悟型思维》（《思想战线》1991年第3期）一文中，有精要分析。

领域。我们可以称之为不可表述的（ineffable）领域。"① 在他看来，对"意会知识"的掌握是语言或其他形式"显知识"的前提，因而也是一切知识的主要源泉。

中国学者看波兰尼的学说，颇多亲近之感。他对"意会知识"的揭示，与中国的意会传统颇为相似。他用科学的语言把"只可意会，不可言传"的精神底蕴表述出来，将科学的认识论与对人性的认知结合在一起，这对于我们在当下多元语境中重新认识自己的传统，是有建设意义的。按照中国学者的一般理解，所谓"显知识"，大体相当于"言"；"意会知识"大体相当于"意"。所谓"意会知识"大多是体悟式、直觉式、顿醒式的，具有情境性、设身处地性、难言性等特质。这种知识的二分法，对于理解中国古代的形上范畴（譬如道、气、理、性、命等）及其只能诉诸思维模式、符号体系而非语言形式、逻辑推断的解释特征，无疑具有较强的适用度，也更具亲和力。

三

对于意会知识的表达，国人常常借助"言象意"的关联结构。此一意义系统经由易学、庄学、玄学的发展，形成了一套具有民族特色的"象喻"思维与言说方式，其中的核心要素是"象"，它是联系言与意、意与气的关键所在，所谓"象生于意""意以象著"，不能"离象求意"，构成了意会思维的基本法则。

在中国古代重视意会的思想传统中，对"言"的作用，往往是怀疑的、不信任的，尽管"言"也是一个重要的话题，但在"言象意"关系中，言以尽意，言以显象，常常被赋予工具性的地位。譬如老子开宗明义的"道，可道，非常道；名，可名，非常名"，第一

---

① ［英］迈克尔·波兰尼：《科学、信仰与社会》，王靖华译，南京大学出版社 2004 年版，第 196 页。

个"道"字是常道（常名）的意思，第二个"道"是言说（名言）的意思。老子开篇就将言说、名言排除，通过放弃语言的有限规定性，从而获得思想空间的无限可能性，这种用言辞无法达到的境界，大约是古代圣人的共识。孔子谓"听其言而观其行""君子欲讷于言而敏于行"，对于巧言令色、名实相悖，夫子素来就是否定的，《周易·系辞上》假孔子之口归结为"书不尽言，言不尽意"，"圣人立象以尽意，设卦以尽情伪，系辞焉以尽其言，变而通之以尽利，鼓之舞之以尽神"①，表达的也是相同的意思。在古代的思辨传统中，言不尽意、意在言外、辞不害意的理念，自先秦诸子便定下基调，即便有魏晋的"言意之辨"，但在历史上影响深远的，仍然是"言不尽意"一派。在"言象意"三者中，"意"是追求的终极所在，但"意"是无法穷尽的，只能不断地接近，这就自然凸显出"象"的价值，其中所内蕴的重要方法，就是"象喻"的思维方式与言说模式。

在过往的研究中，我们认为，所谓"象喻"是以"象"为思维纽结，以"观物取象"为起点，以引申、暗示、象征、隐喻、比拟、类推等方式，借助"取象比类""立象见意"，以整合的、情感的方式最大范围地把握和表述天地人之间的关系。② 在易学传统中，借助阴阳二爻，以数的奇偶排列组合推衍出八卦、六十四卦和三百八十四爻，因数定象，观象以辞，以象辞定吉凶，以"象"为核心，将易、数、辞、占等具有高度象征比拟意义的图式符号，组建成一个复杂的意向系统，将情景相关、意义相通的事物联系成互通互感、可以理喻的东西。"象喻"的方式由已知推未知，突破了天地人感应的表层比附与推论，具有一般的方法论意义。在中国早期思想史的语汇中，类似的表述，还有譬、比、类等。譬如比类，《素问·示从

---

① （清）阮元校刻：《十三经注疏》，第82页。
② 参见夏静《古代文论中的"象喻"传统》，《文艺研究》2010年第6期。

容论》谓"若能览观杂学，及于比类，通合道理"①，"比类"具有触类旁通、举一反三的特性，是一种融会贯通各种知识的方法，所以胡适先生将"类"解释为模型，认为与"象"具有相似之处。②在《新原道》中，冯友兰先生也有类似的看法，他认为："六十四卦，三百八十四爻都是象。象如符号逻辑中所谓变项。一变项可以代入一类或许多类事物，不论什么类事物，只要符合条件，都可以代入某一变项……这一卦的卦辞或这一爻的爻辞，都是公式，表示这类事物，在这种情形下，所应该遵行底道。这一类底事物，遵行道则吉，不遵行则凶。"③ 在他看来，"象"类思维如同一个模子，六十四卦、三百八十四爻均为具象，可以带入以"象"为符号的思维模型中，这是古人判断吉凶意义的根据。

　　"象喻"是古代知识生成的重要方式，各种概念的提出，名称的确定，均借助此一思维模式与言说方式加以呈现。对于中国传统"象喻"思维的研究，我们可以参之以隐喻理论。譬如德国人恩斯特·卡西尔认为，语言与神话是西方人文哲学的家园，神话与语言得以存在的前提是"隐喻思维"，因为"人类的全部知识和全部文化从根本上说并不是建立在逻辑概念和逻辑思维的基础之上，而是建立在隐喻思维这种'先于逻辑的（pro-logical）概念和表达方式'之上"④。他认为"隐喻思维"不仅具有逻辑上的"在先"，而且具有时间上的"在先"，以此强调其在人类文化与哲学中的重要性。在他看来："我们人类的历史上必然且确实有过这样一个时期，那时，任何超出日常生活的狭隘视野的思想都非得凭借隐喻手段才有可能表达出来，并且这些隐喻那时尚未演变成今天这个样子，也就是说，

———————————

　　① （清）张志聪集注：《黄帝内经集注》，第 646 页。

　　② 胡适：《先秦名学史》，《先秦名学史》翻译组译，李匡武校，学林出版社 1983 年版，第 85 页。

　　③ 冯友兰：《三松堂全集》卷 5，第 71 页。

　　④ 甘阳：《从"理性的评判"到"文化的评判"》，载［德］恩斯特·卡西尔《语言与神话》，生活·读书·新知三联书店 1988 年版，"序言"第 13 页。

还不是像我们眼中那样只不过是约定俗成沿袭下来的一些说法罢了，它们仍然半是按照其本来特性，半是按照其改变了的特性而被感受和理解的。"① 在卡西尔认为，人类活动本质上是一种符号或象征活动，语言、神话、宗教、艺术等不同文化形式，作为人把握世界的一种方式，乃是展示了符号运用的"功能统一性"（functional unity）。这种"隐喻思维"是其符号学建立的理论基础。

值得我们关注的，还有乔治·莱考夫和马克·约翰逊提出"在喻象中进行思考"的观点。他们认为，人的思维、感知和行为是由隐喻为其提供结构的，一种语言的整个概念体系从本质上讲是隐喻性的，一切思维和行为归根结底是从一个植根于一系列相互联系的隐喻的信念体系出发的。② 对于上述观点，美国汉学家艾兰认为，莱考夫和约翰逊所谓"一种文化中最基本的价值，将附着在这种文化中的基本概念的隐喻结构之中"，乃是"本喻"，这既不是比喻性语言的通常意义，也不是以具体意象再造抽象观念的用法，而是观念最初抽象化时的具体根基。也即是说，"本喻"是具体的模型，它内在于抽象观念的概念化之中。抽象观念源于类比推理的过程，而不是通过比喻类推来说明已经形成的观念。艾氏关注于早期中国概念思维所依据的原型研究，在她看来，由于中国早期哲人认定自然界与人类社会有着共同的原则，所以中国早期哲学思想最有意义的概念都以源于自然界的"本喻（root metaphor）"为模型，水与植物则为许多原生的哲学概念提供了"本喻"。③ 总的来看，西方的隐喻理论，无论是隐喻说、符号说、喻象说、本喻说，虽然在文化心理基础与逻辑推演路数上，较之中国古代思维方式有着不同的特质，但也不乏参照意义，甚至可以部分地解释"象喻"思维，这对于理解中国古代思想中的意会传统也不乏参考价值。

---

① ［德］恩斯特·卡西尔：《语言与神话》，于晓译，第104页。
② 参见［美］乔治·莱考夫、［美］马克·约翰逊《我们赖以生存的隐喻》，何文忠译，浙江大学出版社2015年版，第3、18、22页。
③ ［美］艾兰：《水之道与德之端》，张海晏译，第13—14页。

四

在古代思想家的一般推论中，意会存在的思想基础，在于天地人之间共有、共在的一气流行，体现为气之内养与外化，而象便是这种内外运化的关联。譬如王昌龄谓"搜求于象，心入于境，神会于物，因心而得"①，王廷相谓"二气感化，群象显设，天地万物所由以生也，非实体乎"②，气为内在之运化，象为外在之呈现，说的就是这个意思。对于古人的这种推衍运思，我们可以举两个例子。

见之于艺术思想领域，论者对于气与象的内在关联及其呈现的整体意义，颇为在意。譬如五代荆浩《笔记法》："似者得其形遗其气，真者气质俱盛。凡气传于华，遗于象，象之死也……气者，心随笔运，取象不惑。"③荆氏认为，"气质俱胜"的"真"，来自外在之"形"与内在之"气"，仅画形，只是"似"而非"真"，因为无气之"象"，就意味着"象之死也"，所谓的"真"，应该是内外、形气"俱胜"之作。荆浩被后世尊为北方山水画派之祖，因避后梁战乱，隐居太行山中，于大山大水的上下、远近、虚实、宾主的全景审视中，形成"山水之象，气势相生"的整体观念，创立"开图千里"的新格局。他的山水画理论注重气与"象"的关联，在其强调的绘景"六要"（气、韵、思、景、笔、墨）中，气居首位，乃心手如一、取象用笔之前提。

见之于哲学思想领域，对于"言象意"的内在关系及其呈现的整体意义，也不乏理论建树。譬如邵雍以"道德功力"和"化教劝率"的体用原则，归纳出八种政治运作的模式。《观物内篇》："夫意也者尽物之性也，言也者尽物之情也，象也者尽物之形也，数也

---

① （唐）王昌龄：《诗格》，载郭绍虞主编《中国历代文论选》第2册，第88页。
② （明）王廷相：《慎言》卷1，《王廷相集》，王孝鱼点校，第751页。
③ （五代）荆浩：《笔记法》，载俞剑华编著《中国画论类编》，第605—606页。

者尽物之体也。尽物之性者谓之道，尽物之情者谓之德，尽物之形者谓之功，尽物之体者谓之力。"① 在邵子看来，物一类有"性、情、形、体"，人一类有"意、言、象、数"，前者为所指，后者为能指，两者一一对应，"意"尽"物之性"，"言"尽"物之情"，"象"尽"物之形"，"数"尽"物之体"。他将心物、主客关系一一联系起来，以此作为打通天人关系的桥梁。邵子以体用模式诠释性情、形体、言意、象数，辨明意会知识构成的要素及其关联，显示出其思想中极为思辨的一面。故而朱子赞誉邵子之学"包括宇宙，终始古今"②，这也是古人为学的最高目标了。

辨析上述古人的观念，我们大体上可以得出以下结论：气为万物赋形，由形入象，由象生意、生境，即"气→形→象→意→境"，这是一个逻辑意义上的衍生递进过程，也是中国式意会知识生成的一般路径。

此一知识过程的完成，需借助体悟的层层推衍，其间既有"体"之"随物以宛转"，也有"悟"之"与心而徘徊"，更是体证与豁然觉解的统一。严羽《沧浪诗话·诗辨》："惟悟乃为当行，乃为本色。"③ 姚鼐《与石甫侄孙莹》："凡诗文事与禅家相似，须由悟入，非言语所能传。然既悟后，则返观昔人所论文章之事，极是明了也。"④ 这种"悟入"，乃物与我、内与外的融合，有似于近代西方直觉主义的认识方法。譬如柏格森贬低理性，认为只有直觉才是把握宇宙生命本质或绝对真理的唯一工具，因而抛弃概念、判断、推理等一切逻辑思维形式。在他看来："所谓直觉，就是一种理智的交融，这种交融使人们自己置于对象之内，以便与其中独特的、从而

---

① （宋）邵雍：《邵雍集》，第 16 页。
② （宋）黎靖德编：《朱子语类》，第 2542 页。
③ （宋）严羽：《沧浪诗话》，载（清）何文焕辑《历代诗话》下，第 686 页。
④ （清）姚鼐：《惜抱尺牍》卷 8，《明清十大家尺牍》卷 3，中华书局 1937 年版，第 166 页。

是无法表达的东西相符合。"① 柏氏认为直觉为意志的努力，超出感性经验、理性认识和实践范围之外，是区别逻辑理性的另一种认识活动，因而这种直觉是指自我生命深入对象内在生命之中，达到主体和客体直接无差别地融合为一。这种直觉的认识方法，强调人在世界之中的认识立场，与国人所谓的体认、体悟，譬如《周易·咸·象传》释"感"、朱子谓"置心物中"，亦不乏相似之处。

意会的过程，是一个气化创生的过程。所谓气化，是实象与虚境之化合，其中所显示的包容万有的特性与灵动创生的质性，十分契合艺术活动的本质特征。气者，无形可感，能自由出入有无之间，乃"不形之形，形之不形"②，"有形，生气也，无形，元气也"③，是虚实相生、形神统一的产物，正恰如方以智的总结："充一切虚，贯一切实，更何疑焉?"④ 在古人的文化视野中，气化是万物之间、心物之间联系的唯一纽带。按照刘勰《文心雕龙·物色》的说法，应该是这样的："诗人感物，联类不穷。流连万象之际，沈吟视听之区。写气图貌，既随物以宛转；属采附声，亦与心而徘徊。"⑤ 所谓"随物以宛转""与心而徘徊""目既往还心亦吐纳"等说法，均是指心物、主客之间的交感往复。此一气化感物的过程，按照庄子的说法，便是"听之以气"一类的悟性认识。气化、气感的过程，常常需借助各种心理感觉之间的转换，这又被今人称之为"联觉"或"通感"。

所谓的"联觉"，就生理而言，是指身体一部分发生的感觉与伴生的感觉；就心理而言，则是指一种感觉兼有另一种感觉的心理现象。钱锺书先生称之为"通感"。他曾经用不少中西文学作品的例子

① ［法］柏格森：《形而上学导言》，刘放桐译，商务印书馆1963年版，第3—4页。
② （清）郭庆藩：《庄子集释》，第746页。
③ （明）王廷相：《慎言》卷1，《王廷相集》，王孝鱼点校，第751页。
④ （清）方以智：《物理小识》卷1，商务印书馆1937年版，第3页。
⑤ 詹锳：《文心雕龙义证》，第1733页。

来解释"通感"现象，并有如下定义："在日常经验里，视觉、听觉、触觉、嗅觉、味觉往往可以彼此打通或交通，眼、耳、鼻、舌、身各个官能的领域可以不分界限。颜色似乎会有温度，声音似乎会有形象，冷暖似乎会有重量，气味似乎会有锋芒。"① 在审美活动尤其是诗歌创作中，"通感"的例子是很多的。譬如在评述潘岳《秋声赋》时，钱先生认为："潘岳谓其以'四蹙'示'秋气'之'悲'，实不止此数。他若'收潦水清'、'薄寒中人'、'羁旅无友'、'贫士失职'、'燕辞归'、'蝉无声'、'雁南游'、'鹢鸡悲鸣'、'蟋蟀宵征'，凡与秋可相系着之物态人事，莫非'蹙'而成'悲'，纷至沓来，汇合'一涂'，写秋而悲即同气一体，举远行、送归、失职、羁旅者，以人当秋则感其事更深，亦人当其事而悲秋逾甚，如李善所谓春秋之'别恨逾切'也。"② 能"通感"者，其共同之处在于"同气一体"，是一种在气化流行、心物感应前提下形成的物我一体、互动相生。这种"涵濡以味之"的心灵通约过程，之所以能够产生"以人当秋则感其事更深"的深切之感，其前提在于主客互摄式的"同声相应，同气相求"，这便从理论到实践阐明了古人"写秋而悲"的内在心理机制。

五

中国式的意会表达方式，在诗文评领域的典型表述，就是有关感应、灵感、神会一类的说法，最为著名是陆机的"应感之会"。《文赋》："若夫应感之会，通塞之纪。来不可遏，去不可止。藏若景灭，行犹响起。方天机之骏利，夫何纷而不理？"③ 对于"应感之会"，徐复观先生认为："应感，是就主客的关系而言。作者的心灵

---

① 钱锺书：《七缀集》，生活·读书·新知三联书店 2002 年版，第 64 页。
② 钱锺书：《管锥编》第 2 册，第 628 页。
③ 张少康：《文赋集释》，第 241 页。

活动是主，由题材而来的内容是客。有时是主感而客应，有时是客感而主应。'会'是主客感应的集结点，亦即是主客合一的'场'，这是创作的出发点。"① 这种分析是颇有见地的。在现代学术视野下深一步分析，我们认为，"应感之会"的意义在于揭示了两个层面存在的关系：一为关系性存在，另一为过程性存在。

所谓关系性存在，这是天地人之间最普遍的联系方式，也是中国式整体关联话语系统的基本特征之一。这自根本上决定了古人对物我、主客等问题的认识是感应、体悟的方式，而非反映、再现的方式。此一特质，自先秦以来的学术传统就业已奠定了。《周易·咸·彖》释"感"："咸，感也。柔上而刚下，二气感应以相与……天地感而万物化生，圣人感人心而天下和平。观其所感，而天地万物之情可见矣。"《周易·乾·文言》有"同声相应，同气相求"，孔颖达释云："天地之间共相感应，各从其气类。"又云："感者动也。应者报也。皆先者为感，后者为应。"② 《吕氏春秋·应同》："类固则召，气同则合，声比则应。"③ 关于这一点，程颐一语道破："天地间只有一个感应而已，更有甚事？"④ 对于天地人所共处的整体性关系世界，体会最为精妙的是王阳明。

按照《传习录下》的记载，王阳明游南镇，与朋友有一段关于岩中花树的问答，如云："问曰：'天下无心外之物，如此花树，在深山中自开自落，于我心亦何相关？'先生曰：'你未看此花时，此花与汝心同归于寂。你来看此花时，则此花颜色一时明白起来。便知此花不在你的心外。'问：'大人与物同体，如何《大学》又说个厚薄？'先生曰：'惟是道理自有厚薄。此如身是一体，把手足捍头目，岂是偏要薄手足？其道理合如此。禽兽与草木同是爱的，把草木去养禽兽，又忍得。人与禽兽同是爱的，宰禽兽以养亲，与供祭

---

① 徐复观：《陆机〈文赋〉疏释》，《中国文学精神》，第296页。
② （清）阮元校刻：《十三经注疏》，第16页。
③ 陈奇猷校释：《吕氏春秋新校释》，第683页。
④ （宋）程颢、（宋）程颐：《二程遗书》卷15，第198页。

祀，燕宾客，心又忍得。至亲与路人同是爱的，如箪食豆羹，得则生，不得则死，不能两全，宁救至亲，不救路人，心又忍得。这是道理合该如此。及至吾身与至亲，更不得分别彼此厚薄。盖以仁民爱物，皆从此出；此处可忍，更无所不忍矣。《大学》所谓厚薄，是良知上自然的条理，不可逾越，此便谓之义；顺这个条理，便谓之礼；知此条理，便谓之智；终始是这条理，便谓之信。'又曰：'目无体，以万物之色为体；耳无体，以万物之声为体；鼻无体，以万物之臭为体；口无体，以万物之味为体；心无体，以天地万物感应之是非为体。'"① 王阳明这种"则此花颜色一时明白起来""便知此花不在你的心外"的境界，建立在"天地万物感应之是非为体"的基础之上，是一种切近古人生活经验、情感体验的生命学问与精神智慧，是一种难以用语言文字传达的深层文化价值。这种超越主客、"万物一体"的共感状态，大约也是古人理想中人与物、人与人所能建构的关系世界的最佳境况了。

所谓过程性存在，是指"会"与"化"、"感"等语素具有相似之处，均带有过程性的特征。"会"的方式，是一种过程性存在。古人关于意会、兴会、神会的种种理解，关键还在于"会"，这是人文创作中灵感、审美感受产生的前提。关于这一方面的描述，历代典籍中所见颇丰。譬如《颜氏家训·文章篇》："每尝思之，原其所积文章之体，标举兴会，发引性灵，使人矜伐。"② 《书断》："偶其兴会，则触遇造笔，皆发于衷，不从于外。"③《文镜秘府论·地卷·十七势》："夫文章兴作，先动气，气生乎心，心发乎言，闻于耳，见于目，录于纸。意须出万人之境，望古人于格下，攒天海于方寸。诗人用心，当于此也。"又云："感兴势者，人心至感，必有应说，物色万象，爽然有如感会。亦有其例。如常建诗云：'泠泠七弦遍，

---

① （明）王守仁：《王阳明全集》卷3，吴光等编校，上海古籍出版社1992年版，第107—108页。

② 王利器：《颜氏家训集解》卷4，中华书局1993年版，第238页。

③ （唐）张怀瓘：《书断》，《历代书法论文选》，上海书画出版社编，第180页。

万木澄幽音，能使江月白，又令江水深。'又王维《哭殷四诗》：'泱莽寒郊外，萧条闻哭声，愁云为苍茫，飞鸟不能鸣。'"① 《指意》："及其悟也，心动而手均，圆者中规，方者中矩，粗者能锐，细而能壮，长者不为有余，短者不为不足，思与神会，同乎自然，不知所以然而然矣。"② 李嗣真《续画品录》："顾生思侔造化，得妙物于神会。"③ 凡此种种，不一而足。

此一类兴会、神会的出现，以心物、主客之间的互动共感为前提，在于物事与人事的"同气一体"，这种"会"的存在样态与无形可感的化生特质，是典型的意会表述方式。如欧阳修认为："工之善者，必得于心，应于手，而不可述之言也。听之善，亦必得于心而会以意，不可得而言也……余尝问诗于圣俞，其声律之高下，文语之疵病，可以指而告余也；至其心之所得者，不可以言而告也。余亦将以心得意会，而未能至之者也。"④ 长于创作者，能够得心应手，但未必能用语言表述出来；长于欣赏者，能够以意会之，也未必能用语言传达出来。在欧阳修看来，这都属于"心得意会"一类的体悟。在古人看来，欣赏者须平心静气，沉浸于密咏恬吟、涵润濡染的氛围之中，方能有所"觉"、有所"悟"，体悟出前人创作的精妙之处。如沈德潜所言："诗以声为用者也，其微妙在抑扬抗坠之间。读者静心按节，密咏恬吟，觉前人声中难写、响外别传之妙，一齐俱出。朱子云：'讽咏以昌之，涵濡以体之。'真是读诗趣味。"⑤ 今人傅庚生先生也认为："研之精则悟之深，悟之深则味之永，味之永则神相契，神相契则意相通，意相通则诂之达矣。"⑥ 在他看来，人

① 王利器：《文镜秘府论校注》，中国社会科学出版社 1983 年版，第 126—127 页。

② （唐）李世民：《指意》，《历代书法论文选》，上海书画出版社编，第 121 页。

③ （唐）李嗣真：《续画品录》，载俞剑华编著《中国画论类编》，第 394 页。

④ （宋）欧阳修：《书梅圣俞稿后》，《欧阳修全集》卷 72，第 1048—1049 页。

⑤ （清）沈德潜：《说诗晬语》卷上，载丁福保辑《清诗话》下，第 524 页。

⑥ 傅庚生：《中国文学欣赏举隅》，陕西人民出版社 1983 年版，第 3 页。

之内发者曰"情",外触者谓"感",应感而生,故曰"兴会"。"逢佳节备思亲,赴荆门而怀古,窥鬓斑以书愤,凝露白以相思;兴之所至,适逢其会,发为词章,便成佳构;及其所之既倦,情随事迁,兴会已逝,就不免辍翰而腐毫矣。"①

---

① 傅庚生:《中国文学欣赏举隅》,第 13 页。

对待立义与中国文论话语形态的建构

中国古代文论知识系统与阐释方法有着深厚的哲学思想及其方法论基础，其理论思辨、致思方式与价值品格的形成，在很大程度上根植于传统思维方式及其理论形态的沾溉，此一特质，尤其深刻地体现在文论范畴命题两两对举的构型及其所指述、所诠释对象的对待统一关系与规律上。作为中国传统思维方式的核心之一，对待立义广泛地闪现在古代思想文化的各个领域，贯穿到古人对于天、地、人三界的理解中，成为古代知识体系中一个根本理念与致思方式乃至价值核心所在。探讨对待立义之源流统绪与质态特征，不仅能够使我们对中国古代艺术思想的话语形态、范畴特征以及审美价值追求有一个本源性的把握，而且有助于厘清古代思想史、观念史中与之相关的诸多问题，譬如作为对待立义思维最显在的观念对待，阴阳从直观的生命生活经验提升为一套圆融博厚人文理念的精神历程以及"两一观"所展示的古人在认识客观世界和精神世界所达至的思辨尺度等。本文拟从思想史和观念史的角度就对待立义的哲学基础与思辨特质进行一番知识学梳理，在此基础上，考察中国文论话语中对待立义所呈现的三大特质，即本体论意义上的对待型范畴群体、互动互释质态平衡的意义系统与对待立义求中和的审美价值追求，以及对于古代艺术精神及文论话语的培育与影响。

一

探讨中国古代文论的范畴体系特征，必然要追溯到文论范畴的哲学基础、思维特征、理论形态特点和价值取向以及建构文论范畴体系的方法论原则诸问题，从发生学的角度看，传统文论范畴的产生与中国古代文化哲学有着密切的血缘关系，不仅表现在它们中的绝大部分是从中国古代哲学的范畴、命题导引而来的，更显示在哲学思维模式和方法论原则对文论范畴的形成及特征的潜移默化上。中国古代文论的对待立义思维源自传统哲学中以阴阳五行及"两一观"为核心的对待立义思想，并在随后的文学创作实践、批评鉴赏及理论建构中得以进一步的丰富与完善，所以探讨此一问题，我们不妨首先就对待立义所涵摄、所面对的哲学源流去了解和分辨。

考察哲学意义上的对待立义思维①，大致思路有二：从思想史的路径考察，对待立义思维的渐次成熟是伴随着早期宇宙观的兴盛，并主要通过阴阳五行的发展演变而形成完整思想系络的。阴阳的起源，古今无有定论，无论是迄今发现的最早文字，如周原甲骨卜辞和西周金文中所见"阴阳"二字，还是《大雅·公刘》歌颂周人先祖择地而居的"相其阴阳，观其流泉"，"阴阳"所指的均是与天象、地理方位有关的知识概念。现代学者认为，阴阳作为范畴出现，肇端于《国语·周语上》中虢文公劝谏宣王不可废弛籍田仪节，以及伯阳父用阴阳失序来解释地震原因。从《周语》这两条材料来看，至少西周末年，人们已经开始用阴阳来解释自然界一些相互作用的现象。春秋战国以后，随着阴阳与五行合流，"先验小物，推而大之，至于无垠"②，其思想精义渗透到社会生活的各个领域。汉儒董仲舒建构了阴阳五行的理论框架，在"明阳阴、入出、实虚之处，所以观天之志。辨五行之本末、顺逆、小大、广狭，所以观天道

---

① 中国哲学领域的研究成果，值得关注的有庞朴先生《对立与三分》中并生式、从生式、发生式的分类，见《中国社会科学》1993 年第 2 期；吾敬东先生《古代中国思维对对立现象的关注与思考》中图形化、符号化和概念化的分期，见《中国哲学史》1997 年第 2 期。

② （汉）司马迁：《史记·孟子荀卿列传》，第 2344 页。

也"① 的论断中，阴阳五行遂成为天地、四时、人事、性情乃至政治历史、道德伦理的关联性要素。宋儒周敦颐倡太极图说，太极依元气而立，化为阴阳，分而天地，变为四时，推而八卦。这种一分为二、二分为四、四分为八的化生结构，完成了阴阳五行在哲学意义上的严谨结合。

从观念史的路径考察，对待立义思维是伴随着古人对于和同、物两与天人等问题的深入思考而成熟的，原初形态在先秦业已确立，洎乎宋明精义全出，标示着古人认识客观世界和自身精神世界所能够达到的哲学尺度。从殷墟大量吉凶两端的卜辞来看，殷人已经习惯于一种两分的思维方式。在西周末年的"和同之辩"中，史伯"和实生物，同则不继"（《国语·郑语》），晏婴"清浊、小大、短长、疾徐、哀乐、刚柔、迟速、高下、出入、周疏，以相济也"（《左传·昭公二十年》），史墨"物生有两""体有左右，各有妃耦"（《左传·昭公三十二年》）等说法，已经是颇为清晰的"两一"观了。老子对于有无、动静问题的探讨，为对待立义建构了一个运动变化的思想体系。《老子》一书中，对待立义概念近乎百对，"反者道之动"的相互转化的思想亦很饱满。易学总结了对待立义的三个核心命题："生生之谓易""刚柔相推而生变化""一阴一阳谓之道"，这构成了古代知识系统的基本框架。在理学家的形上建构中，对待立义业已具有自觉的方法论意识和系统的理论形态了，譬如张载围绕"一物两体"② 的阐释，将对待立义相反相成、循环往复、物极必反的特质揭示得相当清楚。至此，对待立义在古代哲学思辨中的发展线索已然清晰，借助气之阴阳与循环化生的阐释路径也相当明确了。

在我们看来，所谓对待立义是认识天地人关系的一种方式。在古人的意义世界里，气被理解为宇宙万物的本原，作为气之两重性，

---

① （清）苏舆：《春秋繁露义证》，钟哲点校，第 467 页。
② （宋）张载：《正蒙·参两篇》，《张载集》，第 10 页。

阴与阳遂成为划分与贯穿所有生命体的对待项，并随着五行的程式化而成为象征宇宙力量的符号称谓。二元对举的方式普遍存在，阴阳的消长、五行的制约是宇宙生成、运动、变化和发展的总则。无论世界怎样变化，无论人事多么复杂，均可以纳入阴阳五行的解释框架与理论视域中，对古人而言，对阴阳五行的理解也就意味着对天地宇宙前生来世的理解了。以上所述旨在说明，以阴阳五行为核心的对待立义思想方法，作为中国传统学术思想体系中最核心的方法论原则，源自古人在长期自然、社会、人事观察中对天地人之间最一般联系和最深刻本质的探索，其思想精髓浸透到古代哲学、政治、宗教、艺术、医学、军事、地理诸领域。中国古代文学精神，正因为包含此一思想基因与文化元素，所以才能既自成体系又独具民族特色。

二

对待立义思维方式的形成，是建立在天人学知识框架以及气化流行、循环恒变运行模式上的。考察其基本特质，大体有二：一而二的对待性、两归一的立义性。所谓对待性，即两两相对，缺一不可。这是天地人同生共在的结构，按照方以智的总结，"夫对待者，即相反者也"，"有一必有二，二皆本于一"，"所谓一切对待之法，亦相对反因者也"，① 即一在二中，一参于二，阴阳对待，一气贯通，共同分享着天地人的一致性和类比性原则，体现在文学批评领域，就是两两相对的对待型范畴群。

体系庞大的对待型范畴，是中国古代文学观念史上一道独具特色的风景线，这是古老的对待立义思维方式在话语形态与范型模式上的重要思想遗产。清人刘熙载《艺概》论及文学作品之内容、形式、风格、意境诸问题时，运用了一系列的对举范畴，如正与变、

---

① （清）方以智著，庞朴注释：《东西均注释》，第88、89、94 页。

义与法、质与文、丑与美、疏与密、益与损、轻与重、实与虚、内与外、形与神、曲与直、断与续、深与浅、意与象、聚与散、言与旨、真与伪、弛与严、幽与隽、淡与旨、平与奇、柔与刚、圆与方、细与阔、沉与快、婉与直、隽与雄、逸与雄、是与异、含与露、皱与透、稳与超、徐与疾、僻与熟、隐与秀，以及结实与空灵、沉着与飘逸、复古与从时、出色与本色、人籁与天籁、俊致与狂逸、优柔与清深、醇厚与雄奇、迁徐与直捷、柔婉与硬直、缠绵与超旷、幽淡与雄快、凝重与流动，等等，这是历代诗文评中所见数量最为庞大的对待立义范畴群。这些两两对举的范畴莫不因对待性的关系而提出，且于彼此串联结合中，形成另一层次或更高层次的立义性动态关系，其内涵和外延既独立又关联，于互动互释中展现出文本创作与审美鉴赏之浑然天成与韵味无穷，充分展示了刘氏所秉承"文之为物，必有对也"①的诗学主张，在他看来，这与《易传》"物相杂故曰文"，《国语》"物一无文"，有异曲同工之妙。

就目前所见的典籍来看，这种两两相对范畴很早就大量出现了。20世纪70年代马王堆出土的《老子》乙本帛书《称》，提供了迄今最早的二元对举义项，其中涉及天、地、人的名目综合且庞杂，如云："凡论必以阴阳□大义。天阳地阴。春阳秋阴。夏阳冬阴。昼阳夜阴。大国阳，小国阴。重国阳，轻国阴。有事阳而事阴。信（伸）者阳者屈者阴。主阳臣阴。上阳下阴。男阳女阴。父阳子阴。兄阳弟阴。长阳少阴。贵阳贱阴。达阳穷阴。取（娶）妇姓（生）子阳，有丧阴。制人者阳，制人者制于人者阴。客阳主人阴。师阳役阴。言阳黑（默）阴。予阳受阴。诸阳者法天，天贵正，过正曰诡□□□□祭乃反。诸阴者法地，地之德安徐正静，柔节先定，善予不争。"②此一阴阳相应的语义系列，基本上囊括了早期对待立义思维的核心要素，虽然前者（主于阳）较之后者（主于阴）不乏具有

---

① （清）刘熙载：《艺概》，第182页。

② 国家文物局古文献研究室：《马王堆汉墓帛书》（一），第83页。

在先与主导，但在本质上，天地、乾坤、男女、尊卑、内外、刚柔、君臣、高下这些相互对应的范畴，乃是以阴阳固有特质为基准，涵括规律、形式及缘由诸义，人们可以透过此一特质来了解衍生系统中的对象，故而此一类对举范畴互为体用，缺少一方，另一方亦不复存在。

在古代中国，作为最普遍的思维方式，对待立义囊括了先民的宇宙经验、社会经验和生活经验，在社会各个阶层得以普及与运用，所谓"百姓日用而不知"，这既是古代人文知识形成的运思方式与心理基础，又是古代社会知识产生的思维机制，因而也就自然渗透到古人的世界观和人生观中，并对传统时代的文化心态乃至人文理念的形成产生重要影响，尤其是在汉以后的经学传统中，阴阳五行对举的方法被经师们普遍采用，成为经学作用于现实政治和社会人生的一条有效路径。对于古老的对待立义思维方式，传统时代的学者大多心领神会，文论家们使用其诠释范畴之所生、之所变与哲学家使用其诠释天地万物之基始、之思理，如出一辙。对此，清人叶燮的论述颇为经典，《原诗·外篇》："对待之义，自太极生两仪以后，无事无物不然：日月、寒暑、昼夜，以及人事之万有：生死、贵贱、贫富、高卑、上下、长短、远近、新旧、大小、香臭、深浅、明暗，种种两端，不可枚举。大约对待之两端，各有美有恶，非美恶有所偏于一者也……推之诗，独不然乎！舒写胸襟，发挥景物，境皆独得，意自天成，能令人永言三叹，寻味不穷，转益见新，无适而不可。"① 叶氏秉持"虚实相成，有无互立"的对待立义原则，将之熟练地运用于诗学诠释活动中，这是其文学理论建立的哲学基础。他反复强调万事万物的存在都不是孤立的，而是相对立、相比较的，凡物必有对，有有必有无，有弃必有取，有美必有恶，"偏于一者"不可取。这种关于对待立义的理解，基本上代表了清代学者的一般

---

① （清）叶燮：《原诗·外篇》，霍松林校注，人民文学出版社1998年版，第44—45页。

看法。在中国古代以意会体悟为核心的知识生成模式与话语表达方式中，对待立义无疑是一种具有开放性且蕴含多种可能性的方法论原则，故而广泛运用于诗文评以及骈文、对联等各种文学样式中。

作为一种有效的理论建构方法，对待立义所涵摄的两两相对、相反相成与循环往复、物极必反等理念亦内化为古代文论的理性品格与文化基因，运用于创设概念、范畴、命题、营构体系及品评鉴赏中。历史地看，自先秦以来的文论史，甚至就整个古代文论史的发展衍生来看，文学理论的诸多核心问题均趋向于对待立义结构或动态关系的把握与诠释。[1] 从观念史的角度看，中国古代文学观念史的中心范畴大多可以从对待立义结构或动态关系来考察，这是古人从思辨层面把握文学现象及其本质规律最直切、最有效的方法之一。考察大量成双成对范畴的构型特点，大体可分为两类：一是并生互渗类，二是发生共构类。

前者如中和、教化、美善、诗乐、情志、形神、险僻、奇怪、直舒等，此类范畴两语素边界模糊，相蕴相含，互动相生，分殊而合，关照方位与指述对象在相互阐释与吸纳中呈现出开放的特征。以中和为例。中和范畴的形成是一个历史的过程，是三代以来"尚和"与"尚中"意识培育而成的。在古人看来，有天地人之和，始有钟鸣鼎食之政和、人文之和，而达于"和"，必求于"中"，当触及对待面之转化时，"和"与"中"才相联系。对此，董仲舒《春秋繁露·循天之道》认为："中者，天地之所终始也，而和者，天地之所生成也。夫德莫大于和，而道莫正于中。"并进而断定："中之所为，而必就于和。"[2] 董子认为天地之道"起于中而止于中"，"中"是规律、尺度，"和"是境界、目的，没有"和"的境界，"中"就失去意义，没有"中"的尺度，"和"亦无法达致。就对待立义思维而言，中和范畴的构型特征在于：和中有中，中中有和。

---

[1] 参见成中英《创造和谐》，上海文艺出版社 2002 年版，第 218 页。

[2] （清）苏舆：《春秋繁露义证》，钟哲点校，第 444、446 页。

后者如文质、古今、虚实、巧拙、动静、奇正、浓淡、隐显、雅俗、真幻等，此类范畴两语素虽独立成体，但纯粹一极没有意义，须有所待，彼此点化，在相离中共存，在互补中共构，在相互牵制的共同结构中方能呈现出整体意义来。以文质为例。文质范畴是礼乐知识谱系下生成的元范畴，在古人看来，物之质文犹如人之内外，属于事物不可缺少的两个部分，宇宙万物乃至各种人文现象都不可避免地存在质内文外的问题。古人习惯于在文质递变中寻求天地人之法则，如《春秋元命苞》："王者一质一文，据天地之道，天质而地文。"①《周书·苏绰传》载《大诰》："天地之道，一阳一阴；礼俗之变，一文一质。"②《太玄·文》："阴敛其质，阳散其文，文质斑斑，万物粲然。"③ 质是阴气内敛的结果，文是阳气外散的结果，文质结合而万物粲然，文质也因此具有了阴阳的普遍意义。就对待立义思维而言，文质范畴的构成特征在于：文不离质，质不离文。

正如老学以有无、一多的对举来理解本体，宋儒以道、气、理、性、命、心阐释体用一样，在古代文学、哲学、美学的本体阐释范式中，常常采取的是范畴对举。具有本体阐释意义的对举范畴，譬如古人常用的中和、文质、动静、虚实、有无、心物、形神等，它们均能为现代意义上的主体与客体、本质与现象、内容与形式、已发与未发诸问题提供一种理论形态的解答，均可视为古人基于不同的经验环境与认知方式，围绕文学、哲学、美学本体意义探讨而积淀形成的观念形态与思维模式，透过范畴的两两对举，在对待立义中促使两者的理解、融合，并通过两者相互限定、互为体用的思辨过程，既规范了问题，也提供了答案，从而获得整体与部分相互决定的本体论意义上的结论。这种既规范问题亦提供答案从而获得整体意义的话语形态与范型模式，可以说在对待立义思维中已经充分

---

① ［日］安居青山、中村璋八辑：《纬书集成》，河北人民出版社 1994 年版，第 622 页。

② （唐）令狐德棻等：《周书》，中华书局 1971 年版，第 393 页。

③ （汉）扬雄、（宋）司马光集注：《太玄集注》，中华书局 1998 年版，第 97 页。

具备了。因此，考察上述两类数量庞大的对待型范畴群，理解特定范畴的内在意蕴及其逻辑关系，对于中国文学观念史和哲学观念史的研究极具理论价值，不仅能够使我们理解范畴的思想意蕴，抽绎出概念所根植的相同话语形态，又易于明了其潜在的范型模式，而且可以察见范畴间的结构关联与逻辑意义延伸，这也更加有助于我们准确理解中国早期概念体系的发生特征以及尔后在文学艺术领域的渗透。

三

对待立义及互动化生的思辨品格与万物一体及整体和谐的审美旨趣，是讨论古代思想范畴形成的一个基本结构与意义框架，也是了解古代艺术思想的一个起点。体现在文学思想史领域，就是体用互为、互证互释，追求质态平衡文论意义系统的形成，这是建立在对待立义思维所具有的立义性特点之上的。所谓立义性，即两归一的特质，于相反相成中烘托出整体性，以万物相通、一气流行的方式呈现。王夫之归纳为："两端者，虚实也，动静也，聚散也，清浊也，其究于一也。聚于此者散于彼，散于此者聚于彼，浊入清而体清，清入浊而妙浊，而后知其一也，非合两而以一为之纽也。"① 此"一"，非两端之一，乃两端之间的关系，所谓"非有一，则无两也"②，亦复此意，船山的理论兴趣偏于两归一，即立义性所展示的关联结构与整体意义。从运思逻辑看，强调两归一的立义性，这既是两两相对、互动互释的对待型范畴的价值抉择，也是达成质态平衡意义系统在逻辑和审美上的必然要求。

此一意义系统的形成，乃根植于体用不二、即体即用的逻辑理路，体现在天道、地道、人道与天文、地文、人文所具有的相似性

---

① （清）王夫之：《思问录·内篇》，《船山全书》第 12 册，第 411 页。
② （清）王夫之：《张子正蒙注·太和篇》，《船山全书》第 12 册，第 36 页。

与同一性上，这就自根源上决定了传统文学及哲学观念史在思想体系上的整体性追求，故而范畴两极之间也就自然形成一种整体关联的结构，如同水克火、金克木、土生木、火生土的动态结构一样，所显示的是两极之间的对待性与辩证关系，两者相互影响，相互决定，这与西学以抽象独立观念形成范畴的逻辑关系是不同的。① 就阴阳本义而言，无论是日光所照为阳反之为阴，或是山南水北为阳反之为阴来看，均是就时令节气的时间迁移与地理位置的空间比照而论的，两者相对而言具有互换性，且正是在这种相对与互换中显示出对待立义的整体意义。所谓五行之"行"，亦不止于五种基本物象（属性）的描述，而是更为强调五者之间的内在法则与整体关联，这既是一个相生相克的变化过程，又有一个动态自足的运行结构。在此影响下，传统文论概念范畴两极之间往往交融互摄、旁通统观、相浃相洽、互为诠释，如情与志、心与物、趣与味、神与气等，虽然作为不同的概念，它们有着各自不同的形成过程以及内涵界定与理论向度，但文论家在使用这些范畴来诠释文学创作与鉴赏过程的审美体验，或指述作品内在的审美意蕴时，往往不加区分，在不同的批评语境使用不同的概念，所指述或诠释的对象却是相同的。以情志为例。情志同一，乃是儒学一贯的传统，《左传·昭公二十五年》："民有好恶喜怒哀乐，生于六气。是故审则宜类，以制六志。"其中"六志"，即好、恶、喜、怒、哀、乐，是六种情感，孔颖达疏："此六志，《礼记》谓之'六情'。在己为情，情动为志，情志一也。"故以情为志气的观点，在古代的认识论传统中，乃是属于一种共享性知识，如《文心雕龙·附会》："必以情志为神明，事义为骨髓，辞采为肌肤，宫商为声气。"所谓情志为一，是刘勰"才童学

---

① 汉学家的研究成果，有葛兰言"中国思维模式"（structure of thought）、葛瑞汉"关联思维（Correlative thinking）"，以及李约瑟视阴阳为"自然主义"和"前"科学的看法。参见［英］葛瑞汉《论道者——中国古代哲学论辩》，张海晏译，中国社会科学出版社 2003 年版；［英］李约瑟《中国古代科学思想史》，陈立夫等译，江西人民出版社 1999 年版。

文"的四要素之一。又如西晋挚虞《文章流别论》："夫诗虽以情志为本，而以成声为节。"又如清人钱谦益《牧斋有学集·题燕市酒人篇》："诗言志，志足而情生焉，情萌而气动焉。"在儒学知识系统的诸核心要素中，人的先天质素，如心、志、气、情、意等，并无明确分梳，往往融为一体，互为例证，互为支持，且常常处于圆融自足的平衡状态，故神化而不自知，外显在各种人文活动与审美创造之中。

　　源于对待立义、循环恒变的运思逻辑，在知识结构上，古代文论的范畴命题往往呈现出一体两面的特质，气（道）为体，阴阳、清浊、虚实、有无乃至境界、风骨、神韵等均为体之两面呈现。如清人李兆洛《骈体文钞序》云："天地之道，阴阳而已。奇偶也，方圆也，皆是也。阴阳相并俱生，故奇偶不能相离，方圆必相为用。道奇而物偶，气奇而形偶，神奇而识偶……文章之用，其尽于此乎？"[1] 凡阴阳、奇偶、方圆均呈现出一面两体、即体即用的关系，这既是天地之道，亦是文章之法。在文论家看来，一切事物均有对待面。所谓"同声相应""同气相求"，即借助词语和句式上严格的两两相对，在形式和意义上体现出整齐均匀的美感，故《文心雕龙·丽辞》谓"体植必两，辞动有配，左提右挈，精味兼载"，"造化赋形，支体必双，神理为用，事不孤立……高下相须，自然成对"[2]，两个单独的范畴虽各有独特的艺术功能，但须相待而成，精义与韵味兼有，在互渗互涵中呈现出完整意义，在动态平衡中寻求适度和谐与丰富多样。譬如文质，《论语·颜渊》谓"文犹质也，质犹文也"，《文赋》谓"理扶质以立干，文垂条以结繁"，《文心雕龙·通变》谓"矫讹翻浅，还宗经诰，斯斟酌乎质文之间"，均旨在说明作为对待之两端，文和质虽各具独立性，但纯粹的文和纯粹的质没有价值，只有在相反相成中相映成趣，才能达到文质并盛的理想状

---

① （清）李兆洛：《骈体文钞序》，载舒芜等编选《近代文论选》，第109页。
② 詹锳：《文心雕龙义证》，第1327、1294页。

态。同时，体现在对待型范畴两极的关系上，亦呈现出一种相待相斥的理论张力，如言意、意象、形神诸范畴，既相待相须，又相斥相析，且正是借助这种相斥相析，意、象、神方能超越言、意、形的层面，朝着更完善、更隐秘的方向发展，唯其如此，莹澈玲珑、不可凑泊之境方可诞生，从而完成对诗歌本质的一种整体性的艺术把握。诚如党圣元先生所言，这种理论观照空间的调整与拓展，使思理形式因素多样化而克服过于程式化之弊端，在指述和诠释功能方面向对象之更隐秘微妙处延伸，从而增强理论之"解蔽"功能。①

更深一步考察，对待立义的两极间并不是静态的存在，而总是处于生生不息的运动变化之中，所谓"有盛则必有衰，有终则必有始"②，保持着此消彼长、此起彼伏的动态结构，且在不断相摩相荡、竞长争高中达致新的平衡，如《艺概·词曲概》谓："词之章法，不外相摩相荡，如奇正、空实、抑扬、开合、工易、宽紧之类是已。"③"相摩相荡"的说法源于易学，《周易·系辞》谓"刚柔相摩，八卦相荡"，是指阴阳两卦相生相济，由二而四而八而六十四的变化过程，而"一气之中，二端既肇，摩之荡之而变化无穷"④，正体现出对待两极之间的动态关系。这种动态关系，又多呈现出循环往复的特征，按照司马迁《史记·平准书》的说法："物盛则衰，时极而转，一质一文，终始之变。"⑤ 按照明儒罗钦顺《困知记》卷上的说法："盖通天地，亘古今……一动一静、一往一来、一阖一辟、一升一降、循环无已。"⑥ 按照清儒方宗诚《桐城文录序》的说法："天地之气运，流行不能自已，蓄久则必盛，盛久则必靡，亦理之势然也。"⑦ 一气流行往复，万物由此而生，由此而变，此乃天地

---

① 党圣元：《中国古代文论的范畴和体系》，《文学评论》1997 年第 1 期。
② （宋）程颢、（宋）程颐：《二程遗书》卷 15，第 202 页。
③ （清）刘熙载：《艺概》，第 113 页。
④ （清）王夫之：《张子正蒙注·太和篇》，《船山全书》第 12 册，第 42 页。
⑤ （汉）司马迁：《史记》卷 30，第 1442 页。
⑥ （明）罗钦顺：《困知记》卷上，中华书局 1990 年版，第 4 页。
⑦ （清）方宗诚：《桐城文录序》，载舒芜等编选《近代文论选》，第 92 页。

间第一大循环，这有似于文学消长之道，在"一盛一衰""一文一质""一治一乱""一分一合"的循环往复中获得质态稳定性，极则反，反而因，万物皆然，故《艺概·书概》认为"石以丑为美，丑到极处，便是美到极处"①。据此，我们也就不难理解叶燮在《原诗》中，以源流本末之相续相禅、正变盛衰之互为循环论及古代诗歌发展的历史，明显也是承续对待立义的路子。

在中国古代源远流长的经典解释传统中，以相反相成、即体即用为核心价值取向的对待立义思维方式，在历代诠释者选择文化生存状态时，势必形成一种文化心理，并最终凝结为一股精神信仰与思维惯性，潜伏地、隐微地、暗示地存在着。在古人的宇宙观中，天地人之存在，不过是气之聚散与气之变化过程罢了，天地人之所以具有相似性和相通性，就在于气的大化流行，分阴分阳是对待，动静刚柔是流行，"三才之道"均可以统一于气。气既是宇宙人生的本体，也是文学艺术的本体，造艺的过程，乃是气化的过程，这是中国古代艺术创造和艺术生产的核心环节，在此一过程中，气之对待立义思维方式潜移默化地影响着造艺者的文化心理结构及其审美趣味。在古代艺术理论中，对待立义式的运思方式屡屡可见，画论如动静结合、奇秀相称、形神兼备；书论如骨肉相称、肥瘦相和、燥润相济；诗论如以礼节情、中和之美、情景交融、虚实相生、化实为虚、意与境浑、思与境偕，等等，我们实在不难发现与对待立义方法论之间的蛛丝关联。凡此种种，不一而足。

以"虚实相生"为例。气本无形，要表现气之形，需借助"虚实相生"的手法，这种极具民族特质的艺术表现手法，广泛地运用于各门艺术创作实践和理论研究领域。譬如书法艺术中所追求的墨气，就是在字体之大小相间、下笔之轻重缓急、笔画之勾勒顿挫、用墨之干湿枯润中，体现一虚一实、动静结合的品格，达至"笔未到气已吞"的理想效果。再如绘画技法中讲究线条之长短、粗细、

---

① （清）刘熙载：《艺概》，第168页。

曲直、刚柔，章法之开合、疏密、虚实、主客、呼应、入出，墨色之浓淡、深浅、干涩、苍润，色彩之冷暖、清浊，物象之大小、多少、高低、聚散、藏露，等等，均强调实景清而空景现，追求无画处皆成妙境的审美感受。作为传统艺术境界与审美理论的核心，"虚实相生"在诗学领域的运用也极为广泛。古人讲究虚与实之间的体用不二，所谓"虚"则神、"虚"则妙、"虚"则灵、"虚"则化、"虚"则纯一不杂，亦不滞于一，① 常以虚之无衬实之有，虚为体，实为用。在艺术思维中，通过感观而可见之外显，如言、形、秀、韵，通过心灵而体悟之内蕴，如意、神、隐、味，相互衬托、相互关照，达至言与意、形与神、隐与秀、韵与味的浑然为一，文章家于虚实的回旋往复、联动会通中空纳万象，以虚无衬实存，于有限见无限，引发无尽想象，如范晞文《对床夜话》云："不以虚为虚，而以实为虚，化景物为情思，从头至尾，自然如行云流水，此其准也。"② 亦如吴雷发《说诗菅蒯》云："真中有幻，动中有静，寂处有音，冷处有神，句中有句，味外有味，诗之绝类离群者也。"③ 以实为虚，化有形之景为虚玄之思，这种虚实难明、情景交融的境界，如采采流水，蓬蓬远春，散发着浓郁的民族诗性智慧的韵味。凡古人论及意境、意象、韵味、兴趣、神韵、滋味诸问题时，均不离虚与实的理论视野，这对于古代思想文化的诗性智慧启发以及审美运思的逻辑延伸，有着内在而深远的影响。对此，宗白华先生认为："我们宇宙既是一阴一阳、一虚一实的生命节奏，所以它根本上是虚灵的时空合一体，是流荡着的生动气韵。"④ 在他看来，中国人抚爱万物，与万物同节奏，静而与阴同德，动而与阳同波，乃阴阳之道影响的结果。

---

① 参见牟宗三《心体与性体》，第393—394页。
② （宋）范晞文：《对床夜话》，载丁福保辑《历代诗话续编》，第421页。
③ （清）吴雷发：《说诗菅蒯》，载丁福保辑《清诗话》下，第905页。
④ 宗白华：《美学散步》，第95页。

四

作为一种方法论原则，对待立义不仅仅具有经验描述性质，更具备了本体论和价值论的导向性，其终极价值在于为主客相应的人文世界提供一种整体关联的解释模式。这是一个层级分明、圆融自足的解释系统，正所谓"凡是真实必有对待，凡有对待必有变化，凡有变化必有统一"，① 统摄了对待、变化、统一的多重关系。此一特性体现在古代哲学、文学观念史中，形成了以中庸之道为核心的哲学价值观，并延伸出以对待立义求中和为价值取向的文学审美观。

阴阳、刚柔、情性、清浊作为对待立义的两极，本无所谓高下、善恶、尊卑之分，而一旦被赋予褒贬之意，也就意味着隐藏在背后的哲学、文学价值观在发挥作用，对此，古代思想家有着高度的理论自觉。董仲舒《春秋繁露·深察名号》从"性阳情阴"引申出"性善情恶"，并为纬书及《白虎通义》所阐释，这种价值取向在中古文论中得以充分展示，如《典论·论文》"文以气为主，气之清浊有体，不可力强而致"的说法，已经意识到气之清浊对于造艺者文章风格的影响，后世论者很容易从中体悟出阳刚、阴柔之意。刘勰《文心雕龙·体性》："才有庸隽，气有刚柔……风趣刚柔，宁或改其气。"郭绍虞先生对照曹、刘之说后，认为刚近于清，柔近于浊，分别是指气之重浊柔顺和清新刚健。② 刘勰《镕裁》谓"刚柔以立本，变通以趋时。立本有体，意或偏长"，《定势》谓"文之任势，势有刚柔"，是将文章风格作刚柔之分，大体上分别指慷慨激昂之壮美与婉转柔和之优美。纵观《文心雕龙》全书，作为一种思维方式与话语模式，对待立义业已内化在刘勰文学批评的各个方面。从历史文化语境看，随着有无、本末、动静、一多等命题在形上层

---

① 成中英：《创造和谐》，第55页。
② 郭绍虞主编：《中国历代文论选》第1册，第162页。

面的展开，玄学从认识论角度进一步阐释了物与物相反相成的关系，加之佛学中国化过程中对中国哲学固有命题的新诠释，大大增强了对待立义思维的形上思辨色彩，这与六朝时期丰富的文学创作实绩结合，促使文论家在理论层面认识的深入，代表人物就是刘勰。在文学批评的总体性原则上，他提出宗经之"六义"，即情深而不诡、风清而不杂、事信而不诞、义贞而不回、体约而不芜、文丽而不淫（《宗经》）。评价不同文体，他取不同的标准，譬如辨析笺和记两种文体，"既上窥乎表，亦下睨乎书，使敬而不慑，简而无傲"（《书记》），即恭敬谨慎但不惶恐畏惧，简易随便但不凭才傲慢；辨析箴、铭两种文体，"其取事也必核以辨，其摘文也必简而深"（《铭箴》），选取事物要抓住要点且辨析清楚，使用文辞要简练而深刻。在文学史观上，他反对"竞今疏古"，认为黄唐淳而质，虞夏质而辨，商周丽而雅，楚汉侈而艳，魏晋浅而绮，宋初讹而新，一部文学史的发展趋势就是"从质及讹，弥近弥澹"的过程。在具体作品的点评上，他认为"魏典密而不周，陈书辩而无当，应论华而疏略，陆赋巧而碎乱，《流别》精而少功，《翰林》浅而寡要"（《序志》）。在刘勰看来，为文之精妙在于奇正相生、兼容并蓄、刚柔互济、应变适用，他所秉持的对待立义思想内涵丰富，层级分明，充溢着浓厚的中庸之道与中和之美色彩。在文章风格上，他提出雅与奇反，奥与显殊，繁与约舛，壮与轻乖（《体性》）。在他眼里，文章风格的形成，与对待立义的话语形态以及在结构上呈现出的动态气势，尤其是在擒与纵、收与放、刚与柔、抑与扬、舒与促之间的行文张力，有着天然的内在关联。

从文学观念史的角度看，对待立义思维对于文论范畴、命题的影响表现在话语形态构成的相似性与审美价值追求的同一性上。古人认为，中和是一种遍布时空、充盈天地人的普遍存在方式，整个宇宙正是因为具有阴阳互补和五行相生的属性而处于一种中庸和谐的动态平衡之中，以对待立义求中、求和，也就成为古代美学、文学思想史上众多命题的价值追求。体现在话语表达方式上，典型句式有二："而不（无）"句式、"阴中有阳"句式。

数量众多的"而不（无）"句式，是以两两相对的范畴构成的命题，这最早见于《尚书·尧典》中的"刚而无虐，简而无傲"，春秋时期吴季札（前576—前484）观乐，一连用了二十多个表达中和适度的"而不"句式，见于《左传·襄公二十九年》的记载，如"勤而不怨""忧而不困""思而不惧""乐而不淫""怨而不言""直而不倨""曲而不屈""迩而不逼""远而不携""迁而不淫""复而不厌""哀而不愁""乐而不荒""用而不匮""广而不宣""施而不费""取而不贪""处而不底""行而不流"，这是先秦典籍中所见对待立义思想颇为集中的展示。稍后孔子"乐而不淫，哀而不伤"，其后《荀子·不苟篇》"君子宽而不慢，廉而不刿，辩而不争，察而不激"，均为此一传统的沿袭。由此可见，古人常常采用"而不（无）"句式谈文论艺，究其根源，在于其用最简洁、最直观的方式表达了对待立义的理念。从某种意义上说，正是由于"而不（无）"句式的广泛运用，从结构形态上先在地决定了中庸和谐的审美价值追求。譬如《淮南子·泰族训》中，论物有"张而不弛，成而不毁者"，唯圣人能"盛而不衰，盈而不亏"，论圣人教化应该"不言而信，不施而仁，不怒而威"，而非"施而不仁，言而不信，怒而不威"[1]。嵇康《琴赋》谓"曲而不屈，直而不倨""疾而不速，留而不滞"[2]。萧绎《内典碑铭集林序》认为，时势推移，"论文之理非一"，故赞赏"艳而不华，质而不野，博而不繁，省而不率，文而有质，约而雅润，事随意转，理逐言深"[3] 的"菁华"之文。《竹庄诗话》卷1引皎然《诗式》："唯古诗之制，丽而不华，直而不

---

① 何宁：《淮南子集释》，第1389、1401页。
② 戴明扬：《嵇康集校注》，第98、101页。
③ （南朝梁）萧绎：《内典碑铭集林序》，载张明高、郁沅等编《魏晋南北朝文论选》，第379页。

野。如讽刺之作，雅得和平之资，深远精密，音律和缓，其象琴也。"① 这与《诗有四不》"气高而不怒""力劲而不露""情多而不暗""才赡而不疏"，以及《诗有六至》"至险而不僻，至奇而不差，至丽而自然，至苦而无迹，至近而意远，至放而不迂"②，在价值取向上是相同的，均为相反相成的对待立义运思在诗歌理论中的具体发挥。这种建立在"和而不同"、异而互补基础上的话语范式，培育了中国古代文论中正平和的价值追求以及开放流动的理论视域，构成整齐、对称、流动、平衡之美，整体上呈现出稳定和谐的精神气质。同时，我们或可以注意到，运用于文论领域的"而不（无）"句式，在价值取向上业已发生了明显的转向，由早期强调外在的德行、伦常、心性转而关注内在的文采、文质、雅正、音律诸方面了。

在古人看来，一切事物均有其对立面：阴与阳、静与动、主与客、心与物、虚与实，无内无外、流动不居，只有在对待立义中、在互渗、互涵、互补和互转中、在整体和谐的动态平衡中方能凸显出整体意义。以对待立义求中和的思维模式也深刻地影响到文论中众多范畴的美学追求，如文与质、言与意、意与象、情与理、情与采、形与神、动与静、虚与实、奇与正、雅与俗、巧与拙、清与浊、浓与淡、隐与显、繁与简、方与圆、疏与密、因与革，等等，二者虽独立成体，但不是彼此对抗，纯粹的一极没有意义，只有在对待立义中相反相成、相酝相酿又相映成趣，既各竞所长，又珠联璧合、互动相生、阴阳相和、刚柔相济，彼此点化，出入尚中致和之境，追求中和圆融的境界，方能显现出深刻的哲理之思。

所谓对待立义互为体用的特征，不仅体现在两两对举范畴的大量涌现，还体现为范畴的两极之间，既对等又统一，呈现出相生、相克、相推与互涵、互根、互补的关系，从而构成一种我中有你、你中有我的话语表达方式，如《春秋繁露·保位权》："于浊之中，

① （宋）何汶：《竹庄诗话》卷1，常振国等点校，中华书局1984年版，第12页。
② （唐）皎然：《诗式》，载（清）何文焕辑《历代诗话》，第27、28页。

必见其清；于清之中，必知其浊；于曲之中，必见其直；于直之中，必见其曲。"① 在董学的文化视野中，事物对立面之间是互涵互为、互为印证的，这是表述其"天人感应"思想的典型话语形态。又如明人张介宾认为："阴阳之理，原自互根，彼此相须，缺一不可，无阳则阴无以生，无阴则阳无以化。"② 这就将两极之间既对立又统一，相互依赖、滋生、促进、助长的关系说得明白清楚了。再如清人丁皋《写真秘诀·阴阳虚实论》："凡天下之事事物物，总不外阴阳……惟其有阴阳，故笔有虚有实，惟其有阴中之阳，阳中之阴，故笔有实中之虚，虚中之实。"③ 丁氏以阴阳、虚实之道论及画法，每一对范畴均由相反相成的两极构成，旨在达成对立统一的整体。刘熙载在《艺概》中，论述主客、物我之间的情景交融、形神兼备，也常常采用这样的话语表述方式，如幽中有隽、淡中有旨、浅中有深、平中有奇等，借以强调对立面之间相济相生的关系。古人诸如此类的说法颇多，如柔中见刚、平中见奇、薄中见厚、黑中见亮、虚中有实、实中有虚、曲中有直、直中有曲、开中有合、合中有开、动中有静、静中有动、诗中有画、画中有诗，等等，可谓屡见不鲜。正因为得益于此一话语表述方式，传统时代的审美概念范畴往往能提供一种灵而动、虚而实的理论思辨场景与诠释效果，如欧阳修《六一诗话》所言："必能状难写之景，如在目前，含不尽之意，见于言外，然后为至矣。"④ 借物引怀，亦诗亦画，无穷之情皆从景中宣出，从思维机制的根底追究，大抵不离对待立义的理论视野。

源自对待立义思维方式，可以说，中国文论中的重要范畴均明显地对偶化了，而就整个文论范畴体系的构型而言，亦呈现出明显的对待性结构与立义性动态关系，透过此一结构与动态关系，我们也可以看到，中国文学中的理论问题更加趋向于以对待型范畴的方

① （清）苏舆：《春秋繁露义证》，钟哲点校，第157页。
② （明）张介宾：《景岳全书》卷48，景印文渊阁《四库全书》本。
③ （清）丁皋：《写真秘诀》，载俞剑华编著《中国画论类编》，第547页。
④ （宋）欧阳修：《六一诗话》，《欧阳修全集》卷128，第1952页。

式提出，同时在此一对待型范畴的导引下，在价值追求与审美理想上，亦经历了思辨的发展历程并不断地趋向于立义性的合一境界。因而中国文论话语形态的基本质素与价值指向，亦由此在本原处得以规定。